★ 教育部人文社科项目"事件特征如何影响失败学习：神经科学视角的研究"（2019—2021）（19YJA630(

失败学习

LEARNING FROM FAILURE

王文周 ◎ 著

知识产权出版社
全国百佳图书出版单位
—北京—

图书在版编目（CIP）数据

失败学习/王文周著. —北京：知识产权出版社，2021.12
ISBN 978-7-5130-7865-8

Ⅰ.①失… Ⅱ.①王… Ⅲ.①企业管理—研究 Ⅳ.①F272

中国版本图书馆 CIP 数据核字（2021）第 242614 号

内容提要

随着 VUCA 时代的到来，商业世界面临着快速的变革，失败成为企业普遍存在的现象。尽管失败常常带来负面影响，但不可否认的是，失败也会带来反思和进步。基于此，失败学习已经成为管理学界的重要研究议题。本书系统地将近年来管理学界对失败学习问题的研究进展与本研究组的研究成果进行了整合与重构，主要内容包括失败学习及相关话题研究综述、本研究组研究进展、失败学习相关研究范式等三部分。本书内容聚焦学术研究，并力求内容更贴近实践，希望能为广大管理学领域的研究者和企业管理人员提供理论和实践启发及帮助。

责任编辑：韩 冰 李 瑾　　　　　责任校对：王 岩
封面设计：回归线（北京）文化传媒有限公司　　责任印制：孙婷婷

失败学习

王文周　著

出版发行：知识产权出版社有限责任公司	网　　址：http://www.ipph.cn
社　　址：北京市海淀区气象路 50 号院	邮　　编：100081
责编电话：010-82000860 转 8126	责编邮箱：hanbing@cnipr.com
发行电话：010-82000860 转 8101/8102	发行传真：010-82000893/82005070/82000270
印　　刷：北京九州迅驰传媒文化有限公司	经　　销：各大网上书店、新华书店及相关专业书店
开　　本：720mm×1000mm 1/16	印　　张：16
版　　次：2021 年 12 月第 1 版	印　　次：2021 年 12 月第 1 次印刷
字　　数：262 千字	定　　价：79.00 元
ISBN 978-7-5130-7865-8	

出版权专有　侵权必究
如有印装质量问题，本社负责调换。

序　言

　　改革开放以来，我国的经济社会得到了飞跃式的发展，成为全球经济增长最快的主要经济体。在取得了令世人瞩目的骄人成绩的背后，很多企业也经历了不少的典型失败，交了大量学费，有的甚至是重复交学费。如何从失败中更好地学习，更好地进行经验教训萃取意义重大。目前，我们面临着 VUCA 时代带来的巨变，外部环境中充斥着不稳定性、不确定性、复杂性和模糊性，时代正在变得愈发复杂。无论是企业还是个人，在发展的道路上必然面临着越来越多的失败情境。在这样的环境下，学习变成了永恒的主题，每个组织、每个个体都必须不断增强学习，尤其是从失败中及时地学习。只有通过更高效的失败学习，从失败中萃取到欠缺的技术、知识与经验，才有可能在未来重获竞争力。低效的失败学习将导致组织或个人进步缓慢，重复犯错，甚至被奔涌的时代大潮所抛弃。

　　基于此，越来越多的学者关注到了企业管理实践中的失败问题。如何应对失败？如何解决失败？如何从失败中汲取知识技能与经验？这些问题近年来广受学者的关注。西方学者最早从学术角度关注到了企业失败，并将从失败中学习知识技能与经验定义为"失败学习"（Learning from Failure）。后续学者在前人提出定义的基础上对失败学习的前因、结果、过程等多个方面展开了系统的研究，并已初步构建了失败学习的理论框架体系。放眼国内，我国学者对于失败学习的相关研究虽然起步较晚，但这个领域的学者们研究视野广阔，定位清晰，特别是扎根于中国企业界广阔而肥沃的实践土壤，把论文写在祖国的大地上，亦做出了不少令西方学者赞叹的研究成果。

笔者具有多年的企业研究与实践经验，对于企业失败项目接触颇多，能深刻地感受到企业对失败项目的处理对于企业长期发展的重要作用。大多数企业都是采取"项目部"或"项目组"的形式推进业务的日常运行，而项目部或项目组的细胞都是一个个鲜活的主体——企业员工。员工在项目推进或企业发展过程中起到的作用毋庸置疑。因此，如何保证每一个员工充分发挥遭遇失败后的能动性，成为重要的课题。笔者在深入企业实践一线调研的基础上，基于本人带领的研究组多年的研究成果，并参考了学界同行部分的研究成果，设计出了本书的内容与框架，具体如下：

第1篇，在前人的基础上，笔者将既有理论进行了整合，从学术角度对失败学习的定义、研究演进、前因因素、影响结果及相似概念进行了系统阐述，让读者用最简短的篇幅了解目前国内外对该领域的研究进展。在第2篇与第3篇，基于心理、认知与行为层次的变量，笔者构建了本书的主体部分，即"个体、团队及组织"等因素对于个体员工失败学习的重要影响。本部分结合失败学习领域经典文献中的变量，采取构建理论框架的模式，对这些因素影响个体失败学习的具体过程和机制进行了理论阐述，并在每一小节的最后，提供对现有研究补充的理论意义和对企业管理的实践意义总结。除此之外，这一部分也为后续学者开展相关研究提供了可参考的思路。在第4篇，我们采取了质性研究方法，对失败学习问题进行新的探索，呈现出了本研究团队在经过大量访谈调研与案例构造后采取扎根理论得出的研究成果。除了定性研究范式之外，近年来学科交叉研究在管理学、心理学等其他社会科学领域内越来越普遍，因此在这一部分，我们提出了研究构想，即通过结合实验心理学领域的方法，将管理学理论与心理学实验方法相结合，希望能为后续研究提供新的思路与范式参考。

此外，考虑到社会现象具有一定的情境性，在编写本书的同时，笔者添加了不少关于理论应用场景的思考。毕竟，关于失败学习的理论架构多来源于西方学者，在应用任何一个理论到我们所处的情境中去时，我们都应该思考两个重要的问题：这个问题在中国有意义吗？这个解释在中国行得通吗？

管理理论应该对症下药，只有结合实际问题，才能提出有针对性的方案。若无法把握管理问题真正的精髓，就像"吃错药"一般，便是无意义的研究。所以，在进行理论构建时，本书不少内容有意识地融入中国文化背景，对部分已有的理论进行了必要的调整，确保能够合理解释"中国式失败"。在阅读中，读者可能也会发现，有的理论假设与既有理论产生了若干冲突，所以，我更倾向推荐用一种思辨的视角来对待本书的部分观点。

本书是笔者对多年学术研究和参与企业实践的成果总结，也是研究团队共同贡献的结晶，他们是袁文龙（加拿大曼尼托巴大学教授）、仇勇（北京工商大学副教授）、王斌（上海大学副教授），已经毕业或在读研究生彭鹏、杨珂、杨冲、宋尚昊、陈晓萱、许鑫凤等，其中宋尚昊为本书出版做了大量具体而繁杂工作。希望本书不仅能为失败学习领域的同行或研究生提供一定的学术参考价值，也能为广大企业管理者提供实践参考价值。管理理论与实践的探索之路上，充满崎岖和不确定，本书的部分探索也可能存在瑕疵，甚至观点的争议。读者若对本书中观点存有疑虑，可以与我联系交流（wangwenzhou@bnu.edu.cn）。感谢您的支持！

王文周

2021年10月

于北京师范大学珠海校区文华苑

目　录

第1篇　概论篇——以失败为师 …………………………………………… 001

第1章　失败学习相关概念及价值 …………………………………… 005
1.1　什么是失败学习 / 005
　　1.1.1　失败相关概念 / 005
　　1.1.2　失败学习相关概念 / 007
1.2　失败学习的价值 / 012

第2章　失败学习影响因素及作用结果 ……………………………… 014
2.1　失败学习的影响因素 / 014
　　2.1.1　个体层面影响因素 / 014
　　2.1.2　团队层面影响因素 / 016
　　2.1.3　领导层面影响因素 / 017
　　2.1.4　组织层面影响因素 / 018
2.2　失败学习的效应及其作用机制 / 019
2.3　失败学习研究评介及后续展望 / 021

第3章　失败学习相关过程及反应 …………………………………… 024
3.1　"错误学习"研究概述 / 024
　　3.1.1　错误分类角度 / 024

3.1.2　错误的时间线角度 / 026
3.1.3　错误优先级角度 / 029
3.2　创业过程失败恐惧反应 / 032
3.2.1　什么是失败恐惧反应 / 032
3.2.2　创业失败恐惧反应影响因素 / 033
3.2.3　失败恐惧反应作用机制 / 035

本篇参考文献 ······ 036

第2篇　个人篇——前事不忘，后事之师 ······ 043

第4章　人格、情感特质与失败学习 ······ 046
4.1　自恋特质与失败学习 / 046
　　4.1.1　引言 / 046
　　4.1.2　理论解释与假设推演 / 049
　　4.1.3　总结与讨论 / 052
4.2　情感特质、归因倾向与失败学习 / 053
　　4.2.1　引言 / 053
　　4.2.2　理论解释与假设推演 / 055
　　4.2.3　总结与讨论 / 059
4.3　内疚感与失败学习 / 062
　　4.3.1　引言 / 062
　　4.3.2　理论解释与假设推演 / 064
　　4.3.3　总结与讨论 / 070

第5章　认知特质与失败学习 ······ 073
5.1　学习导向与失败学习 / 073
　　5.1.1　引言 / 073
　　5.1.2　理论解释与假设推演 / 076
　　5.1.3　总结与讨论 / 084

5.2 掌控回避目标导向与失败学习 / 087

  5.2.1 引言 / 087

  5.2.2 理论解释与假设推演 / 090

  5.2.3 总结与讨论 / 094

5.3 项目承诺与失败学习 / 096

  5.3.1 引言 / 096

  5.3.2 理论解释与假设推演 / 098

  5.3.3 总结与讨论 / 102

第6章 行为反应与失败学习 ………………………………… 104

6.1 差错应对策略与失败学习 / 104

  6.1.1 引言 / 104

  6.1.2 理论解释与假设推演 / 106

  6.1.3 总结与讨论 / 114

6.2 中国文化因素与失败学习 / 116

  6.2.1 引言 / 116

  6.2.2 理论解释与假设推演 / 118

  6.2.3 总结与讨论 / 124

本篇参考文献 ………………………………………………………… 126

第3篇 团队与组织篇——构建"宽容和谐"的氛围 ……………… 151

第7章 组织环境与失败学习 ………………………………… 153

7.1 团队指责与失败学习 / 153

  7.1.1 引言 / 153

  7.1.2 理论背景与研究假设 / 155

  7.1.3 总结与讨论 / 160

7.2 组织失败厌恶文化与失败学习 / 162

  7.2.1 失败厌恶理论简述与模型构建 / 162

7.2.2　理论背景与研究假设 / 164
　　　7.2.3　总结与讨论 / 169

第8章　领导风格与失败学习 172
　8.1　积极领导风格与失败学习 / 172
　　　8.1.1　引言 / 172
　　　8.1.2　积极领导风格与失败学习 / 173
　　　8.1.3　管理与实践建议 / 176
　8.2　消极和双面领导风格与失败学习 / 177
　　　8.2.1　消极领导风格与失败学习 / 177
　　　8.2.2　双面领导风格与失败学习 / 178
　　　8.2.3　管理与实践意义 / 180

本篇参考文献 181

第4篇　拓展篇——失败学习研究理论与方法新探 191

第9章　失败反应与失败学习
　　　　——基于扎根理论的案例研究 192
　9.1　研究背景 / 192
　9.2　文献综述 / 193
　　　9.2.1　失败学习研究脉络 / 193
　　　9.2.2　失败后续反应机制 / 194
　9.3　研究设计 / 196
　　　9.3.1　研究方法 / 196
　　　9.3.2　案例选择 / 196
　　　9.3.3　数据收集与分析程序 / 198
　9.4　"失败反应—失败学习"模型构建 / 198
　　　9.4.1　开放式编码 / 198
　　　9.4.2　主轴式编码 / 201

9.4.3 选择式编码 / 204
9.4.4 模型构建 / 207
9.4.5 理论饱和度检验 / 208

9.5 "失败反应—失败学习"模型阐述 / 208
9.5.1 失败反应的产生 / 208
9.5.2 失败反应对失败学习的影响路径 / 209

9.6 研究结果及意义讨论 / 214
9.6.1 结论与讨论 / 214
9.6.2 实践意义 / 216
9.6.3 局限性与未来研究展望 / 217

第10章 事件特征与失败学习
——基于神经认知视角的研究构想 …………………………… 218

10.1 引言 / 218

10.2 理论综述与假设提出 / 219
10.2.1 理论综述 / 219
10.2.2 假设提出 / 221

10.3 研究设计与方案选择 / 227
10.3.1 研究方法和技术路线 / 227
10.3.2 研究具体方案和可行性分析 / 228
10.3.3 被试招募 / 233

10.4 研究意义 / 234
10.4.1 理论意义 / 234
10.4.2 实践意义 / 235

本篇参考文献 ………………………………………………………… 237

第1篇 概论篇 ——以失败为师

本篇序

　　失败是每个个体从小到大或多或少都曾有过的经历，因而从某种程度上来讲，个人生活中的失败是不可规避的。失败往往会给个体带来消极的影响，让人避之不及。然而，失败真的可怕吗？从哲学角度看，波普尔"猜想—反驳"的试错机制，在"证伪"层面解读了失败对于科学的传承和发展的重要意义。自古以来，关于失败的讨论经久不息。两千多年前，儒学鼻祖孔子就阐述了自己对失败的积极态度："岁寒，然后知松柏之后凋也。"虽说失败通常带来的是消极悲观的后果，会让经历失败的人难以接受，甚至难以逃离失败的阴影；然而，人们若能在失败后不囿于失败带来的痛楚，从中及时地获取知识和经验，成功则指日可待。

　　在经济发展日新月异、技术革新突飞猛进、市场环境波谲云诡的当今时代，工商组织的发展也正面临着前所未有的冲击和挑战。在这样的竞争格局中，每个企业的经历自然不会一帆风顺，每个产品或项目的运作也难免会出错，因而，员工在工作当中的失败也就在所难免。特别是对于以高新技术研发与运作实施、新产品开发等为核心竞争优势的企业来讲，很多组织及团队所遭遇的失败远多于成功，因而可以说，失败更是常态。因此，学习并模仿成功案例和从失败中学习是同等重要的。由此，有学者提出了"失败学习"

的概念。失败学习也就是从失败中学习,这也成为VUCA时代背景下,组织内每个领导和员工的必备技能。

有人可能会问,什么是VUCA时代?为什么VUCA时代下失败学习显得尤为宝贵?宝洁公司首席运营官罗伯特·麦克唐纳(Robert McDonald)曾借用一个军事术语,首先描述了这一新的商业世界格局:"这是一个VUCA的世界。"VUCA是Volatility(易变性)、Uncertainty(不确定性)、Complexity(复杂性)、Ambiguity(模糊性)的缩写。从某种程度上说,VUCA可以被更多地理解为企业在发展环境中面临的诸多困难和挑战。人们对于VUCA的态度,过去往往是消极的。大多数人会认为其是不好的、消极的、暂时的,只能被动地去应付。而当今人们对它的认知有了改变,将VUCA视为一种新常态,也就是人们常说的"唯有变化,是不变的事实",或者说"外部环境的不确定性,是可以确定的"。世界一流企业认为,VUCA不仅会带来挑战,还会提供机会,前提是自己比竞争对手准备得更充分。因此,世界一流企业从不把环境的变化当成消极的因素,而是积极适应VUCA新常态,主动打造自身能力,提高战斗力和竞争力。

我们将视角转移到失败上,VUCA时代瞬息万变的环境使得企业不可避免地会面临失败。过去的成功、积累的能力素质并不能保证在新时代下依然会成功。在这种情况下,唯有快速学习、快速适应、快速引领创新,才能在新的商业环境中获得成功,只有当组织提前储备更多的知识技能,才能更好地持续发展。而先前的失败中蕴含着丰富的知识、经验与技能,这对于后续任务与项目必然具有极高的价值。若失败后组织内的员工与管理者将自己沉浸于失败带来的痛楚与消极的情绪体验中,他们必然无法有效地对这些具有极高价值的成果进行吸收与消化。而如果员工及组织能够将这些宝贵的经验转化为未来成长的基石,则将受益无穷。当然,如何将失败转化为动力,将失败经验充分融入失败后的恢复与学习,这是每个组织和员工需要慎思的话题。

然而,我们会发现,目前国内外的商学院在培养人才的过程中,更多地将研究与授课重点放在强调所谓的Good Practice,即成功的商业模式或经验。虽然"他山之石可以攻玉",但是成功经验都有一定的限制条件,或者每个成功案例都具有高度的复杂性和模糊性。以发源于日本的精益生产为例,人们可以较为简单地复制该套质量管理体系的规章制度等（即"术"的层面），但是难以模仿孕育该制度的文化土壤（即"道"的层面）。因此，当我们试图复制他人的成功时，往往会出现水土不服的情况。此外，在 VUCA 时代下，Good Practice 是非常容易变化的（即易变性）。例如，《基业长青》中提到的样本企业，其中多家已经走向末路。用过去的成功经验去面对易变而不确定的时代，很难取得成功。另外，"复制"（模仿）成功并不能形成竞争优势。市场中的成功者往往能够吸引公众的注意力，他们的领先之道容易成为大家争相学习和模仿的对象。但是复制成功通常容易塑造"追随者"而非"领导者"，更遑论形成竞争优势。而且，当所谓的成功经验成为一种通用做法时，这样的模仿更难以帮助个人和组织获得长久的成功。而组织或企业中的失败则具有共通性，例如，导致不同企业或组织在项目推进过程中失败的原因，往往具有相似性。虽然不同的项目或企业在推进过程中会有不同的经历，但是若企业能在失败过后灵活地总结并对失败经验举一反三，完全可以在面临同样的危机与挑战时拔得头筹，更快、更准地获取竞争优势。长此以往，企业必能形成长期优势，脱颖于市场之中。

在这样的背景下，学者和企业家开始强调以失败为师的重要性。例如，吴晓波所撰写的《大败局》，记录了中国 20 世纪 90 年代民营企业的起伏跌宕与兴衰成败。其中，有意气用事的"标王"秦池，"多元化"的巨人，盲目扩张的亚细亚，盲目投入广告的飞龙，以及管理不善的三株。这些在 20 世纪 90 年代叱咤风云的企业如今早已在市场上淡出，唯有那些失败的实例让人回味再三。马云在湖畔大学强调研究失败案例的价值，并着力于通过建设湖畔大学，将失败融入全部的课程学习，以帮助企业家更好地度过创业初期的艰难时刻。在科学研究中，学者们也发现了失败学习对个体和组织的大量益处，并为组织和管理实践提供了大量的实践意义。

尽管失败学习有如此之多的益处，但对于个体来讲，从失败中学习真的容易吗？大多数人的答案都是否定的。出于基本归因错误和自我服务偏见，人们对于失败的认识往往有偏差，加之失败带来的负面情绪及印象管理动机等诸多因素，都会导致人们不愿意面对失败、耻于谈失败。因而关于组织中的失败学习问题，无论在理论上还是在实践中，都是一个亟待完善的领域。如何能够快速地走出失败的阴影，从中有效地学习，改善个体绩效，增强组织效能，成为不得不解决的重要问题，也成为制约现代工商组织能否走向成功的一个重要因素。因此，在理论研究中，探索失败学习的概念内涵、影响因素、效应及其作用机制就显得尤为重要。本篇将聚焦上述问题，对失败学习相关的基本概念进行阐述。

概论篇——以失败为师

第1章　失败学习相关概念及价值
- 什么是失败学习
- 失败学习的价值

第2章　失败学习影响因素及作用结果
- 失败学习的影响因素
- 失败学习的效应及其作用机制
- 失败学习研究评介及后续展望

第3章　失败学习相关过程及反应
- "错误学习"研究概述
- 创业过程失败恐惧反应

第1章 失败学习相关概念及价值

1.1 什么是失败学习

1.1.1 失败相关概念

谈及这个话题，我们需要从失败学习的概念及发展渊源来入手。事实上，学术界对于失败的基本问题——失败的定义问题，看法不一。关于"失败"（Failure）这一概念，最早的理解即把失败定义为某项业务由于各种原因而被迫停止或终止（Bruno, McQuarrie, and Torgrimson, 1992），这里的原因可以是合同纠纷、法律问题、人员分配等，导致业务不能继续有效地进行下去。后来，为了进一步确定失败的客观性，将失败归结于其最终成果低于目标的底线，而非自愿或主动做出的行为（McGrath, 1999; Politis and Gabrielsson, 2009）。Beaver 和 Jennings（1996）从创业的视角给出了失败的定义，其研究认为，创业活动中的失败是指创业者没有满足利益相关者的期待。Ward 和 Foster（1997）则从财务评价的视角定义了失败的概念，其在研究中将企业的净资产和债务偿还能力作为判断企业失败的一项重要标准。从组织生命周期的视角考察，以上关于"失败"的研究集中在组织的初创期和衰退期这两个特殊时期，这两个时期的失败对于组织发展来讲通常是不可逆转的，失败后的学习对于组织发展的借鉴意义不明显。而在组织生命周期中的成长期和成熟期中经历的失败及其后续从失败中学习的过程，对组织的发展更加重要。聚焦于这一时期的研究通常会将"失败"界定为因在运营过程中出现错误和问题而使得组织的绩效没有达到预定的期望值（Tucker, Edmondson, and Spear, 2002）。同时，也有学者指出失败等同于企业的倒闭、关闭、破产（Zacharakis, Meyer, and Decastro, 1999）。但是这种观点只是站立在了企业最终归宿的立场上，很难代表企业在平时面临与处理的各种项目与事务中的经历。Cannon 和 Edmondson（2001）提出，失败是企业在项目中偏离预期或期望。这也成为后续学者对失败进行定义的基本逻辑。Tucker 和 Edmondson（2003）、Shepherd 等（2014）又进一步指出，失败是一个造成组织预期任务目标完成或者实现未达成的中断点。

此外，在已有的文献当中，"失败"（Failure）和"错误"（Error）两个概念之间相互交叉使用，缺乏对于其内涵和外延的辨析。错误指的是目标、工作标准、行为规范或者价值判断所出现的意外的偏离（Merriam-Webster, 1967），也就是说错误通常指的是计划产出和实际产出之间的偏差（Homsma et al., 2009），其概念范畴要比失败更大。基于此，Xie 等（2014）认为，错误同样是违背了初心、达不到目标、背离标准的行为，而其中的某一项或几项最主要的错误可能会诱发失败。而 Zhao（2011）指出，错误是引起期望和现实之间的非预期差距的个人决策和行动，这些行为可能会引起组织实际上或是潜在中可避免的负面结果。因此，通过归纳先前的研究结论，我们将错误定义为组织中的成员因达不到预期目标或标准规范，进而产生一系列负面后果的行为。因此，失败与错误从概念上来看，除了范围大小的不一致，并无其他差异。除了错误与失败的区分研究，学界也提出了违规（Vioalation）、风险（Risk）等概念来概念化失败所包含的具体维度。违规行为与错误的区别在于，违规行为涉及违反规则或不符合标准的有意识意图（Reason, 1990），而我们所研究的错误是无意识行为（Frese and Keith, 2015）。错误和风险也有区别。风险是指遭受伤害、损失或危险的可能性，通常存在于环境中；错误是指人类或通过个人与环境，以不可预知的方式相互作用而产生的行为（Frese and Keith, 2015）。

另外，针对失败本身的分类，学者也有不同的看法。自从失败被管理学界所注意之后，大部分学者将其目标转移到了创业领域，因为大家公认创业过程中会造成大量失败及相关负面事件。而除了创业失败这个领域，组织管理学界通常更聚焦于组织失败、项目失败等话题。此外，针对失败程度的高低，有学者将失败分类为"小失败"和"大失败"，并根据失败的程度对后续影响及学习行为进行研究，我们在后文会有所提及。除此之外，谢雅萍和梁素蓉（2016）根据前人研究，总结并提出了"起死回生的失败"这一概念，指即将出现失败或已在失败的边缘，但最终克服并摆脱失败的现象。这种类型的失败不仅可以为组织和成员提供失败经验，同时可以为其他企业提供学习的榜样，不失为一种具有高度价值的现象。近年来学界对错误的研究也颇有收获，我们根据文献数据库（如 Business Source Complete、ISI Web of Science、PsycINFO、ProQuest、EBSCO 和中国知网）及国内外顶级期刊近年来所发表的文献进行了研究整合，这部分将在后文展开。

1.1.2　失败学习相关概念

讨论了失败的相关概念，我们继续探讨失败学习的概念。在组织学习这一研究领域，已有的研究多倾向于探索成功经验对于组织学习的意义，而鲜于关注失败经验对于组织的影响。随着组织管理水平的不断提升和技术的快速革新，越来越多的学者和实践管理专家发现，失败是组织不可规避的历史经验，特别是对于以研发为导向的组织表现尤甚。Antil（1988）研究表明在从事新产品开发项目的过程中，每三个项目中至少有一个是失败的，而 Wysocki（2003）的进一步研究则发现在研发项目的实践中，失败率高达 50%~80%。在这些组织中，失败可以称为"常态"。而学者的研究也表明，与成功的经验相比，失败的经验对组织来讲更有学习的意义（Levitt and March，1981；Langer，1989；Lant，1992；Morris and Moore，2000），并且与在成功中所学的内容相比，组织内的成员在失败中所学的内容更丰富（Shepherd，2011），特别是对工程师（Petrovski，1985）、科技工作者（Popper，1959）和管理者（Sitkin，1992）等职业来讲，这一作用效果更加明显。基于以上情形，学者开始聚焦研究"从失败中学习"对于组织的意义，探索其影响因素、效果及相应的作用机制。

从失败中学习研究的起源，最早可以追溯到 Simon（1957）的关于管理决策的研究当中（胡洪浩、王重鸣，2011）。早期管理决策的研究主要探讨决策者风格、决策环境等对于决策效果的影响,从中发现在组织当中,失败的经验对某些特殊类型的决策过程和信息搜索过程更加有意义。这一研究结论可以视为失败学习研究的早期渊源。而在组织行为研究的领域,Fredland 和 Morris (1976) 在其研究中,突出强调了失败经验是组织学习的特殊内容来源,因而,一般来说,学者倾向于将这一项研究作为失败学习研究的正式起点。

就失败学习 (Learning from Failure) 而言,在国外,学者的研究多出于以下视角进行考量。其一,关注失败学习的内容来源。聚焦于这一视角研究的学者将失败学习的内容来源分为两个部分,即来源于内部的失败经验 (Starbuck and Milliken, 1988; Tucker and Edmondson, 2003) 和来源于外部的失败经验 (Baum and Dahlin, 2007; Madsen and Desai, 2010)。早期的学者多关注于内部失败经验对于组织学习的重要意义,而近期的失败学习研究已经将着眼点向组织外部延伸,关注于外部的失败经验对于组织学习的影响。在这一研究视角中,比较内外部失败学习的不同作用机制和影响因素可以成为进一步探索的角度。其二,关注失败学习的影响因素。Garvin (1993) 指出,并不是所有的失败都能引起组织后续的反思与学习行为。有学者研究认为,失败的严重程度会影响组织的失败学习,聚焦于这一观点的学者分别提出了"小失败论"(Weick, 1984; Cannon and Edmondson, 2001) 和"大失败论"(Madsen and Desai, 2010) 两种不同的观点来具体考察失败的严重程度与学习间的关系。小失败论者认为,小失败更有助于组织学习,而与之相反的大失败论者则在研究中从知识管理和问责的视角来考察大失败或严重的失败与经验学习之间的关系 (Madsen and Desai, 2010)。在这一研究视角中,学者还考察了高质量关系、心理安全感、组织氛围等因素对于失败学习的影响。其三,关注失败学习的意义和作用机制。从失败中学习的最大意义在于组织个体绩效的改进和组织效能的提升,此外亦有可能降低事故发生的概率,提升服务质量。相比于西方学者的研究,我国学者对于"失败学习"的研究起步较晚,还未形成系统性的结论。理论上的研究,主要是胡洪浩和王重鸣 (2011) 基于对国外学者理论研究的梳理,他们认为,所谓失败学习其实就是组织对内、外部失败经验进行集体反思,通过调整行为方式来降低未来遭遇类似失败的概率以提升组织绩效的过程。实证上的研究,则主要集中于创业失败学习的研究上（于晓宇等，2012，2013），而鲜有关于在组织生命周期的成长期和成熟期的失败学习问题的研究。此外，近年来不少研究将失败学习作为前因变量或中介变量，探究通过从失败中学习能够带来的一系列积极后果或消极后果。其四，关注失败学习的具体内容。企业内失败学习的主体主要有三个层面：个体、团队和组织，这三个层面在进行失败学习时各有侧重点。从个体层面来看，Shepherd（2011）通过研究表明，个体在应对失败学习时的行为就是典型的主动学习，是主观产生的意义建构过程；从团队层面来看，失败学习更多的是着眼于学习后带来的利他性，是为了协调团队成员，进而进行整体推动；从组织层面来看，失败学习更多的是强调其对组织发展的积极影响，通过组织学习，能够更好地协调和推动各个主体的学习能力，为组织可持续发展提供动力。对于具体内容，谢雅萍和梁素蓉（2016）将其划分为三个方面，分别是情境导向的内容、机会识别与分析处理的内容，以及对自我、商业和企业管理的认知内容。

针对失败学习的具体过程，经验学习理论将学习分为"单环学习"和"双环学习"两种路径。单环学习是基于对一个被识别问题的解决的学习方式；双环学习则基于对寻找占优解决方案的反省的学习方式，这种反省有利于发现或接受一个更好的策略。Argyris强调，要区分两类学习的重要性，前者关注工具性的变化和绩效改进，后者关注价值观的变化和策略优化。失败学习领域的不少文章，将失败学习内容归结于通过单环和双环两种路径来解决。因此，不少学者根据两阶段的分类，提出了失败学习的两阶段模型。此外，除了根据经验学习理论所划分的双阶段学习模式，不少学者从其他视角提出了三阶段及四阶段的失败学习理论。表1-1展示了不同学者提出的不同理论模型。

表 1-1　失败学习分类

失败学习分类	提出者	简要概述
两阶段式过程	Tucker 和 Edmondson（2003）	关注组织失败学习的过程和具体行为，针对医疗背景中护士的工作行为进行研究，提出了失败学习的双环学习模型，该模型分为两个阶段：第一阶段反映出单环学习，强调问题的解决方案，即面对已存在的失败事实而采取相应的解决问题的行为；第二阶段反映出双环学习过程，强调解决问题行为的响应，即在立即纠正错误以保证医疗服务连续性的同时，思考失败的原因，并从中吸取教训，从而提醒自己和他人
	于晓宇等（2013）	视角集中到创业失败领域，提出双环学习的学习目标是提升行动效果。创业失败前，创业者所持假设、信念和价值观会因为失败的发生而产生根本性改变或颠覆，这个过程会使创业者产生各种强烈情绪。单环学习的学习目标是提升行动效率，属于低阶学习，可提高创业者的知识、技能和能力等创业胜任力。两种学习模式对于后续创业的影响截然不同
三阶段式过程	Cannon 和 Edmondson（2005）	认识到技术障碍和社会障碍会阻碍失败学习，以企业收购前忽视小问题、医生未深入分析常犯错误，以及设计实验进行产品创新等为例，提出失败学习的三个步骤——识别失败、分析失败和审慎实验。首先是主动和及时地识别失败，强调对于组织出现的"早期预警信号"要引起足够的重视；然后是分析失败，需要具备一定的技术能力、专业知识及有效的人际沟通能力，同时需要有质疑的精神和对科学方法的掌控，这样才能进行严谨的结构分析和深入探究；最后是进行有意义的实验，创造机会体验失败经历，通过实验来寻找创新方法和新知识。该模型尽管还未得到实证的检验，但是却描述出了失败学习过程的概貌，为后面失败学习过程的探索提供了依据

续表

失败学习分类	提出者	简要概述
三阶段式过程	Petkova（2009）	在创业过程中，创业者必然会遇到些许阻碍且没有应对经验，很容易犯错，从错误和失败中学习自然就不可避免了，因此开发了错误学习模型，阐述创业者如何从自己的错误表现中学习。该模型主要包括三个步骤：一是产生结果，根据形势设定目标，选取可行的行动计划并且付出行动，从而产生结果；二是发现错误，运用专业知识将结果与期望进行比较分析，从而发现错误；三是纠正错误，分析导致错误的原因，并吸取教训改正错误，同时学习正确的知识
三阶段式过程	Singh 等（2015）	通过采访创业失败的创业者，提炼出企业失败三阶段式过程，分别为预测失败、面议失败和转化失败。其中，预测失败是指创业者发现失败端倪；面议失败是指失败发生后，创业者采取停止业务、宣布破产、解散伙伴关系等行为；转化失败是指创业者并不会因为创业失败而放弃再次创业，而是将失败经历转化成积极的人生体验，从中感悟失败的意义，就如在访谈过程中，这些创业者都明确表示会再创建新的企业
四阶段式过程	Cusin（2012）	从行为主义观视角出发，提出了一个四阶段失败学习模型。对于四个阶段的解释是：第一阶段，失败定义。达不到期望的绩效会刺激公司出现一些响应。这是学习过程的驱动程序。第二阶段，失败解释和分析。在这一阶段主要是将失败转化为知识的过程，但是会经历一段痛苦的过程。第三阶段，储存获取的知识。只有把获取的知识储存在记忆里，才能在下次的实践中付诸行动。第四阶段，具体运用从失败中获取的知识

续表

失败学习分类	提出者	简要概述
四阶段式过程	Yeo 和 Marquardt（2010）	提出了问题驱动式学习，是基于 Kolb 的学习理论提出的，且继续采用问题驱动学习的观念，把学习过程融入组织和工作情境中。研究中收集了 10 个 PBL 专家和 50 个 PBL 利用者的数据，通过集合式访谈和定性调查来进行研究。研究结果表明，问题式学习作为促进个人和组织学习的一种潜在方式，能够通过结构化和自发的学习路线图来帮助优化组织发展。该模型不仅包含原有经验学习模型的内容，还考虑到组织情境和规范，同时注意到组织学习和个人学习的持续性和同步性

1.2 失败学习的价值

针对失败学习给组织、团队及个人带来的影响，学者也有不同的看法。在失败学习带来的积极效应方面：①提升组织绩效。查成伟等（2016）提出，由组织高质量关系所促进的失败学习行为会对组织创新绩效产生有利影响；曹洲涛和欧阳素珊（2020）提出，组织的知识网络嵌入性对组织创新绩效也有正向影响。②促进企业创新。常洁等（2020）提出，失败学习会促进企业创新；陈玮奕等（2020）提出，团队横向监督会通过失败学习影响团队创造力；创业领域中，周雪等（2019）认为失败学习对于后续创业的商业模式创新行为有正向预测。③利于后续行为。针对此问题的研究，学者多聚焦于个体在失败学习后的后续创新或学习意愿上，这不仅可以促进成功，也会避免再次失败。Cope（2011）通过研究发现，创业失败后的学习行为将有助于增加未来创业成功的可能性；Meschi 和 Métais（2015）研究了某家企业的收购失败事件，发现从失败的经验中学习可以提高未来的收购绩效；Haunschild 和 Sullivan（2002）认为，从失败中学习可以降低组织中的事故发生率；Baum（1998）指出，从失败中学习可以降低组织的失败风险。④在个人层面，针对失败学习给个体带来的影响研究目前较少，大部分学者仍将视角集中于组织和团队层面。对个人的影响则主要体现在个人知识储备的调整、经验的积累、未来成功可能性的提高及自我行为的改善上。

同样,失败学习并不一定都会得到好的结果,在学习过程中,由于受到学习方式、错误程度等的影响,失败学习也有可能造成一些负面效果。例如,庞立君等(2019)通过对变革型领导的研究发现,由变革型领导促进的失败学习行为与后续企业绩效之间的关系是倒 U 形曲线关系。Madsen 和 Desai(2010)指出,失败信息并不完善,其中会有不少漏洞,如果缺乏从失败中学习的经验,并且盲目地从失败中学习,就会学到错误的知识,并可能再次导致失败。

综上,国内外对于失败学习带来的影响研究颇丰,集中于对个体和组织带来的影响方面,将相关研究进行汇总,总结如图 1-1 所示。

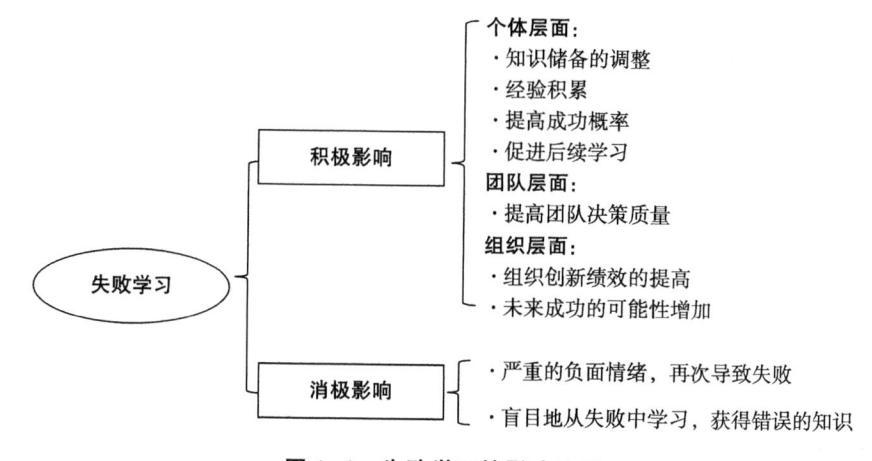

失败学习
- 积极影响
  - 个体层面:
    - ·知识储备的调整
    - ·经验积累
    - ·提高成功概率
    - ·促进后续学习
  - 团队层面:
    - ·提高团队决策质量
  - 组织层面:
    - ·组织创新绩效的提高
    - ·未来成功的可能性增加
- 消极影响
  - ·严重的负面情绪,再次导致失败
  - ·盲目地从失败中学习,获得错误的知识

图 1-1 失败学习的影响结果

第 2 章　失败学习影响因素及作用结果

2.1　失败学习的影响因素

如前所述，从失败中学习是有先决条件的，并非所有的失败都能引起组织后续的反思与学习行为（Garvin，1993）。在这之中，会有诸多因素左右失败学习行为的产生，因而梳理出失败学习的影响因素，对于厘清其发生机制，在实践中指导组织和个体如何从失败中恢复、反思、学习、改进，进而提高组织效能和个体绩效，有重要的意义。结合国内外已有的研究，本研究从个体、团队、领导和组织四个层面对失败学习的影响因素进行梳理。

2.1.1　个体层面影响因素

首先，从个体层面出发，失败学习的影响因素主要聚焦于员工的情绪及与情绪调节相关的能力。Shepherd 和 Cardon（2009）的研究表明，失败后个体的负面情绪会对从失败中学习及再次尝试产生影响。Shepherd、Patzelt 和 Wolfe（2011）进一步以德国 12 个研究机构的 585 名项目研究者为研究对象进行了实证研究，发现时间可以抚平项目失败所带来的创伤，进而促进从项目失败中学习的过程，但其与失败后的负面情绪的影响作用和个体的应对导向（Coping Orientation）有关，不同的应对导向会对项目失败后的学习行为产生不同影响。其中，恢复导向（缓冲负面情绪）、损失导向（关注失败事件）和震荡导向（在关注情绪恢复的同时关注失败事件）三种行为导向，都对从项目失败中学习有正向的影响作用。而个体在进行失败学习的过程中，通常会交替采取损失导向和恢复导向，从而使得个体从失败后的负面情绪中缓慢恢复。采取损失导向，构建失败背后的含义，这样做会破坏个体对于失败的负面情感纽带，使人们对失败进行进一步思考，不再沉溺于负面的情感反应。但是，持续关注故障周围的事件可能会在精神上令人筋疲力尽。而作为另一种策略的恢复导向，通过使注意力从项目失败中转移开来，以避免产生负面情绪。它还涉及对因项目失败而产生的其他问题的积极解决。恢复导向涉及抑制情绪，这在长时间内很难做到。所以，应对失败的最佳策略是振荡导向，主要指的是在其他两种导向之间不断切换。它包括了其他两种导向的优点，同时避免了那两种导向的不足。Bohns 和 Flynn（2013）的研究比较了失败所引致的情绪反应对下一周期的员工绩效产出的影响。研究强调，对于从失败中学习来讲，内疚（Guilt）的情绪反应要比羞愧（Shame）的情绪反应更为积极有效。但是 Wang（2020）等同时提出，内疚感对于员工失败学习的影响会随着内疚程度的升高呈现出先降后升的 U 形曲线关系。另外，通过对连续创业失败的个体进行问卷调查，结合反事实思维方式，郝喜玲等（2019）指出，失败所带来的情绪成本并不利于员工的失败学习。

其次，员工的个体人格心理特质或者对于组织或事件的认知导向也会影响失败学习。例如，Dewey（1986）的研究表明，批判性思维对从失败中学习有益。Boss 和 Sims（2008）的研究认为，员工的自我效能感、情绪调节能力和自我领导能力的共同作用能够帮助其从失败中更快恢复。项目学习中，具有高度项目承诺感的个体也会积极地从失败中学习（Wang et al.，2018）。Liu 等（2019）提出，自恋的员工在处理失败问题时通常持消极态度，不利于失败学习。而郝喜玲等（2019）通过对自恋人格进行理论框架化，提出自恋人格对于失败学习的双重影响。此外，也有学者研究表明，个体层面上的心理安全感（Carmeli and Gittell，2009）会间接地对组织失败学习有重要的影响作用。将视角转移到个体的态度上，在创业企业中，员工的创业激情会显著地预测创业失败后的学习行为（周雪、王庆金，2019）；创业后员工的乐观主义精神与韧性的心理状态也会刺激员工做出学习行为（郝喜玲，2019）。从员工深层次的行为导向来看，错误学习导向、学习目标导向等都可以显著地促进员工的学习行为（Wang et al.，2019）；另外，员工的内在学习动机也可能成为促进失败学习的重要因素（Yamakawa，Peng，and Deeds，2010）。

此外，失败不可能一成不变，员工经历的失败次数与失败经验同样成为重要的影响因素。Nathaniel Boso等（2019）提出，先前的商业失败经历会显著预测失败学习行为，国内学者郝喜玲等（2020）提出失败经验及失败带来的经济和社会成本等，都会对个体下一次面临失败时产生影响。杨特等（2019）在对创业者的问卷调查研究后提出，创业失败学习分为探索式学习和利用式学习两类，而创业失败有利于探索式学习，不利于利用式学习。针对创业过程中的连续失败对于后续行为的影响，不同的学者也有不同的看法，Ucbasaran、Flores和Westhead（2007）认为连续失败不会影响个体对失败的看法，Bolinger和Brown（2014）认为连续失败反而会使得个体对失败有更透彻的理解，从而有利于学习行为。

但学习失败还是有很多潜在的障碍的（McGrath，1999；Sitkin，1992）。个体层面中的认知偏差（Kahneman et al.，1982）、较低水平的学习目标导向（Dweck and Leggett，1988），以及过去的成功经验（Ellis and David，2005），都会制约或者抑制失败学习。

2.1.2 团队层面影响因素

失败学习不仅仅是个人静态学习的过程，也是组织成员之间交互影响的一个动态过程（Elkjaer，2003；Kozlowski and Bell，2008），因而团队及人际关系层面上的影响因素，对个人能否从失败中进行学习也起着至关重要的作用。

Dean、Yu和Hui（2004）基于中国上海的调研表明，团队的问题解决导向和合作性文化会对团队从错误（Mistake）中进行学习有所助益，此外，团队层面上的共享心智模式（Shared Mental Model）也将影响团队从失败中学习。Carmeli和Gittell（2009）分别以以色列的电子软件、金融行业从业人员和研究所的研究生为调查样本，进行了两次实证研究，结果表明，高质量关系对从失败中学习有正向的影响作用。在这一作用过程中，心理安全感起到了中介作用。他们在研究中认为，所谓高质量关系（High-quality Relationship），指的是基于任务产出导向的人际沟通与互动过程，包含三个结构维度，即目标共享、知识分享及相互尊重。古家军和吴君怡（2020）通过对新创企业的实证分析研究得出，员工间的高质量关系能够通过增强员工的心理资本进而促进失败学习行为。此外，Cannon 和 Edmondson（2001）通过实证研究也指出，团队中的支持氛围与一个明确的目标导向会促使员工产生学习的动机，这是有效实施失败学习的必要条件。

Homsma 等（2009）对于错误后的学习研究也对研究失败学习的影响因素有一定的借鉴意义。其研究认为，错误后果的严重程度对下一轮产品的创意、见解及提升的实现有积极影响，严重的错误对于学习来讲更为有效，并且沟通是这一过程的重要中介。通常来讲，严重的错误会迫使员工间不得不展开沟通，从而促进从错误中进行学习。随后，其基于对化工企业的调研进行的实证研究发现，错误后果的严重程度的确对从错误中进行学习有积极影响，但其中沟通的中介作用没有得到支持。虽然其关于沟通的中介作用没有得到实证支持，但也在一定程度上提醒我们，在团队层面的失败学习的影响因素中，团队的沟通可能会产生作用。

团队层面的关于失败学习抑制因素的研究影响较少，主要以 Edmondson（1999，2001）的研究为代表。其多次研究表明，团队中的不良人际氛围、人际关系障碍及团队 CEO 对待失败的不负责的态度等因素，会在一定程度上阻碍团队中成员的失败学习。

2.1.3 领导层面影响因素

领导作为一个组织内部的核心领袖，在弥补个体和团队应对失败所需的学习氛围中能够发挥重要作用。Cannon 和 Edmondson（2005）从技术和社会系统两个视角梳理了组织"失败学习"的障碍。技术层面上，员工认知的建构过程、不合理的工作设计、不科学的失败信息的收集方式都会阻碍组织从失败中学习；社会系统层面上，社会心理因素、自我防御机制、管理者奖励成功惩罚失败都会给"失败学习"造成阻碍，组织结构、制度政策与工作流程、领导者的行为也都会影响组织的"失败学习"。多数组织对失败的"惩罚"阻碍了组织"识别和认知失败"，而在"识别和认知失败"之后，管理者是否具备处理失败后个人和员工的情绪的技能，又成为影响失败学习的一个重要因素。管理者对待下属强调的是奖励成功、惩罚失败，而对待他们自己则从来不提及失败中的自身责任，这种归因错误也是影响失败学习的一个重要因素。Finkelstein（2003）深入调查了 50 家曾经出现过失败的公司，得到的结果是，越是高层的管理者越倾向于自身的完美主义，其中首席执行官本人更是如此。例如，在针对一个组织的研究中，首席执行官在被访谈的整个 45 分钟里，都在解释其他人为什么要对公司的失败承担责任，如监督机构、客户、政府，甚至于公司中的其他高管在公司的失败中都是有责任的，而唯独没有提及他自身对于失败本身所应当肩负的责任。

不同的领导风格对失败学习的影响已经被大量学者所研究。Carmeli 和 Sheaffer（2008）基于对 121 家企业的实证研究，首次提出了"学习领导力"这一概念，指出学习领导力对组织的"失败学习"有促进作用，进而影响员工感知组织的能力及对任务环境的适应性。其在研究中指出，对于员工来讲，领导者的行为有重要的示范作用，组织成员可以通过领导的行为获得线索，用以判定什么行为被认为是组织中需要的或是接受的，因而在工作中加以表现。此外，领导的行为还对促进员工的情绪调节，增强员工的心理安全感有积极影响，因而会对成员的失败学习起到促进作用。Cannon 和 Edmondson（2001）通过对一家中型制造企业的 51 个不同类型的工作团队进行焦点小组访谈和问卷调查，研究发现，领导指导、目标明确和组织支持能够显著促进共享信念的形成及失败学习的开展。国内学者针对领导风格对失败学习的实证研究颇有成果，唐朝永（2014）提出，包容性领导通过增强员工心理安全感从而正向促进失败学习行为，庞立君等（2019）和卢艳秋等（2018）提出变革型领导对失败学习是显著正向的，宁鑫和刘良灿（2019）提出知识型领导对员工失败学习的影响也是显著正向的，张昊民和宗凌羽（2018）提出包容性领导通过增强员工心理资本也能正向影响失败学习。

2.1.4　组织层面影响因素

Farson 和 Keyes（2002）研究指出组织能否容忍失败，将失败视为常态，探求项目运作过程中的机制而非单一的结果，会影响员工负向情绪的产生和失败学习过程。Lee 和 Robinson（2000）、Ashforth 和 Kreiner（2002）研究表明，当组织不将失败视为意外的事，构建"知情文化"（Informed Culture），有助于使得处于失败项目中的成员免于自责，从而保护他们的自尊，同时减少"印象管理技术"的运用，在失败后更勇于承担责任。Shepherd、Patzelt 和 Wolfe（2011）进一步实证研究表明，员工感知到的组织是否将失败视作一种正常化的文化，会对员工在失败后出现的负面情绪产生消极影响，进而对项目失败后的失败学习产生积极影响。此外，Cannon 和 Edmondson（2005）通过从组织层面的信息收集因素、社会心理因素、工作设计因素、组织结构和系统过程等各个方面着手，从技术水平和社会环境等方面探讨了失败对学习的影响。而其他学者研究表明，惩罚失败的报酬分配机制（Sitkin，1992）、缺乏支持性的工作环境（Edmondson，1996）会对成员的失败学习产生负面的影响。

总的来看，国内外学者对于个体层面上影响失败学习的因素研究较为充分，在团队层面、领导层面及组织层面的影响因素研究，还有待于进一步加强。已有的研究结论简要归结起来如图 2-1 所示。

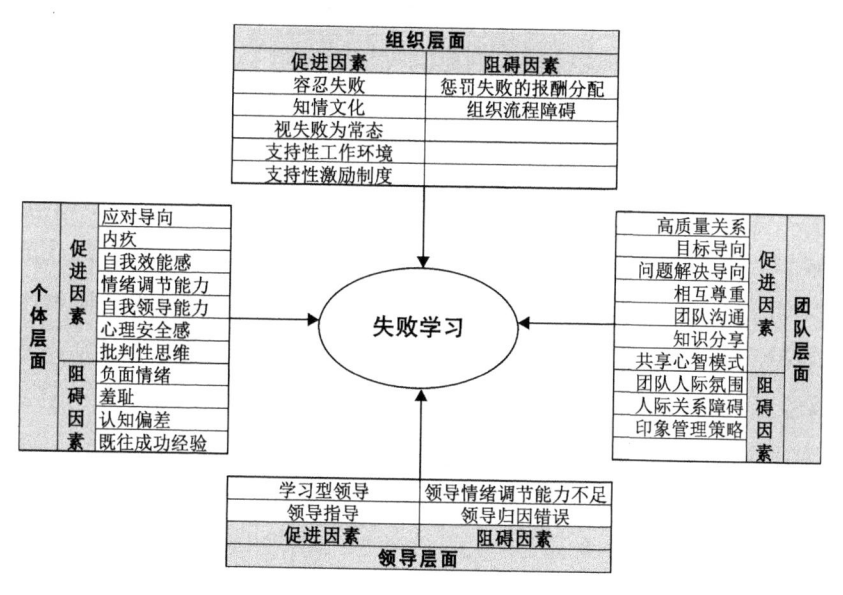

组织层面	
促进因素	阻碍因素
容忍失败	惩罚失败的报酬分配
知情文化	组织流程障碍
视失败为常态	
支持性工作环境	
支持性激励制度	

个体层面			团队层面	
促进因素	应对导向		高质量关系	促进因素
	内疚		目标导向	
	自我效能感		问题解决导向	
	情绪调节能力	失败学习	相互尊重	
	自我领导能力		团队沟通	
	心理安全感		知识分享	
	批判性思维		共享心智模式	
阻碍因素	负面情绪		团队人际氛围	阻碍因素
	羞耻		人际关系障碍	
	认知偏差		印象管理策略	
	既往成功经验			

	学习型领导	领导情绪调节能力不足	
	领导指导	领导归因错误	
	促进因素	阻碍因素	
领导层面			

图 2-1　失败学习影响因素

2.2　失败学习的效应及其作用机制

Carmeli 和 Gittell（2009）在研究中梳理了以往学者关于组织中既有经验对于组织发展的意义，研究发现，组织中过去的经验能够帮助组织减少潜在事故，进而降低组织中发生事故的概率（Haunschild and Sullivan，2002）、降低组织失败的风险（Baum，1998）、促进组织可靠性的提升（Weick，2001）、改善组织的服务质量、影响促进组织创新（Cannon and Edmondson，2005）。而组织中的既有经验，从结果上来看，可以划分为成功经验和失败经验。由此就集中产生了两个研究问题：

其一，究竟成功经验重要还是失败经验重要？已有诸多研究表明，失败的经验比成功的经验对组织来讲更有意义（Sitkin，1992；Weick and Roberts，1993）。从知识管理的角度上看，失败的经验表明组织内部的知识和既有的认知是不足的或者是不充分的，因而会激发组织成员搜索新的知识、挑战旧观念，从而修正问题（Sitkin，1992；Madsen and Desai，2010）。Madsen 和 Desai（2010）的研究表明，与成功经验相比，失败的经验对组织学习更有意义，并且与小失败相比，较大程度的失败更能促进组织的学习。也有部分研究认为，并非在所有的情形下，失败经验的影响都比成功经验的影响更为重要。Valikangas 等（2009）研究认为，对于创新失败来讲，创新失败带来的创伤可能导致员工产生严重的失望，进而阻碍后续的创新行为。

其二，失败经验的学习对组织发展的作用效果及其相应的作用机制如何？Haunschild 和 Sullivan（2002）以美国航空公司为研究对象，研究以往的事故率对未来事故率的影响。结果表明，以往的事故经验确实能够为降低事故率做出贡献。Carmeli 和 Schaubroeck（2008）采用滚雪球抽样的方式对以色列的 217 家企业进行调研后发现，从失败中学习是当前和未来危机准备的重要推动者，对组织的危机应对和危机管理有重要的促进作用。Cope（2011）采用质性研究的方法研究了创业失败后的学习行为。其研究表明，"从失败中学习"包含自我反省、构建关系网络、关系学习三个角度，学习是基于未来导向的，最终的效果是有利于提高后续创业的准备程度。在中国，也有学者借鉴 Carmeli 和 Schaubroeck（2008）研究的测量方式，并以中国企业为调研对象进行实证研究，结果表明失败学习对新创企业创新绩效有正向影响。于晓宇等（2013）基于对以往文献的研究提出创业新手、新创企业与行业特征对创业失败学习影响的理论假设，通过深度访谈法获取首次创业失败的情景材料，使用内容分析方法研究发现：首次创业失败学习内容包括自我学习、内部学习与外部学习三个方面；高科技创业者更倾向于内部学习，非高科技创业者更倾向于自我学习和外部学习；首次创业经营时间较短的创业者更倾向于自我学习和内部学习；创业失败且财务成本较高的创业者倾向于自我学习，创业失败且财务成本较低的创业者倾向于内部学习和外部学习。

2.3 失败学习研究评介及后续展望

无论是在国内还是在国外，失败学习都是组织学习领域方兴未艾的一个新的研究方向。总结已有的研究，我们不难发现，国内外学者对失败学习重要性的研究较为充分，但对失败学习的内涵、测量、影响因素及相关具体过程，以及其对组织的作用机制，还需要进一步的探索。未来研究的着眼点有以下五个方面。

第一，厘清"失败学习"的内涵和外延。在既有的研究当中，对于失败学习的内涵探讨稍显不足，主要集中在对于"失败"本身的界定，以及对"失败学习行为表现"的探讨上。在前文，我们曾经对"失败"和"错误"两个概念进行了简单的探讨，在未来的研究中，首先要解决对失败的界定问题，这关系到后续的测量、数据分析和结果的讨论等诸多环节。除了界定"失败"本身，也有必要对"失败学习"这一概念的内涵和外延进行进一步厘清。在回顾既往的研究过程中，对于"失败学习"这一概念范畴的说法各异，研究中更倾向于选择"从失败中学习"这样的模糊概念来进行替代。而一个概念的立足，必须要有清晰的内涵和外延，这一点是未来"失败学习"领域研究首先要解决的问题。

第二，开发"失败学习"的测量工具。为了使概念能在研究中得以应用，能否有效地对其进行测量尤为重要。在已有的研究中，关于"失败学习"的测量问题，还有待拓展。已有的测量以 Cannon 和 Edmondson（2001）、Carmeli（2007）、Shepherd（2009）等为代表，题目相对较为精练，如 Carmeli（2007）的量表，用 5 道 5 点量表的题目测量了失败学习，分别是：①当一项任务由于资源匮乏而难以推进时，员工会直接给出解决方案并且周知相关部门；②在工作当中，当某人犯了错误，他的同事会告诉他，目的不是责备他，而是出于从中学习的考虑；③当员工犯错误后，他会通知相关主管，以使得其他人能够从中学习；④在我们的组织中，很欣赏员工能够提出类似"我们为什么要这样做"的问题；⑤在我们的组织中，鼓励员工提出类似"我们有没有更好的办法或途径去生产产品或提供服务"的见解。然而，由于受到行业特殊性的影响，这些研究结论的一般化效度较低（胡洪浩、王重鸣，2011），亟待学者针对不同行业开发可推广的"失败学习"测量工具。此外，不同国家文化背景差异性较大，特别是在关于"失败"这一问题的探讨上，中国传统文化中有规避"失败"的倾向，这一特殊性是一个重要的影响因素，因而，我国学者在不断缩小与西方学者在管理研究差距的过程中，开发适合我国文化情境的测量工具十分必要。

第三，探索团队层面和领导层面的"失败学习"影响因素。梳理已有的研究，我们不难发现，就"失败学习"前因变量的研究而言，多集中在个体层面和组织层面。个体层面中个人的情绪调节能力、个体应对失败的导向等因素能够有效促进失败学习，而错误归因、负面情绪体验又会阻碍失败学习。组织层面上，不同的组织文化与组织氛围会对失败学习产生不同的作用。但在已有的研究中，关于"失败学习"的团队层面和领导层面的影响因素较为少见。而关于"失败学习"的问题又多集中于以项目为基础的科研工作任务中，这一类型的工作又以"团队合作"为主要形式，因而，团队层面的因素对于"失败学习"的影响至关重要。团队反思、团队沟通、团队的知识分享等均有可能对团队的"失败学习"产生影响，需要做进一步探索。此外，领导者是团队制度规则的制定者，也是团队任务的监督者，更是团队绩效的第一责任人，所以领导者的态度和领导风格对于团队成员任务执行的影响不能忽视。而在已有的研究中，只针对"学习型领导"对"失败学习"的影响进行了探讨，而没有比较不同的领导风格及领导者不同的态度对"失败学习"所产生的影响和作用机制。因此，探索领导层面上"失败学习"的影响因素也十分必要。

第四，挖掘"失败学习"对组织的产出效应及形成机理。组织的学习行为最终都要指向组织的产出。现有的研究已经开始对"失败学习"对组织产出的效应进行了研究，集中在降低事故率、提升组织绩效等方面。未来关于"失败学习"的研究可以更多地着眼于其对于组织产出的影响上，如"失败学习"对企业财务绩效的影响、创新绩效的影响等；另外，可以深入挖掘"失败学习"对组织产出影响的作用机理，使得"失败学习"的理论能够更好地指导企业管理的实践，促使其走出失败，走向成功。

第五，强调"失败学习"研究中定性和定量方法的综合。在现有工商管理及组织行为研究中，定量的方法被不断使用并推陈出新，也有部分学者和管理者开始探讨单一定量方法所得的结论对管理实践是否具有指导意义。"失败问题"是一个管理实践中的重要课题，是任何组织都难以规避的，而不能忽视的是，造成企业或者项目失败的因素是多方面的，原因也是千差万别的，如何从"失败"中恢复、学习，进而再一次走向成功，也没有一定之规。因此，在重视开发"失败学习"测量工具，从而促进"失败学习"定量研究向前发展的同时，也不能忽视利用"案例研究""扎根理论"等质性研究方法，利用企业家传记、企业故事、人物访谈等方式收集资料进行定性的研究。只有将定性和定量的方法在"失败学习"相关研究中综合使用，才能真正推进"失败学习"在理论上的不断完善，并给管理实践带来有益的启示。

我们将在对既有文献进行整合与讨论的基础上，对可能影响失败学习的各个因素进行新的整理。依照先前文献的研究脉络，我们重点从个体、团队、组织和领导等多个方面，来对可能影响失败学习的因素进行理论延伸与探讨，通过构建理论框架模型，从心理、行为、情绪、认知等多方面因素进行归纳整合。本书第 10 章采用了失败学习领域较少采用的定性研究方法和基于认知神经科学的心理学研究方法进行研究设想构建，为后续学者开展相关研究提供思路。

第3章　失败学习相关过程及反应

3.1 "错误学习"研究概述[1]

前文已提，与失败类似，近年来不少学者引入了"错误"（Error）的概念。虽然这一概念在国外研究中经常出现，但我国学者对于错误的研究仍然匮乏。我们梳理文献后发现，对于错误的研究主要集中在以下几个层面：错误分类、潜在错误管理、错误避免与管理的培训、错误定位、错误报告、从错误中学习和错误文化等。我们接下来从三种分析视角，从错误发生的前因后果及错误学习等方面来剖析现有文献内容。

3.1.1 错误分类角度

有学者从错误发生的不同层面出发，将错误进行分类。组织中的错误可以分为个人错误和集体错误。个人错误的广义定义是，那些由个人的行为单独造成的，没有任何其他个人参与所造成的错误（Sasou and Reason，1999）。集体错误是指由于组织实体（如团队、单位、部门或整个组织内多人）的行为，或由于集体条件造成的嵌套在这些实体之间的行为所引起的错误（Goodman et al.，2011）。在集体错误的范围内，小组和团队（包括单位）中发生的错误与组织或系统中发生的错误应当区分开来。团队错误指的是当团队成

---

[1] 本部分内容来源于：LEI Z, NAVEH E, NOVIKOV Z. Errors in Organizations: An Integrative Review via Level of Analysis, Temporal Dynamism, and Priority Lenses [J]. Journal of Management, 2016 (42): 1315-1343.

员从事协作和相互依赖的工作时发生的错误,"最常见的是团队内部流程的崩溃"(Bell and Kozlowski,2011)。当"多个元素——团队、任务、知识、外部条件,以不可预测或前所未有的方式汇聚"时,组织和系统错误就会发生(MacPhail and Edmondson,2011)。

从个人层面来看,与错误相关的研究大多致力于研究其与个体特征之间的关系,特别是在错误训练和错误知识学习方面的个体差异,以及个体错误的发生原因方面。一个重要的影响因素就是个体采取的不同错误训练方式发挥的作用——错误管理训练(Error Management Training,EMT)或错误避免/预防训练(Error Aversion Training,EAT),即减少个体错误/提高个体学习能力。EAT强调无错误的表现,认为错误是负面的事件,应该不惜一切代价避免,并向个体提供特定的指导,从而避免错误。相反,EMT认为错误是有价值的学习反馈,鼓励个体的错误并从中学习(Chillarege,Nordstrom,and Williams,2003;Frese et al.,1991;Van Dyck et al.,2010)。大量证据表明,在帮助员工提高未来的任务绩效、处理错误和从中学习方面,EMT比EAT更有效。但是也不尽然,EMT在特定的人群会有不同的效果。例如,Loh等(2013)进行了一个软件培训的实验。他们发现,愿意接受学习经验的人在EMT条件下比在EAT条件下表现得更好;但是对于欠缺经验的个体而言,他们更害怕犯错,在EAT条件下反而比在EMT条件下表现得更好。同样地,在EAT下个体的学习行为也会受到个体特质的影响。此外,专业知识也被证明会影响个人错误的发生。例如,Prümper等(1992)研究表明,当个体的专业知识与技能更丰富时,会有更少的错误发生。

在团队层面上,错误的影响因素和个体层面的类似,集中于团队特征对错误发生及错误学习的影响。例如,少数研究调查了团队气氛(心理安全氛围等)和团队错误率之间的关系(Edmondson,1996;Fruhen and Keith,2014),发现心理安全氛围与团队的错误报告率之间存在正相关关系,心理安全氛围越高的团队,越会对错误进行公开沟通。Hofmann和Mark(2006)发现,在医院环境下,以遵守安全协议、开放沟通和对错误做出建设性反应为特征的安全氛围,会减少护士的用药错误,尤其是在处理更复杂的病例时。除此之外,Bell和Kozlowski(2011)还提出了许多影响团队进行错误预防和错误管理的因素。他们的研究注意到了团队特征(成员多样性或团队复杂性)、团队气氛(如心理安全氛围)和团队干预(如培训、技术和自动化)在团队错误管理中的作用。此外,团队层面的错误并不一定完全受团队层面原因的影响。越来越多的研究表明,团队错误的发生是个体和团队层面上多种因素共同作用的结果。例如,Sasou 和 Reason(1999)分析了核、航空和航运业的 67 个事件,对团队错误进行分类。他们认为个体层面的因素(如高压力、过度疲劳、知识、技能和经验的不足)可能与团队层面的因素(如沟通不足、团队权力梯度过大、团队专业礼貌过度)相互作用,影响团队错误。然而,关于个人与团队层面错误发生因素的相互作用从而影响团队错误发生的机制,目前仍不清楚。一方面,个体和团队层面的影响因素可能会从相同的方向对团队错误产生影响(增加或减少);另一方面,这些因素也有可能会对团队错误产生完全相反的影响,例如,个体层面的因素会减少团队错误,而团队层面的因素会增加团队错误。针对两者的交互影响效应,还需后续研究进行补充。

从组织层面来看,一个重要的影响因素就是组织的错误管理文化(Error Management Culture,EMC)。Van Dyck 等(2005)将 EMC 定义为鼓励错误检测、通信、分析和快速纠正的规范和实践。研究表明,EMC 在减少负面错误后果(如产品失误、负面宣传、人员伤亡)和促进正面错误后果(包括学习和创新)方面起着关键作用。组织学者也提出了许多关于组织层面的错误学习的见解。Edmondson 和 Lei(2014)建议,为了从错误中学习,领导者必须创建一个能为员工带来心理安全感的组织环境,包括鼓励公开报告、积极提问和分享见解等。Anderson 等(2010)检验了关于组织间数据共享的假设。有趣的是,这项研究发现,组织间错误报告系统增加了错误报告率,但不一定提高纠正措施的比率。这表明错误报告或信息共享可能并不总是能产生实际的学习和改进,组织应该分析报告的错误并做出改进(Naveh and Katz-Navon,2014)。

3.1.2 错误的时间线角度

上述研究逻辑是从错误发生的不同层面来进行的,下面我们从错误发生的时间线——事前、事中及事后的顺序来厘清已有研究脉络。所谓"事前",是指没有发生错误或错误的发生及其不利后果没有被注意到的时期。在此阶段，管理者可以使用预防策略来防范错误，包括规划、标准化操作程序（如制造规程、检查清单）、加强专业规则和规范（如医生洗手的规范），以及促进技术进步等。运营管理和错误管理策略的实证证据支持了这种预防范式。然而，这种预防方法有一些局限性，例如不能消除或预测所有的错误。对于错误发生"事中"而言，指的是错误已经发生了，并有可能产生不利后果，但尚未看到不利后果的影响这一短暂阶段。在此阶段，Frese 等（1991）引入错误管理作为一种附加策略，以阻止负面后果和防止同样的错误再次发生（Van Dyck et al.，2005）。错误管理过程包括三个阶段：错误检测、报告和恢复，这些管理过程强调的是在错误发生"期间"的实时干预（Frese and Keith，2015）。对于错误发生的"事后"阶段，此时错误管理的相关任务会将注意力转向与错误相关的积极结果，如学习和创新（Frese and Keith，2015；Goodman et al.，2011）。为了使学习发生，管理者通常会进行错误发生后的分析（Vashdi，Bamberger，and Erez，2013），反思之前错误的根本原因（Tucker and Edmondson，2003），并有意尝试新事物或新任务（Homsma et al.，2009）。

总的来说，有关错误的预防和管理，两者之间有一些矛盾之处。错误预防认为错误是高度消极的，强调采取预防措施，避免错误的发生；而错误管理则强调错误是学习和创新的机会，注重实时行动，以减少错误的不利后果。即错误预防强调常规、标准化和控制，而错误管理鼓励适应、灵活性和即兴发挥。因此，针对两者的不同特征，Hofmann 和 Mark（2006）提出可以通过将错误预防和错误管理两种手段相结合，达到互补的目的，这对于组织学习大有裨益。

除了我们在组织中常见的错误，"潜在错误"也是对组织发展具有强大威胁的重要因素。Reason（1990）提出了"潜在错误"的概念，定义为"其不利后果可能长期潜伏在系统内，只有当它们与其他因素结合起来破坏系统防御时才变得明显"的事件、活动或条件。与主动错误相比，潜在错误强调错误的一些独特方面。首先，潜在错误及其（通常可能导致的）破坏性后果可能会隐藏一段时间，直到一些偶发条件触发它们（Ramanujam and Goodman，2003）。其次，潜在错误经常发生在组织和管理领域，而非员工个体领域（Reason，1990，2005）。Ramanujam 和 Goodman（2003，2011）用巴林投资银行的倒闭来说明潜在错误所带来的严重后果，他们指出，诸如盈利目标之类的组织层面的因素会导致潜在错误的出现，而潜在错误的频率、种类和严重程度也会增加组织产生不利后果的概率（Soane, Nicholson, and Audia, 1998）。巴林银行的倒闭凸显了一个关于潜在错误的基本前提：虽然它们自己很少产生不利后果，但随着时间的推移，它们会急剧加速新的潜在错误的产生，并创造了使不利后果更有可能发生的条件。虽然某一时刻潜在错误可能不会立即产生不利后果，但当另一个错误的存在可能会触发潜在错误时，就会产生连锁反应，并会导致更加严重的不利后果。潜在错误很难在重大（危机）事件发生之前被发现，因为与这些错误相关的后果被隐藏在组织系统中；此外，大多数组织资源避免这些错误发生的能力很有限。为了应对潜在的错误，很多人认为组织应该要有更高的警惕性和更多的监控行为。然而，采取应对行为时，特别是在错误地诊断潜在错误时，不仅会增加组织资源的消耗和额外的成本，还会导致意料之外的故障，从而在系统中产生额外的错误及潜在错误（Ramanujam, 2003）。此外，组织变革是与潜在错误相关的另一个关键因素。Ramanujam（2003）的研究表明，组织内的不连续的变化（如技术、结构和最高管理层中不频繁的、有目标的转移）会增加潜在的错误，并且这种增加会随着风险级别的不同而变化。Goodman 和 Ramanujam（2012）也发现，正式的、有计划的、目标导向的改变与潜在错误的发生频率正相关。这些研究指出了非连续性变化对组织的矛盾影响：虽然这些变化可以为组织带来积极的结果，但它们会产生不确定性和复杂性，中断稳定性，降低警惕性，最终导致更多的潜在错误。因此，组织在进行变革或大型的调整时，需要时刻注意错误发生的潜在可能，及时做出响应和调整。

另外，有研究表明，对错误做出响应的时机通常也会对组织绩效和结果有显著的影响。例如，为了防止不良结果的发生，组织越早怀疑（潜在的）错误的存在，发现错误的概率就越高（Allwood, 1984），反之则越低（Reason, 1990）。此外，由于压力和焦虑情绪的存在，当时间一分一秒地向潜在的灾难性后果靠近时，个体往往会保持沉默或推迟错误报告（Zhao and Olivera, 2006）。另外，一旦错误被清楚地指出，组织的管理者必须迅速制定对错误的解释和纠正选择。在处理错误的过程中，管理者面临着以下困境：首先，若是对错误响应得太慢或太快，可能会导致更多错误的产生；其次，虽然短期的快速修复可以解决最棘手的问题，但它们不能消除可能导致更多错误的根源。关于第一个困境，Rudolph、Morrison 和 Carroll（2009）的研究说明了不同的行动率如何产生不同的动力。例如，什么都不做、保留错误诊断，会导致错误情况及其带来的后果随时间恶化。然而，在不确定的情况下迟缓行动，或过于迅速地产生替代方案，都可能导致难以收集到足够的支持信息以精确诊断错误并解决危机。总之，组织参与者需要找到一种平衡的行动节奏：专注于解决项目中存在的潜在问题，同时在恢复任务行动之前快速地制订潜在错误爆发后需要立刻采取的替代行动方案。

因此，基于时间线顺序来看错误，需要在后续的研究中解决三个时间方面的问题——事件时间框架、错误滞后效应和反馈循环，以及错误响应的时间。第一，组织学者应该采取一种互补的观点，研究错误预防和错误管理是否可以整合起来及如何整合起来，使两者能够协同工作，从而产生理想的绩效结果。第二，由于潜在错误存在滞后效应，未来研究可以进一步探索错误识别速度与潜在错误解决之间的关系。第三，未来的研究还应该采取系统的、动态的方法，研究错误反馈循环的作用或错误的影响因素受时间的影响。例如，在错误发生后，学习氛围最初可能会减少团队中错误的发生，因此受到领导和员工欢迎。然而，随着时间的推移，降低的错误率可能会使团队产生自满的心态，这反过来又会损害团队的绩效。第四，未来研究还可以探索错误反应时间和错误持续时间在错误解决过程中起到的作用。例如，快速行动控制局势和花时间学习这两者的结合，如何在影响绩效和学习中发挥作用，特别是当任务环境面临时间紧、不确定性和模糊性高的时候，又会有怎样的影响。

3.1.3 错误优先级角度

错误对组织绩效有重要的影响，但不是组织发展过程中唯一需要考虑的或最需要考虑的事项。例如，应对错误的策略，尤其是错误预防，在核电、航空、医疗等领域中有最高的优先级，因为这些领域的错误可能会造成严重的甚至灾难性的后果。然而，即使在这些领域中，错误也不是组织唯一优先考虑的因素，因为组织的成功还取决于许多其他重要的因素，如知识学习、财务绩效管理和声誉等（Carroll，1998）。Eubanks 和 Mumford（2010）通过研究领导者的行为，证明了不同因素的优先级对组织的不同影响。根据他们的研究，在面临时间压力的情况下，领导者会被迫专注于手头任务的一个特定方面，而对其他重要方面没有给予足够的重视，从而导致错误。因此，学者们开始探索如何将不同的优先级整合起来，或者至少不相互干扰，从而影响错误的发生和后果。

首先，我们来看组织所需要的"安全"和主动学习的关系。主动学习理论认为，大多数学习必须在参与者的任务执行过程中"在线"进行（Bell and Kozlowski，2008）。主动学习需要探索和实验、冒险和对错误的容忍，而员工或客户的安全，强调对错误的零容忍和控制，并需要计划、程序和规则。因此，虽然主动学习具有明显的优势，包括在消除错误方面，但它也承担了错误的成本，这些错误是主动学习的"副作用"。强调安全并不一定会促进组织学习，一些学习策略与安全目标直接冲突（Katz-Navon，Naveh，and Stern，2009）。例如，住院医生通常是住院病人医疗服务的一线提供者，他们承担着巨大的责任，扮演着复杂的角色，而作为住院医生的新手，他们仍然必须学习和掌控自己的专业技能。因此，住院医生需要在实践中主动学习，多犯错误是可以理解的。但是，高质量医疗服务的核心是保证患者的安全，消除医疗差错。Katz-Navon 等（2009）对这一困境进行了分析，结果表明，当安全优先度和主动学习氛围都较高时，住院医生的差错发生率高于安全优先度和主动学习氛围均较低时的水平。这些结果表明，尽管组织倾向于同时鼓励积极学习和优先考虑安全，但这不是减少错误的最佳组合。

其次，我们来看错误管理文化和创新的关系。创新是指产生创造性的解决方案，这些解决方案也是有用的、可实现的、可靠的和没有错误的（Miron-Spektor，Erez，and Naveh，2011）。Frese 和 Keith（2015）声称错误管理和创新是互补的。第一，创新在本质上容易受到错误的影响，创新通过产生新的突破性想法、鼓励对不同思维方式的开放、打破现有范式、承担风险及促进对错误的容忍而实现，创新甚至会增加错误的发生（Miron-Spektor，Erez，and Naveh，2011）。例如，新技术可以在探索和实验过程中创造新的错误类型（Hammond and Farr，2011）。然而，当错误管理成为优先事项时，就强调要努力控制错误的潜在损害、减少错误出现次数的可能性，以及防止类似错误的未来再现（Van Dyck et al.，2005）。因此，错误是在开放交流的环境中发生的,而开放的环境被认为能够快速检测错误、损害控制和有效的错误处理。第二,互补的观点也表明创新可以消除错误。例如,Naveh 和 Erez(2004)在一项研究中表明,优先考虑质量和创新可以显著降低劣质产品的成本,值得注意的是他们在研究中并没有将错误作为质量测量的评估依据。然而,根据质量管理的研究,错误是质量的一个固有部分(Miron-Spektor, Erez, and Naveh, 2011)。因此,Naveh 和 Erez(2004)的发现揭示了创新和减少错误之间的关系。也就是说,执行相反的错误管理做法,例如将 ISO 9001 质量管理标准和团队合作相结合,可以促进创新和提高质量。第三,错误还可以促进创新和探索。一个与错误相关的令人惊讶和意想不到的结果,往往是创新和新发现的起点,而不是强调学习和责备。Miron-Spektor 和他的同事(2011)使用来自一家研发公司的 41 个团队的数据发现,在一个团队中既有具有创造力的成员,也有墨守成规的成员,会增强团队的激进创新,而仅加入墨守成规的成员则会阻碍创新。文中解释说,创造性的成员可能会引入任务冲突,阻碍团队对标准的遵守;相反,注重细节的成员经常提高团队对标准的遵守,并帮助预防错误。因此,在错误管理和创新之间存在着一种张力。尽管创新在本质上容易受到错误的影响,甚至增加了错误的发生;但是也有观点表明创新可以消除错误,将消除错误和其他组织目标置于优先地位所产生的紧张感,可能有助于消除错误,但也可能增加错误的发生。

最后,我们来看正式和非正式的错误应对策略的关系。正式的错误应对策略是指一套固定的规则、程序和结构,用于协调和控制应对错误的活动;而非正式的错误应对策略,则包括错误相关行为背后的隐性规范、价值观和信念。探索正式和非正式错误应对策略之间的相互作用关系,对于解释组织绩效结果十分重要(Katz-Navon, Naveh, and Stern, 2005)。不同的管理者在应对组织错误时的不同看法会影响每个人对错误做出的反应,最好的方式便是将正式和非正式错误应对策略相结合。在遵循特定的错误应对程序的同时,管理者应合理地进行变革与创新。

基于以上对组织错误的描述,我们需要对错误有一个平衡的观点。第一,管理者应该在个人、团队和系统层面整合防止错误的行动。第二,管理者需要注意错误发生的时间,避免潜在错误可能造成的灾难性后果。第三,管理者需要意识到错误相关和其他组织优先事项之间的内在关系,对组织创新和错误规避之间进行合理的权衡。

3.2 创业过程失败恐惧反应[1]

3.2.1 什么是失败恐惧反应

针对企业失败或创业失败带来的后果也有不少研究，在情绪方面，失败多给个体带来负面的情绪反应。近年来，不少学者将视角关注到了一种常见的负面情绪，即失败后的恐惧情绪，学者们将其称为"失败恐惧反应"（Fear of Failure）。失败造成的负面结果通常会使个体产生"阴影"，而创业失败恐惧就是创业者在创业过程中的环境威胁、情感认知和成就动机等多种因素的交织影响下形成的，既是诠释创业者中途退出的重要因素，也是诱发创业者继续前进的动力。因此，本部分将聚焦于创业过程中的恐惧心理展开理论论述，详细剖析创业失败恐惧的影响因素、作用机制等诸多问题。

失败恐惧心理并不一定只存在于失败发生的过程中或过程后，由于创业环境的高度不确定性与风险性，当创业者面临处理具有高度不确定性的复杂性和动态性的任务时，就会产生创业失败的恐惧心理。现有研究将失败恐惧分为两类：一类是以成就动机理论为基础的个体稳定存在的心理特质（Wagner and Sternberg, 2004；Hessels et al., 2011；Cacciotti et al., 2016），另一类是以情绪认知评价理论为基础的个体遭遇某类突发事件或紧急状态时的暂时情绪表现（Li, 2011；Ekore and Okekeocha, 2012；Cacciotti and Hayton, 2015）。成就动机理论认为，由于亲子关系或是社会化进程等诸多要素的影响，个体产生失败恐惧的动机倾向是由避免失败的想法所决定的，并且这一倾向将影响个体如何定义（Define）、面对（Orient to）、感受（Experience）成就情境中的"失败"（Teevan and McGhee, 1972；Heckhausen, 1991）。具体来说，创业者的父母在日常对失败进行负面归因的方式，会导致创业者同样进行负面的归因，并更多展现出对失败的"羞愧"看法，而且随着时间的流逝

---

[1] 本部分内容改编于：郝喜玲，陈雪，杜晶晶，等. 创业失败恐惧研究述评与展望 [J]. 外国经济与管理，2020（7）：82-94.

和创业者的不断思考，这种想法会逐步加深，因此他们会在成就情境中力求避免失败（McGregor and Elliot，2005）。这也就是为什么失败恐惧会成为这类个体一种稳定特质的原因。与成就动机理论相比，情绪认知评价理论更倾向于区分个体在不同环境与事件下的不同反应，更加强调创业失败恐惧状态的暂时性（Cacciotti and Hayton，2015）。根据情绪认知评价理论，情绪是个体对外部环境中特定事件的适应性反应，相应地，创业失败恐惧指的是创业者在感知到失败带来的潜在或实际威胁后所产生的负面情绪状态（Li，2011；Welpe et al.，2011）。具体来说，环境的变化会对创业者的目标造成威胁，这可能会使创业者对失败产生不利态度进行认知评估，如与失败相关的羞愧和尴尬、贬低自我价值、前途未卜、失去社会影响力，以及令他人感到失望等（Conroy，2001），进而产生与失败恐惧相关的消极情绪。这种视角是将失败恐惧作为创业者的暂时性情绪和态度，相比之下更有利于理解创业者害怕失败的原因、态度与行为结果，是以一种动态视角来看待失败恐惧。

3.2.2 创业失败恐惧反应影响因素

对于个体在创业失败后产生恐惧心理的影响因素，大多数学者从个体和环境两个方面来探究影响个体产生创业失败后的恐惧心理的因素。首先是个体层面，可以分为三个因素：人口学特征、个人能力、人格特质等。第一，人口学特征，如性别、职业、受教育水平、区域和种族等。在性别方面，Wagner（2007）通过实证研究表明，相比男性创业者，女性创业者由于通常表现出更多的失败恐惧，造成对机会与行业前景的评估降低，因此创业活动较少。在职业方面，大多数学者比较了创业者和非创业者的失败恐惧表现。先前学者研究证实，创业者相比非创业者，在创业活动的各个环节都表现出更少的失败恐惧反应（Arenius and Minniti，2005；Brixy et al.，2012）。在受教育水平方面，Alessa（2019）指出，个体的受教育水平可以为企业和员工本人提供企业运营和发展的知识和技能，这能够帮助创业者缓解创业过程中的迷茫和对失败的恐惧。在区域和种族方面，已有研究认为，不同地区和种族创业者的失败恐惧水平存在差异（Bosma and Schutjens，2011；Tubadji et al.，2019）。例如，Bosma和Schutjens（2011）分析了欧洲17个国家后发现，北欧国家（如英国和比利时等）相比南欧国家（如意大利、西班牙等），创业者在创业过程中的失败恐惧更少。第二，影响创业失败恐惧的个人能力变量包括自我控制能力、自我同情能力及创业韧性等。自我控制能力强的创业者能够帮助自身进行认知的重新评估，重新思考所处的情境，在恐惧心理形成之前抑制住情感体验的发生，帮助自己改变恐惧心理（Van Gelderen et al., 2015）。自我同情指一种对自己的痛苦持有开放、宽容、理解态度的能力（Neff, 2003）。有研究认为，自我同情能力可以帮助创业者减轻失败恐惧带来的负面心理（Leary et al., 2007）。在面对失败恐惧带来的威胁时，有自我同情能力的创业者通常会看淡失败的发生，主动承认失败事实（Engel et al., 2019），进而保持情绪平衡。而创业韧性是创业者面对创业逆境、压力和不确定状况时有效运作的能力（宋国学，2019）。当创业者面临复杂的外部环境时，若拥有足够的韧性，就能够更从容地收集和处理失败和创业的相关信息，同时提升自身的负面情绪应对能力，降低失败恐惧带来的影响（郝喜玲等，2020）。第三，人格特质在面对失败恐惧时也存在着巨大的差异（Hayton et al., 2013），例如，较高的自尊水平和个体的乐观主义精神都可以削弱个体的恐惧心理（Al-Darmaki, 2012; Wolfe et al., 2015; Hayton et al., 2013; 丁桂凤等，2018）。

环境层面因素聚焦创业的内部及外部、宏观及微观环境对创业失败恐惧的影响，例如，创业企业经营和生产过程中的障碍因素，以及可能影响企业战略选择的政策和文化氛围等因素。从微观层面说，营商环境中的障碍和威胁因素可能会导致创业者产生恐惧心理（Haynie et al., 2009）。针对具体的障碍类型，众多学者从多个角度做出了解答，如财务资源、市场环境等（Cardon et al., 2011）。从宏观的角度看，已有研究主要从政府政策和文化两方面分析其对失败恐惧的影响（Wagner, 2007; Chua and Bedford, 2016）。例如，在中国，政府对于初创企业提供多种优惠政策，这可能会缓解创业者初期所面临的紧张环境，创业者会产生更少的失败恐惧心理。相反地，在芬兰，破产企业无法进行破产重组，而应立即清偿债务，因此友好的破产法有助于减少创业失败者的退出和重新进入障碍，并可能降低创业失败恐惧程度，促进失败创业者相对较快的再创业（Vaillant and Lafuente, 2007）。从文化的视角来看，由于东方文化更注重自己的"面子"，因此创业者害怕失败而被周围人嘲笑，从而在创业过程中产生更多的失败恐惧心理（Begley and Tan, 2001）。

3.2.3 失败恐惧反应作用机制

对于失败恐惧反应的作用机制,学者们通常从心理反应和行为应对两个方面来解释。表 3-1 展示的是不同角度的研究结论。

表 3-1 创业失败恐惧反应的作用机制

分类	结果变量		研究结论	代表性研究
心理反应	认知	机会评估	创业失败恐惧会增强对失败相关恶性后果的认知关注,抑制商业机会评估	Grichnik et al. (2010)
		创业意愿	创业失败恐惧减少成功创业的信心,抑制创业意愿和再创业意愿	Arenius and Minniti (2005)
		再创业意愿		Hessels et al. (2011)
	情感	消极情感	创业失败恐惧促进对失败相关负面后果的关注并形成自我消极认知,产生消极情绪,其中,和谐性激情起到负向调节作用	Stroe et al. (2019)
		积极情感	创业失败抑制创业幸福感,但也可能产生兴奋、惊奇和满足感	Cacciotti and Hayton (2015)、Cacciotti et al. (2016)
行为应对	机会利用		创业失败恐惧抑制创业威胁和风险感知,抑制商业机会利用	Wood and Pearson (2009)
	创业行为		抑制作用:创业失败恐惧促使个体关注失败引发的消极情绪和自尊伤害,抑制创业进入和再创业行为,个体和环境因素可降低抑制作用 激励作用:创业失败恐惧增加创业努力程度	Boudreaux et al. (2019)、Wennberg et al. (2013)、Mitchell and Shepherd (2011)

注:本表格改编自:郝喜玲,陈雪,杜晶晶,等. 创业失败恐惧研究述评与展望 [J]. 外国经济与管理,2020 (7):82-94.

本篇参考文献

[1] ALAN D, BOSS, HENRY P, et al. Everyone Fails! Using Emotion Regulation and Self-leadership for Recovery [J]. Journal of Managerial Psychology, 2008 (23): 135-150.

[2] ALESSA A A. The Relationship between Education Level, Gender, Emotion and Passion on the Fear of Failure among Entrepreneurs [J]. Smart Journal of Business Management Studies, 2019 (15): 17-27.

[3] ALLWOOD C M. Error Detection Processes in Statistical Problem Solving [J]. Cognitive Science, 1984 (8): 413-437.

[4] ANDERSON J G, RAMANUJAM R, HENSEL D J, et al. Reporting Trends in a Regional Medication Error Data-sharing System [J]. Health Care Management Science, 2010 (13): 74-83.

[5] ARENIUS P, MINNITI M. Perceptual Variables and Nascent Entrepreneurship [J]. Small Business Economics, 2005 (24): 233-247.

[6] BAUMARD P, STARBUCK W H. Learning from Failures: Why it May not Happen [J]. Long Range Planning, 2005 (38): 281-298.

[7] BOHNS V K, FLYNN F J. Guilt by Design: Structuring Organizations to Elicit Guilt as an Affective Reaction to Failure [J]. Organization Science, 2013 (24): 1157-1173.

[8] BOUDREAUX C J, NIKOLAEV B N, KLEIN P. Socio-cognitive Traits and Entrepreneurship: The Moderating Role of Economic Institutions [J]. Journal of Business Venturing, 2019 (34): 178-196.

[9] CACCIOTTI G, HAYTON J C, MITCHELL J R, et al. A Reconceptualization of Fear of Failure in Entrepreneurship [J]. Journal of Business Venturing, 2016 (31): 302-325.

[10] CACCIOTTI G, HAYTON J C. Fear and Entrepreneurship: A Review and Research Agenda [J]. International Journal of Management Reviews, 2015 (17): 165-190.

[11] CANNON M D, EDMONDSON A C. Confronting Failure: Antecedents and Consequences of Shared Beliefs about Failure in Organizational Work Groups [J]. Journal of Organizational Behavior, 2001 (22): 161-177.

[12] CANNON M D, EDMONDSON A C. Failing to Learn and Learning to Fail (Intelligently): How Great Organizations Put Failure to Work to Innovate and Improve [J]. Long Range Planning, 2005 (38): 299-319.

[13] CARMELI A, GITTELL J H. High-quality Relationships, Psychological Safety, and Learning from Failures in Work Organizations [J]. Journal of Organizational Behavior, 2009 (30): 709-729.

[14] CARMELI A, SHEAFFER Z. How Learning Leadership and Organizational Learning from Failures Enhance Perceived Organizational Capacity to Adapt to the Task Environment [J]. Journal of Applied Behavioral Science, 2008 (44): 468-489.

[15] CARMELI A, SCHAUBROECK J. Organizational Crisis-preparedness: The Importance of Learning from Failures [J]. Long Range Planning, 2008 (41): 177-196.

[16] CARROLL J S. Organizational Learning Activities in High-hazard Industries: The Logics Underlying Self-analysis [J]. Journal of Management Studies, 1998 (35): 699-717.

[17] CHILLAREGE K A, NORDSTROM C R, WILLIAMS K B. Learning from Our Mistakes: Error Management Training for Mature Learners [J]. Journal of Business and Psychology, 2003 (17): 369-385.

[18] CHUA H S, BEDFORD O A. Qualitative Exploration of Fear of Failure and Entrepreneurial Intent in Singapore [J]. Journal of Career Development, 2016 (43): 319-334.

[19] COPE J. Entrepreneurial Learning from Failure: An Interpretative Phenomenological Analysis [J]. Journal of Business Venturing, 2011 (26): 604-623.

[20] EDMONDSON A C, LEI Z. Psychological Safety: The History, Renaissance, and Future of an Interpersonal Construct [J]. Annual Review of Organizational Psychology and Organizational Behavior, 2014 (1): 23-43.

[21] EDMONDSON A C. Learning from Mistakes is Easier Said than Done: Group and Organizational Influences on the Detection and Correction of Human Error [J]. Journal of Applied Behavioral Science, 1996 (32): 5-28.

[22] EKORE J O, OKEKEOCHA O C. Fear of Entrepreneurship Among University Graduates: A Psychological Analysis [J]. International Journal of Management, 2012 (29): 515-524.

[23] EUBANKS D L, MUMFORD M D. Leader Errors and the Influence on Performance: An Investigation of Differing Levels of Impact [J]. The Leadership Quarterly, 2010 (21): 809-825.

[24] FRESE M, BRODBECK F C, HEINBOKEL T, et al. Errors in Training Computer Skills: On the Positive Function of Errors [J]. Human-Computer Interaction, 1991 (6): 77-93.

[25] FRESE M, KEITH N. Action Errors, Error Management and Learning in Organizations [J]. Annual Review of Psychology, 2015 (66): 661-687.

[26] FRUHEN L S, KEITH N. Team Cohesion and Error Culture in Risky Work Environments [J]. Safety Science, 2014 (65): 20-27.

[27] GOODMAN P S, RAMANUJAM R, CARROLL J S, et al. Organizational Errors: Directions for Future Research [J]. Research in Organizational Behavior, 2011 (31): 151-176.

[28] GOODMAN P S, RAMANUJAM R. The Relationship between Change Across Multiple Organizational Domains and the Incidence of Latent Errors [J]. Journal of Applied Behavioral Science, 2012 (48): 410-433.

[29] GRICHNIK D, SMEJA A, WELPE I. The Importance of Being Emotional: How Do Emotions Affect Entrepreneurial Opportunity Evaluation and Exploitation? [J]. Journal of Economic Behavior and Organization, 2010 (76): 15-29.

[30] HAUNSCHILD P R, SULLIVAN B N. Learning from Complexity: Effects of Prior Accidents and Incidents on Airlines' Learning [J]. Administrative Science Quarterly, 2002 (47): 609-643.

[31] HAYTON J C, CACCIOTTI G, GIAZITZOGLU A, et al. Understanding Fear of Failure in Entrepreneurship: A Cognitive Process Framework [J]. Frontiers of Entrepreneurship Research, 2013 (33): 1-15.

[32] HESSELS J, GRILO I, THURIK R, et al. Entrepreneurial Exit and Entrepreneurial Engagement [J]. Journal of Evolutionary Economics, 2011 (21): 447-471.

[33] HOFMANN D A, MARK B A. An Investigation of the Relationship between Safety Climate and Medication Errors as well as other Nurse and Patient Outcomes [J]. Personnel Psychology, 2006 (59): 847-869.

[34] HOMSMA G J, VAN DYCK C, DE GILDER D, et al. Learning from Error: The In-

fluence of Error Incident Characteristics [J]. Journal of Business Research, 2009 (62): 115-122.

[35] KATZ-NAVON T, NAVEH E, STERN Z. Active Learning: When is More Better? The Case of Resident Physicians' Medical Errors [J]. Journal of Applied Psychology, 2009 (94): 1200-1209.

[36] KATZ-NAVON T, NAVEH E, STERN Z. Safety Climate in Healthcare Organizations: A Multidimensional Approach [J]. Academy of Management Journal, 2005 (48): 1075-1089.

[37] KIM J Y, MINER A S. Vicarious Learning from the Failures and Near-Failures of Others: Evidence from the U.S. Commercial Banking Industry [J]. Academy of Management Journal, 2007 (50): 687-714.

[38] KOLLMANN T, STOCKMANN C, KENSBOCK J M. Fear of Failure as a Mediator of the Relationship between Obstacles and Nascent Entrepreneurial Activity: An Experimental Approach [J]. Journal of Business Venturing, 2017 (32): 280-301.

[39] LANGOWITZ N, MINNITI M. The Entrepreneurial Propensity of Women [J]. Entrepreneurship Theory and Practice, 2017 (31): 341-364.

[40] LEI Z, NAVEH E, NOVIKOV Z. Errors in Organizations: An Integrative Review via Level of Analysis, Temporal Dynamism, and Priority Lenses [J]. Journal of Management, 2016 (42): 1315-1343.

[41] LI Y. Emotions and New Venture Judgment in China [J]. Asia Pacific Journal of Management, 2011 (28): 277-298.

[42] LOH V, ANDREWS S, HESKETH B, et al. The Moderating Effect of Individual Differences in Error Management Training: Who Learns from Mistakes? [J]. Human Factors: The Journal of the Human Factors and Ergonomics Society, 2013 (55): 435-448.

[43] MADSEN P M, DESAI V. Failing to Learn? The Effects of Failure and Success on Organizational Learning in the Global Orbital Launch Vehicle Industry [J]. Academy of Management Journal, 2010 (53): 451-476.

[44] MIRON-SPEKTOR E, EREZ M, NAVEH E. The Effect of Conformist and Attentive-to-Detail Members on Team Innovation: Reconciling the Innovation Paradox [J]. Academy of Management Journal, 2011 (54): 740-760.

[45] MITCHELL J R, SHEPHERD D A. Afraid of Opportunity: The Effects of Fear of Failure on Entrepreneurial Action [J]. Frontiers of Entrepreneurship Research, 2011 (31): 195-209.

[46] MORGAN J, SISAK D. Aspiring to Succeed: A Model of Entrepreneurship and Fear of Failure [J]. Journal of Business Venturing, 2016 (31): 1-21.

[47] NAVEH E, EREZ M. Innovation and Attention to Detail in the Quality Improvement Paradigm [J]. Management Science, 2004 (50): 1576-1586.

[48] NAVEH E, KATZ-NAVON T. Antecedents of Willingness to Report Medical Treatment Errors in Health Care Organizations: A Multilevel Theoretical Framework [J]. Health Care Management Review, 2014 (39): 21-30.

[49] NG L, JENKINS A S. Motivated but not Starting: How Fear of Failure Impacts Entrepreneurial Intentions [J]. Small Enterprise Research, 2018 (25): 152-167.

[50] PRÜMPER J, ZAPF D, BRODBECK F C, et al. Some Surprising Differences between Novice and Expert Errors in Computerized Office Work [J]. Behavior and Information Technology, 1992 (11): 319-328.

[51] RAMANUJAM R, GOODMAN P S. Latent Errors and Adverse Organizational Consequences: A Conceptualization [J]. Journal of Organizational Behavior, 2003 (24): 815-836.

[52] RAMANUJAM R. The Effects of Discontinuous Change on Latent Errors in Organizations: The Moderating Role of Risk [J]. Academy of Management Journal, 2003 (46): 608-617.

[53] REASON J. Human Error [M]. New York: Cambridge University Press, 1990.

[54] REASON J. Safety in the Operating Theatre—Part 2: Human Error and Organizational Failure [J]. Quality and Safety in Health Care, 2005 (14): 56-60.

[55] RUDOLPH J W, MORRISON J B, CARROLL J S. The Dynamics of Action-oriented Problem Solving: Linking Interpretation and Choice [J]. Academy of Management Review, 2009 (34): 733-756.

[56] SASOU K, REASON J. Team Errors: Definition and Taxonomy [J]. Reliability Engineering and System Safety, 1999 (65): 1-9.

[57] SHEPHERD D A, CARDON M S. Negative Emotional Reactions to Project Failure and the Self-Compassion to Learn from the Experience [J]. Journal of Management Study,

2009 (10): 1-27.

[58] SHEPHERD D A, PATZELT H, WILLIAMS T A, et al. How Does Project Termination Impact Project Team Members? Rapid Termination, "Creeping Death", and Learning from Failure [J]. Journal of Management Studies, 2014 (51): 513-546.

[59] SHEPHERD D A, PATZELT H, WOLFE M. Moving Forward from Project Failure: Negative Emotions, Affective Commitment, and Learning from the Experience [J]. Academy of Management Journal, 2011 (53): 1229-1259.

[60] TJOSVOLD D, YU Z Y, HUI C. Team Learning from Mistakes: The Contribution of Cooperative Goals and Problem-Solving [J]. Journal of Management Studies, 2010 (41): 1223-1245.

[61] TSAI K H, CHANG H C, PENG C Y. Refining the Linkage between Perceived Capability and Entrepreneurial Intention: Roles of Perceived Opportunity, Fear of Failure, and Gender [J]. International Entrepreneurship and Management Journal, 2016 (12): 1127-1145.

[62] TUCKER A L, EDMONDSON A C. Why Hospitals don't Learn from Failures: Organizational and Psychological Dynamics that Inhibit System Change [J]. California Management Review, 2003 (45): 55-72.

[63] VALIKANGAS L, HOEGL M, GIBBERT M. Why Learning from Failure isn't Easy (and what to do about it): Innovation Trauma at Sun Microsystems [J]. European Management Journal, 2009 (27): 225-233.

[64] VAN DYCK C, FRESE M, BAER M, et al. Organizational Error Management Culture and its Impact on Performance: A Two-study Replication [J]. Journal of Applied Psychology, 2005 (90): 1228-1240.

[65] VAN DYCK C, VAN HOOFT E, DE GILDER D, et al. Proximal Antecedents and Correlates of Adopted Error Approach: A Self-regulatory Perspective [J]. Journal of Social Psychology, 2010 (150): 428-451.

[66] VASHDI D R, BAMBERGER P A, EREZ M. Can Surgical Teams Ever Learn? The Role of Coordination, Complexity, and Transitivity in Action Team Learning [J]. Academy of Management Journal, 2013 (56): 945-971.

[67] WAGNER J, STERNBERG R. Start-up Activities, Individual Characteristics, and the Regional Milieu: Lessons for Entrepreneurship Support Policies from German Micro Data

[J]. The Annals of Regional Science, 2004 (38): 219-240.

[68] WAGNER J. What a Difference a Y Makes-female and Male Nascent Entrepreneur in Germany [J]. Small Business Economics, 2007 (28): 1-21.

[69] WELPE I M, SPÖRRLE M, GRICHNIK D, et al. Emotions and Opportunities: The Interplay of Opportunity Evaluation, Fear, Joy, and Anger as Antecedent of Entrepreneurial Exploitation [J]. Entrepreneurship Theory and Practice, 2011 (36): 69-96.

[70] WENNBERG K, PATHAK S, AUTIO E. How Culture Moulds the Effects of Self-efficacy and Fear of Failure on Entrepreneurship [J]. Entrepreneurship and Regional Development, 2013 (25): 756-780.

[71] ZHAO B, OLIVERA F. Error Reporting in Organizations [J]. Academy of Management Review, 2006 (31): 1012-1030.

[72] 郝喜玲, 陈雪, 杜晶晶, 等. 创业失败恐惧研究述评与展望 [J]. 外国经济与管理, 2020 (7): 82-94.

[73] 胡洪浩, 王重鸣. 国外失败学习研究现状探析与未来展望 [J]. 外国经济与管理, 2011 (11): 39-47.

[74] 王文周, 仇勇. 国内外失败学习研究现状评介与展望 [J]. 经济研究参考, 2015 (60): 45-52.

[75] 于晓宇, 蔡莉, 陈依, 等. 技术信息获取、失败学习与高科技新创企业创新绩效 [J]. 科学学与科学技术管理, 2012 (7): 62-67.

[76] 于晓宇, 李雪灵, 杨若瑶. 首次创业失败学习: 来自创业新手、新创企业与行业特征的解释 [J]. 管理学报, 2013 (1): 77-83.

[77] 于晓宇. 创业失败研究评介与未来展望 [J]. 外国经济与管理, 2011 (9): 19-26, 58.

第 2 篇　个人篇 ——前事不忘，后事之师

本篇序

在各类失败项目之中，大多数项目的失败都是与员工或项目参与者的差错或失误相关的。传统的企业或项目团队，在失败后总是把团队失败归咎于管理层，在一定程度上，许多评判恰如其分：缺乏长远眼光、没有投入足够的时间和财力、培训草草收场和给予的指导太少等，都是团队归于失败的通病，也就使得管理层首当其冲"背黑锅"，但只能说这"通常"是管理层的错。然而，项目毕竟是由一个个团队成员所完成的，每个人在项目推进过程中都会承担一些自己职权范围内的责任，也就不可避免地会出现一些差错。

正如古语所言，"千里之堤，溃于蚁穴"，每个人的错误汇总到一起，就变成了项目的全盘皆输，也就无法实现"众人拾柴火焰高"的理想效果。因此，在关注外部环境的同时，企业管理者要营造一个符合现代人心理需求的宽松、自觉、负责、向上的健康组织氛围，保证员工工作时拥有良好的精神状态；营造出利于员工成长的企业氛围，改变"指手画脚"式的干预员工行为的习惯，回避下属自己可以解决的问题，增强其独立解决分内问题的能力，

并有意识地让员工通过合作完成比较复杂的工作，在合作中寻求自身定位和实现自我价值。管理者要营造一种自我学习、自我管理的和谐、有序、系统的运行状态，努力培养员工坚强的意志、丰富的想象和激荡的热情。管理者的工作就是要使员工得到超越自己的机会，也就是让员工在组织中"遇见更好的自己"。因此，如何合理解决由个人原因造成的失败问题，是管理者需要冷静思考且无法逃避的关键问题。但团队是由管理者和队员共同组建的，管理者在团队中也承担着相应的责任，"其身正，不令而行；其身不正，虽令不从"，这就要求管理者要躬身自省，才有可能促使每个成员对自身的问题和缺点负责。但是，仅仅依靠管理者在项目或企业经营过程中对员工进行监督与管理是远远不够的。员工是企业发展的主体，只有将员工自身可能导致失败的原因进行充分的理解与探析，才能为员工提供科学、有效的有针对性的预防或解决措施，进而为其在日常工作中改善工作效率、提高应对失败的能力提供理论支持。

正如第 1 篇所讲，当前学者对于影响失败学习的个体因素的研究已经有所建树，大多数学者将这些个人因素聚焦到可能影响其后续行为的情绪因素、个体特质及认知行为模式等。为了与先前研究进行合理区分，在本篇，我们探析了更多可能影响失败学习的其他因素，从而能够更加全面地探究影响失败学习的个体因素，主要对情绪、认知、行为、特质等多个领域进行了分析。结合失败后员工个体可能面临的诸多心理活动，本篇探析了愤怒感、羞愧感、内疚感等变量可能对失败学习的影响。除此之外，本篇也关注到了不同的认知风格，如目标导向、项目承诺等的有利和不利方面。总之，通过构建理论模型，本篇将先前学者尚未关注到的个体变量进行了充分的模型阐述，融入可能影响各个因素产生作用的调节机制，不仅对失败学习领域进行了进一步的理论补充，而且在企业管理实践中，使得员工自身能够针对不同的特点，梳理出适合自己的不同的工作改进措施。

个人篇
——前事不忘，后事之师
- 第 4 章　人格、情感特质与失败学习
  - 自恋特质与失败学习
  - 情感特质、归因倾向与失败学习
  - 内疚感与失败学习
- 第 5 章　认知特质与失败学习
  - 学习导向与失败学习
  - 掌握回避目标导向与失败学习
  - 项目承诺与失败学习
- 第 6 章　行为反应与失败学习
  - 差错应对策略与失败学习
  - 中国文化因素与失败学习

第4章 人格、情感特质与失败学习

4.1 自恋特质与失败学习

4.1.1 引言

在组织进行失败学习时，我们会经常发现，有的个体能够从失败中汲取大量的知识与经验，而有的人难以学习到这些内容。这是为什么？在个人层面，研究表明，个体的负面情绪或认知偏差（如将失败归因于外部因素，或将失败评估为伤害或损失）会干扰一个人处理信息的能力，进而阻碍学习。作为组织中员工和领导者常见的一种负面人格特质，自恋往往给大家带来不同的印象。一部分人认为自恋的人可能以自我为中心，自私自利，目中无人；另一部分人认为自恋的人更善于表现自己，更具有创造力等。那么，作为组织中个体常见的人格因素，员工的自恋特质是否能促进员工自身从失败中学习呢？

自恋，近年来在理论研究和实践中引起了广泛的关注。临床上，它被描述为一种心理障碍，其特征是"普遍的自大，需要钦佩，缺乏同理心"。然而，在社会科学研究中，自恋被广泛概念化为一种人格维度，在不同的个体中以不同程度表现出来；也正如人们普遍所认知的，被视为既有黑暗面（Dark Side）也有光明面（Bright Side）的一种人格特质。自恋作为一种人格，在认知和动机上都有所体现（Chatterjee and Hambrick, 2007）。从认知上来说，自恋的个体善于自夸，并相信他们自己在创造力、能力和领导力等一系列方面被赋予了更高的能力（Judge, Lepine, and Rich, 2006）。从动机上来说，自恋者具有不断增强的"钦佩需要"，以确保其自我优越感的提高（Campell, Goodie, and Forster, 2004）。虽然自恋的存在既有认知因素也有动机因素，但有些人认为自恋更多地涉及动机而不是认知（Wallace and Baumeister, 2002）。换句话说，对于自恋者来说，与其说是有一种认知信念，认为自己被赋予了更高的能力，不如说是有保持自己优越感的动力。因此，自恋者有一些普遍的行为倾向。从积极的一面来看，自恋者自我感觉良好，所以他们寻求被夸赞的感觉，采取大胆的行动，积极回应正向的反馈（Brunell et al., 2008; Wallace and Baumeister, 2002）。不利的一面是，自恋者寻求保护和保持不切实际的高度自尊，因此他们对自我威胁通常会做出防御性和攻击性的回应（Judge, Lepine, and Rich, 2006; O'Boyle et al., 2012）。

进一步地，先前研究中使用的自恋的概念主要是广义上的自恋，在自恋的光明面（积极面）与黑暗面（消极面）之间没有进行合理的区分（例如，Furnham, Hughes, and Marshall, 2013; Du and Li, 2018; Zhang et al., 2017; Kashmiri, Nicol, and Arora, 2017; Smith and Webster, 2018）。为了解决这一问题，本部分选择使用 Back 等（2013）提出的 NARC（Narcissistic Admiration & Rivalry Concept）模型以解决这个问题。NARC 模型区分了自恋的两个对立的特征，表明人们不仅在使用自我调节过程以维持一个宏大的自我（从而表现出自恋）的一般倾向上不同，而且在他们激活自我增强和自我保护力量的方法上也有所不同（Back et al., 2013; Wurst et al., 2017）。崇拜型自恋包括三个方面：追求独特性（Striving for Uniqueness）、宏伟的幻想（Grandiose Fantasies）和魅力（Charmingness）（Back et al., 2013）。崇拜型自恋与对自己的独特性的乐观追求和对自己的伟大构想有关（Back et al., 2013）。竞争型自恋包括三个方面：争取至高无上（Striving for Supremacy）、贬低他人（Devaluation of Others）和侵略性（Aggressiveness）。竞争型自恋与恢复和捍卫自己的优越地位的动机有关，特别是与社会竞争者相比（Back et al., 2013）。随之而来的贬损会导致敌对和社会不敏感，从而造成负面的社会后果（如拒绝和批评）。因此，通过选择使用 NARC 模型来区分自恋特征的两个方面（图4-1展现了 NARC 模型的构架图），可以更好地阐明自恋对个体失败后续学习行为的双面影响。

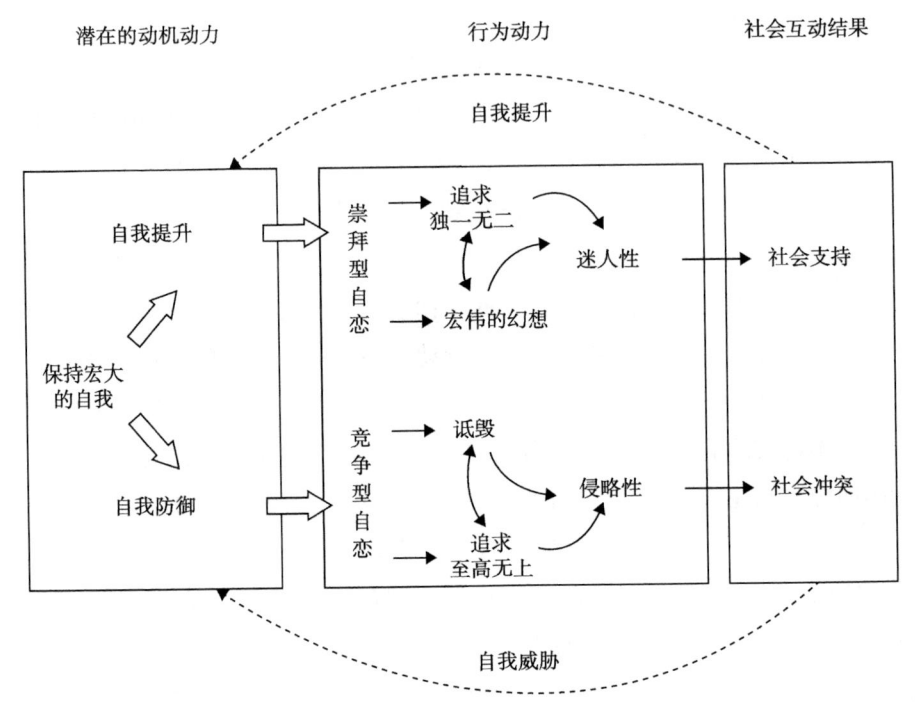

图 4-1 NARC 模型构架图

当考虑到自恋与失败学习之间可能存在的影响时，是否有边界因素可能调节这一过程呢？最近的研究已经开始认识到，尽管自恋是一种稳定的人格，但其影响可能会根据情境因素而有所不同（Gerstner et al., 2013）。Navis 和 Ozbek（2016）从概念上提出，自恋会抑制个体的学习过程，并且在风险不确定的环境中个体会表现出更少的学习动力。基于上述研究，本节将失败成本（Failure Cost）作为降低自恋学习效果的一个重要边界条件。其实，先前学者已经探讨过了失败成本对于失败学习的影响，但是答案并不一致。有些学者认为失败成本会成为一种激励因素，激发失败者重新燃起新的希望（如 Madsen and Desai, 2010）。然而，也有学者认为失败成本会带来大量的负面情绪与压力等认知负担，因此难以从失败中学习（Goleman, 1995；Shepherd, 2003；Shepherd, Covin, and Kuratko, 2009）。本节将失败成本作为一种边界变量，探究失败的不同成本将如何影响自恋个体的失败学习行为。事实上，失败成本有多种表现方式，究竟不同的成本会如何作用于学习过程仍然未知。下文将通过构建理论框架来探究自恋对失败学习影响的具体机制。

4.1.2 理论解释与假设推演

1. 自恋与失败学习

自恋的钦佩和竞争两方面,由相互交织的动机、认知和行为过程组成,这会使得员工在后续学习行为上与众不同。

首先,崇拜型自恋的人拥有追求独特性的动机(Back et al., 2013),这可能会促使员工做出一系列积极行为以应对未来的机遇与挑战。失败后主动快速地进行学习,不仅增强了他们的宏伟自我,而且还能引起组织内其他成员的关注,并激发他们的敬畏之情。相反,具有竞争型自恋的个体通常会争取至高无上感和自我保护的动机(Back et al., 2013)。他们有动力捍卫自己,以免失去自己的优越地位,特别是与社会竞争对手相比。与崇拜型自恋的员工对自我提升的依赖不同,竞争型自恋的员工倾向于采取冒犯性或贬损性的行为来降低其竞争对手的地位(Grapsas et al., 2020)。由于竞争型自恋的员工需要专注于竞争对手和被动行动,因此他们在工作活动中用于关注失败事件的注意力资源可能非常有限。因此,自我保护的动机和至高无上的态度,表明竞争型自恋的员工难以将关注重点放在失败后的反思与总结上。

其次,从认知的角度来看,崇拜型自恋的特点是宏大的幻想和对伟大的希望,而竞争型自恋的特点是害怕失败(Back et al., 2013)。崇拜型自恋的员工倾向于高估诸如成就和能力等有价值的特征(Back et al., 2013),因此他们对成功的可能性可能持有高度的自信。因此在遭遇失败事件后,他们极力渴求能够从中获取知识和经验,以便快速地将其运用到下次项目推进过程中(Campbell, Goodie, and Foster, 2004; Judge, Lepine, and Rich, 2006)。此外,崇拜型自恋的人对宏大的幻想表明,他们更希望感到钦佩、伟大和特殊(Back et al., 2013)。与传统方法相比,不惧失败带来的负面后果并主动地积极应对,更有可能激发他人的敬畏和崇拜,这可能会激发他们的"无敌情结"(Lubit, 2002)。因此,巨大的幻想和对伟大的希望激发了崇拜型自恋的员工失败学习的动力,而下属和同事的敬畏精神可能会进一步增强他们投身于失败项目解决中的信心。相反,竞争型自恋的员工通常会担心失败,因此他们会对未来产生负面的心理和行为反应(Back et al., 2013)。作为一种认知和评估框架，对失败的恐惧会影响个体的成就动机和职业抱负（Burnstein，1963），这包括是否能从失败中探寻原因等。害怕失败的员工担心失败后会受到他人的负面评价（Cacciotti et al.，2020），因此他们很难在此直视失败事件，从而难以投身于事件中进行学习。

最后，由于崇拜型自恋的人自信、迷人和富有表现力的行为唤起了社会兴趣和广泛的联系（Back et al.，2013），他们很可能会接触到关于公司内部动态和外部环境趋势的各种信息。多元化的信息和独立的活动可能为崇拜型自恋的高管提供建立新关系和发现新机会的契机，这为他们从失败中探寻原因提供了新的信息来源（Ozgen and Baron，2007）。相比之下，竞争型自恋的员工倾向于表现出攻击性、恼怒和对社会不敏感的行为，并导致诸如批评、不受欢迎和缺乏信任等社会后果（Back et al.，2013）。即使竞争型自恋的高管收到新的信息，此类新信息也不太可能带来新的举措，因为高度竞争的人往往会认为他人不那么值得信赖。因此，提出以下假设：

假设4-1：崇拜型自恋的员工与失败学习具有正相关关系。

假设4-2：竞争型自恋的员工与失败学习具有负相关关系。

2. 失败成本的调节作用

学界内关于创业失败成本的构成还存在争议。Liu等（2019）根据先前学者所得结论，将失败成本归纳为财务成本、心理成本和社会成本三个部分。由于失败成本对于个体认知、情绪、行为等多个方面具有多方面影响，因此可能在自恋特质与失败学习的影响过程中发挥着特殊的调节作用。下面分别论述创业失败成本的三个成分在个体失败学习过程中可能存在的影响。

财务成本是指创业失败后，创业者所面临的资产减少、债务增多，以及生活质量下降等问题（Cope，2011）。经济损失是创业失败后最常见的现象。创业者在失败后会有意识地去计算财务损失的程度，即分析其经济收入的减少程度及债务的增加情况（Thorne，1989）。心理成本是指创业者在失败后随之产生的各种消极心理感受。企业是创业者所"爱"，创业者对于创业失败的感受和个体失去了自己所珍爱的东西相类似，个体因失败所产生的心理上的不适感（如难过、懊悔、恐惧等）和创业意向的降低等，都属于心理成本的损失范畴。Byrne 和 Shepherd 认为，一定程度的消极心理感受可能会令创业者去探究创业失败的深层原因，并从失败中总结经验和教训。也就是说，心理成本损失会提升创业者探索其失败原因的学习动机，通过学习加深其对失败的理解（Shepherd，2009）。社会成本主要是指创业失败给创业者的社会关系所造成的危害。例如，创业失败后，创业者往往会遭遇亲人的排斥与孤立、创业伙伴终止合作关系等。创业失败还会给创业者及家人带来污名的威胁。创业失败导致的社会成本损失越大，创业者的社会处境越不利（如被孤立、受歧视等），越可能促使其通过学习吸取教训，摆脱不利情境（Cope，2011；Shepherd and Haynie，2011）。

因此可以看出，失败成本的增加可能是使个体加速从失败中学习的重要动力。但是对于自恋的个体来看，效果可能并不一致。崇拜型自恋的个体渴求获得他人的认可，失败成本的增加可能正是激励他们从中学习的动力，因为如果能从失败中获得大量的宝贵知识与技能，及时为项目团队或组织止损，就可以获得同事与上级的认可。而对于竞争型自恋的个体来说，失败所带来的多方面成本是"雪上加霜"，这些成本所造成的不利影响会让他们更觉得"丢面子"，因此他们更难主动面对失败与后续的学习。失败成本对不同自恋的个体所带来的边界作用并不一致，因此提出以下假设：

假设 4-3：失败成本会正向地调节崇拜型自恋与失败学习的正相关关系，即当失败成本升高时，崇拜型自恋的员工会更主动地从失败中学习。

假设 4-4：失败成本会正向地调节竞争型自恋与失败学习的负相关关系，即当失败成本升高时，竞争型自恋的员工会更难以从失败中学习。

本章构建了如图 4-2 所示的理论框架。

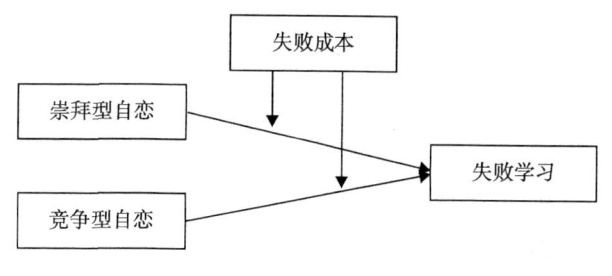

图 4-2 "自恋特质—失败学习"理论框架

4.1.3　总结与讨论

1. 理论贡献

哪里有失败，哪里就有学习的机遇。对于人格特质与失败学习的关系，现有研究仍然更多地停留在情绪、行为或事后心理等不稳定变量上，很少有研究将可能影响失败学习的稳定的个体特质因素作为前因变量。人格特质有多种类型，近年来越来越多的学者关注到了一些黑暗特质对于个体的影响，并提出了不同的观点。本节将研究视角转移到近年来学者关注较多的自恋这一因素的影响机制上。事实上，人们对自恋普遍存有消极的看法，如自恋的人通常表现得咄咄逼人、自私自利等。然而，自恋同时存在着积极的一面，例如，自恋的人为了引起他人关注，会做出一系列积极行为，能为公司或组织带来更高的绩效水平等。因此，对于自恋到底是积极还是消极的，众多学者都提出了不同的看法。为了进一步将自恋进行合理的划分，本节采用了Back等（2013）提出的NARC模型来探讨自恋对失败学习的不同影响路径。这突破了先前学者的研究，将NARC模型融入失败领域，进一步充实了关于失败学习个体层面前因变量的研究。而对于本研究的调节变量，先前学者已经将其作为前因变量，研究了其对于失败学习可能存在的影响。但是失败成本如何影响"个体特质—失败学习"这一路径并起到调节作用，尚未有学者进行研究。因此，本节对这一变量的边界作用进行了进一步深入研究，为后续学者提供了新的研究思路。

2. 实践意义

从实践的角度，本研究也提供了新的实践意义。员工要具有对自己深刻的了解与认识：我是什么样的人？我是自恋的人吗？我的自恋是更具有他人钦佩的一面，还是更倾向于贬损他人？员工在对自己的人格产生了正确的认知后，就应当在失败后选择正确的处理方式。同时，我们应该认识到，自恋本身并不是"坏毛病"，自恋既有好的方面也有不好的方面。了解自身性格后，我们要学会积极地将自恋的负面影响向正面影响转化。毕竟，"江山易改，本性难移"。将自己性格的优势最大限度地发挥出来，是一个优秀的员工成长必然要经历的历练过程。而当面对失败后产生的相关成本时，自恋的员工应该尽量避免其对自己的负面影响扩大化，更应该主动地进行调节，避免过多的负面因素阻碍自己的学习过程。当然，对于决策者来说，更应该创造一个容忍更多失败的环境，以减少导致竞争型自恋的员工表现出更多负面行为的可能，而鼓励竞争型自恋的员工更快地从中学习。

4.2 情感特质、归因倾向与失败学习

4.2.1 引言

理论和实证研究都表明，失败事件后的情绪特征是最重要的预测因素之一（Bedford，2004；Lawrence et al.，2006）。例如，内疚倾向（Guilt-proneness）和羞愧倾向（Shame-proneness）（Bohns and Flynn，2013）这两种情感倾向也与个体特质有关。本节就从这两个典型的个体情感特质反应来探讨个体应对失败学习的中间机制。除了学习的机会和能力，个体如何看待失败事件，也会影响他们从失败中学习的动机和经历失败后的行为。失败的归因是失败反应的重要决定因素（Weiner，1986）。以前的研究发现，将失败归因于内部和可控因素对学习、行为改变和绩效改善很重要，而把行为归因于不可控因素，会抑制个体对结果的改善（Chuang，Ginsburg，and Berta，2007；Ellis，Mendel，and Nir，2006；Ilgen and Davis，2000；Weiner，1986；Salancik and Meindl，1984）。然而，个体层面和团队层面的因素如何影响个体的失败归因仍不为人所知（Chuang，Ginsburg，and Berta，2007；Ellis，Mendel，and Nir，2006；Mantere et al.，2013）。

本节将从归因的角度诠释情绪反应对失败学习的影响机制。具体来说，关注失败归因的前因变量及其对学习行为的后续影响。根据归因理论，个体对某一种事件的归因会影响对该事件的认知、预期和行为（Weiner，1986）。然而，归因并不总是对现实的准确反映。人们会根据自己的需要出现归因差错（Jones and Harris，1967），个人倾向也会影响人们对失败的归因（Zhao and Olivera，2006）。对负面事件的低承受力和高敏感度可能会使人们避免面对失败，并以保护自己感情的方式做出归因。事实上，个体的易羞愧性和易内疚性两种相似情感特质对失败的影响有所区别：容易羞愧的人更容易失败，

且他们避免处理失败以保护核心自我（Tangney and Dearing, 2003）。相反，容易内疚的人专注于任务而不是自我，面对失败，他们通常选择主动承担责任（Furukawa, Tangney, and Higashibara, 2012）。在鼓励差错管理的环境中，项目失败对于个体而言，可能是一个带来较小压力的事件，个体也更容易忍受它。此时，其他团队成员对失败的反应方式（如主动管理失败或避免失败）也可能影响一个人对失败的认知和反应（Zhao and Olivera, 2006）。下文将考察个人情感特质（即内疚倾向、羞愧倾向）如何影响人们对项目失败的归因，以及组织环境因素（即差错管理文化）如何与个人特征相互作用，从而影响个体对项目失败的归因，以及个体的后续情绪和行为。此外，失败之后，是否拥有快速恢复的能力，同样是下一次项目推进能否成功的重要影响因素。心理弹性（Resilience，也称恢复力或韧性）是指面对压力或创伤时的积极适应能力（Luthar, Cicchetti, and Becker, 2000），这对个体而言是非常重要的能力，会影响他们失败后的行为。这种能力可能会影响评估和响应刺激（即失败）的整个过程，它不仅强调遭受挫折后的恢复，而且强调个人的成长性。同时，高水平的心理弹性还可以帮助补充情感和认知资源，进而改善学习状态（Bedford and Hwang, 2003; Fredrickson, 2001; Li and Ahlstrom, 2016; Neill et al., 2018）。因此，心理弹性这一个人特质，对失败学习的过程同样有重要影响。

综上，本节进一步构建了一个理论框架（见图4-3），以此来响应"识别项目失败归因的影响因素的号召"（Zhao and Olivera, 2006），并确定个体情感特质和环境因素如何影响人们对项目失败和后续学习的归因。本节将通过揭示具有不同情感特质的个体如何不同地归因于失败，并因此表现出不同程度的失败学习行为的过程，来扩展对失败学习的理解。首先，内疚倾向和羞愧倾向是影响人们对项目失败归因的关键个人情感特质。其次，本节解释了人与环境的相互作用，并探讨了差错管理文化如何影响不同个体的失败归因。最后，本节探讨了不同的归因与项目失败后的负面情绪和应对策略之间的关系，以及这些过程与从失败中学习之间的联系。这将有助于我们更好地了解人们在项目失败后的归因、情绪和反应机制。

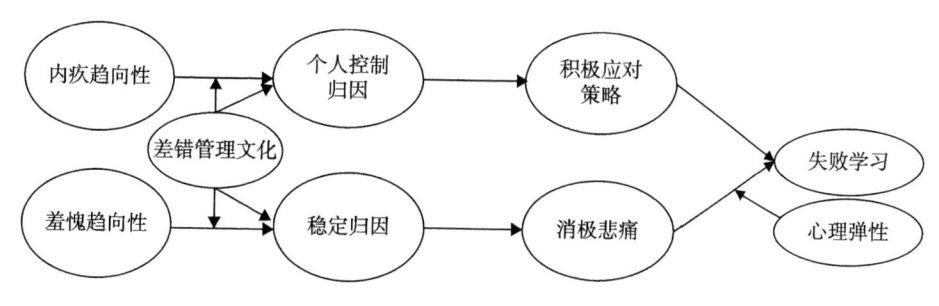

图 4-3 "情感特质—失败学习"理论框架

4.2.2 理论解释与假设推演

1. 特质与归因

内疚感和羞愧感都与失败紧密相关（Tangney，Stuewig，and Mashek，2007）。当团队项目失败时，个体很可能会感到内疚，这是基于任务导向产生的情感，会促使人们对负面结果负责（Tangney，1999）。但同时，当集体项目失败时，个体也可能经历羞愧，这是对自己的负面感觉，这种情感会使得他们的自我形象被判断、怀疑和改变（Tangney，1999）。内疚感和羞愧感是不同的情感倾向（Cohen et al.，2011）。内疚倾向是一种比羞愧倾向更具适应性的特征。内疚感促使人们思考改变自己行为的方法，从而快速消除负面情况（Niedenthal，Tangney，and Gavanski，1994）。容易内疚的人往往会主动为失败负责，纠正自己的差错（Furukawa，Tangney，and Higashibara，2012）。而羞愧感促使人们反事实地思考如何提高自我素质，从而消除羞愧感（Niedenthal，Tangney，and Gavanski，1994）。容易羞愧的人更倾向于避免面对失败以保护核心自我；他们通常选择退缩，这样他们就不会面对失败（Tangney and Dearing，2002）。

容易羞愧和容易内疚的个体会对失败做出不同的归因。易羞愧的个体在失败后通常会觉得自己没有价值和权力（Tangney，Stuewig，and Mashek，2007）。他们可能会以一种让自己感觉更好的方式进行归因。因此，他们可能将团队项目失败归因于稳定因素（即他们认为无论他们做什么都无法控制后果）。这样，他们可以保护自己免受面对失败的自责的威胁。与具有羞愧倾向的个体相比，具有内疚倾向的个体在失败后不太可能经历自责的威胁，因为他们主要关注行为而不是自我（Tangney，1998）。事实上，容易内疚的人更愿意承担责任并消除负面的状况（Niedenthal，Tangney，and Gavanski，1994）。因此，本节认为，容易内疚的个体会将失败归因于他们能够控制的因素，以便他们能够调整自己的行为，改变情况或下次表现得更好，而有羞愧倾向的个体会将失败归因于稳定因素。因此提出以下假设：

假设4-5a：内疚倾向与个人控制归因正相关。
假设4-5b：羞愧倾向与稳定归因正相关。

2. 归因与情绪

根据归因理论，个体对失败的归因会影响其后续的情感和行为（Weiner，1986）。重大事件发生后（如失业、失去重要的人、项目失败等），人们会产生各种负面的悲痛情绪（Blau，2007；Kübler-Ross，1970）。否认是人们在经历负面事件后产生的第一种情绪，它可以缓冲突然的、意想不到的结果，并允许个体调动其他防御措施。然后，个体可能会对负面事件结果或他们认为导致负面事件的其他个体感到愤怒（Anger）。同时，他们可能会经历抑郁（Depression），如感到悲痛和变得孤僻。随着时间的推移，一些个体会克服消极情绪，开始积极行动，而其他人则没有过渡出来（Blau，2007）。对于在负面情绪后使用积极应对策略的人来说，他们对失败的态度会变得无所谓，并愿意接受失败（Noer，1993）。他们愿意从失败中探索（Exploration），通过探索，他们会发现未来的希望，相信积极的机会一定会到来，从而逐渐平和地接受（Acceptance）失败（Blau，2007）。

本节认为，将群体失败归因于个人控制因素的个体，通常会使用积极的应对策略；而将失败归因于稳定因素的人，则会沉浸于负面情绪中。当员工将负面事件归因于个人控制因素时，他们相信自己可以在类似的情况下做出改变，并取得更好的结果（Weiner，1986）。因此，即使他们以后在失败后会经历愤怒和抑郁，他们也觉得要对结果负责，并愿意继续探索和接受失败。但是对于那些对失败做出稳定归因的个体来说，他们认为无论他们做什么都无法改变失败（Weiner，1986）。因此，他们会被负面情绪淹没，并在精神上抵制失败，并且他们不会继续使用积极的应对策略。因此提出以下假设：

假设4-6a：个人控制归因与积极应对策略的使用正相关。

假设4-6b：稳定归因与消极悲痛正相关。

3. 情感特质和从失败中学习

经历强烈负面情绪的个体通常会有破坏性的反应，如减少交易和关系义务，以及表现出更多异常行为（Blau，2007）。项目失败后，人们会经历负面情绪，这将分散个体的认知资源，使其无法投入地学习或参与其他活动，如白日做梦或将差错合理化（Ilgen and Davis，2000；Kanfer and Ackerman，1996）。此外，负面情绪会扭曲他们对从失败中学习的期望和价值的评估（Elfenbein，2007；Loewenstein and Lerner，2003）。因此，负面情绪需要得到缓解，以便未来能够取得进展（Välikangas, Hoegl, and Gibbert，2009），那些能够积极应对问题的个体会更快地从负面情绪中走出来（Blau，2007）。例如，人们在将失败正常化并接受失败后，能够继续前进并恢复自我，因此，他们能够更平和地面对失败并从中吸取教训（Shepherd et al.，2011）。本研究认为消极情绪与从失败中学习负相关，而积极应对策略的使用与从失败中学习正相关。

综合以上，员工的情感特质会通过他们对失败的归因与他们的情绪和对项目失败的应对策略间接相关。也就是说，员工的人格特质会塑造他们对项目失败的归因，这种归因会影响他们对失败的情绪和应对策略。因此提出以下假设：

假设4-7a：羞愧倾向的个体通过稳定归因和消极悲痛的负面情绪等一系列中介效应与从失败中学习正相关。

假设4-7b：内疚倾向的个体通过个人控制归因和积极应对策略等一系列中介效应与从失败中学习负相关。

4. 差错管理文化与情感特质的交互作用

差错管理文化（Error Management Culture）对于减少消极后果和促进与差错、失误和失败相关的积极后果非常重要（Van Dyck et al.，2005）。差错管理文化改变了个体对失败和差错的反应。在差错管理文化高度发达的组织内，常见做法包括交流和分享关于差错的知识、分析差错、在失败的情况下提供帮助等（Van Dyck et al.，2005）。因此，在团队层面上，差错管理文化培养的是对失败的积极态度，让人们以一种"失败是有帮助的"视角来看待失败。以前的研究发现，个人控制归因会帮助个体积极应对失败，而将失败归因于不可控的因素会阻止个体学习（Chuang et al.，2007；Ellis et al.，2006；Ilgen and Davis，2000）。因此，在高水平的差错管理文化的氛围中，员工个体更有可能主动探究导致失败的各种原因，而不是退缩与避让，也更难以陷入"怨天尤人"的恶性循环中。因此提出以下假设：

假设4-8a：差错管理文化与个人控制归因正相关。
假设4-8b：差错管理文化与稳定归因负相关。

差错管理文化帮助容易羞愧的个体更积极地管理失败。容易感到羞愧的个体可能会避免面对失败，因为这伤害了他们的核心自我评价（Niedenthal, Tangney, and Gavanski，1994）。在高水平的差错管理文化中，人们对失败有更多的了解，不是将失败视为可耻的结果来避免，而是鼓励员工面对失败（Van Dyck et al.，2005）。对于高度羞愧倾向的人来说，高度的差错管理文化会使得失败变得不那么可怕，因此，他们不会把失败视为威胁自我的事件（Van Dyck et al.，2005），从而能更积极地面对它。因此，本节认为，对于容易感到羞愧的人来说，高度的差错管理文化让他们以一种不太可能避免失败的方式来对失败进行归因，也就是更不会、难以将失败归因为外部稳定因素。

然而，差错管理文化可能会让容易内疚的人降低对失败的责任感。高内疚感倾向的人通常会主动承担纠正差错的责任，因为他们想避免产生内疚感（Tangney et al.，2007）。本节认为，内疚倾向的个体在失败后可能会产生个人控制的归因，他们更有可能从失败中学习。然而，在人们积极分析差错并有效处理差错的高度差错管理文化中，人们通常通过将他人的行为解释为承担责任和弥补差错来分担导致项目失败的责任（Festinger，1964），因此内疚倾向的人会觉得自身的责任更小。此外，在高度的差错管理文化中，人们可能认为失败更常见，压力更小（Van Dyck et al.，2005）。因此，在高水平的差错管理文化组织中，"内疚的力量"得以被缓冲，此时内疚倾向与个人控制的关系可能会减弱甚至不相关。因此提出以下假设：

假设4-9a：差错管理文化调节了羞愧倾向和归因之间的关系。在低水平差错管理文化中，羞愧倾向与失败的稳定归因正相关。但在高水平差错管理文化中，羞愧倾向与失败的稳定归因无关。

假设4-9b：差错管理文化调节了内疚倾向和归因之间的关系。在低水平差错管理文化中，内疚倾向与个人控制归因正相关。但在高水平差错管理文化中，内疚倾向与个人控制归因无关。

5. 心理弹性的调节作用

心理弹性是面对压力或创伤时的一种积极适应，它可能产生积极的效果，如缓解失败后的挫折感（Ollier-Malaterre, 2010），缓解消极情绪（Sterbenz et al., 2010），等等。因此，具有高度心理弹性的个体在面对失败时，可能会表现得更为轻松。

对个体来说，心理弹性可以帮助他们克服压力，保持稳定的心态，转移对创伤事件的注意力等，从而减少负面事件造成的痛苦并可以恢复元气（Bonnno, 2004; Ollier-Malaterre, 2010）。同时，心理弹性也有助于个体更平和、客观地看待问题，对以往的负面事件会有更积极的评价（Ollier-Malaterre, 2010），因此，对负面情绪的反应会变得较弱。换言之，具有高水平心理弹性的个体能够更好地应对负面情绪，并且受负面情绪的影响较小，因此，负面情绪和失败学习的关联性会被减弱。

反之，当恢复水平较低时，个体很难从消极情绪中恢复过来，他们会陷入对消极行为的反复思考中。此外，个体对消极行为有更偏执的看法，很难平和地看待事件。因此，对于那些心理弹性水平较低的人来说，个体负面情感特质对失败学习的影响会变得更强。因此提出以下假设：

假设4-10：心理弹性会调节消极悲痛的负面情绪和失败学习的关系，高水平的心理弹性会使得消极悲痛的负面情绪对个体的负面影响减弱。

4.2.3 总结与讨论

1. 理论意义

本研究扩展了对失败归因中个体差异的理解。有效的学习过程，需要人们分配认知资源来分析失败并寻找正确的解决方案（Dahlin, Chuang, and Roulet, 2018）。然而，人们在从失败中学习时投入资源的意愿不同。本研究表明，个体的失败归因在从失败中学习方面起着重要作用，个体特征和环境因素相互作用影响着个体的失败归因。具体来说，容易内疚的人更愿意投入努力，而容易羞愧的人不太愿意投入努力以从失败中学习，然而，这种关系同样取决于团队层面的差错管理文化。

本研究还发现差错管理文化和个人情绪特征（即内疚倾向和羞愧倾向）之间存在跨层次的交互作用。差错管理文化被认为有助于减少失败后的负面后果。与以前的研究一致，本研究认为差错管理文化与失败后个人的积极反应（即做出个人控制归因）正相关。此外，本研究提出差错管理文化调节了内疚感和个人控制归因的关系。在低水平差错管理文化中，内疚倾向与个人控制归因正相关；在高水平差错管理文化中，内疚倾向与个人控制归因无关。这表明，在差错管理不受重视的环境中，内疚倾向将成为一个重要的特质因素，容易内疚的人更有可能做出个人控制归因并积极应对失败。然而，在人们重视差错管理的环境中，内疚倾向不会在个人管理失败的方式中发挥作用。同样地，具有内疚倾向的个体也希望自己避免感到过于内疚（Tangney, Stuewig, and Mashek, 2007）。内疚倾向与积极的行为和积极的结果有关，因为潜在的内疚感和紧张感会驱使容易内疚的个体弥补他们的行为。在高水平差错管理文化中，鼓励人们就失败进行沟通并管理失败，会将失败定性为一个灾难性较小的事件，这不太可能引起个体的紧张感和内疚感。这也许可以解释为什么内疚感会促使人们承担责任，弥补低水平差错管理文化而不是高水平差错管理文化中的失败。同样地，差错管理文化也调节了羞愧感和个人稳定归因的关系。这也和差错管理文化的特征有关，看淡错误，对差错采取积极态度，会让容易羞愧的员工在失败后不那么自责，羞愧后产生的归因倾向就会变弱，例如不将带来负面后果的差错归因于外部稳定因素。

此外，本研究提出归因是失败情境的一个关键过程，并进一步揭示了归因如何影响从失败中学习的机制。个体特征和差错管理文化影响人们如何做出归因，这对于从失败中学习很重要（Salancik and Meindl, 1984）。当失败被归因于他们的努力和行动而不是不可控的因素时，人们更愿意从失败中学习（Diwas, Staats, and Gino, 2013）。失败往往会令人产生内疚、尴尬或恐惧等负面情绪（Edmondson，1996）。负面情绪会干扰人们的判断（Forgas，1995），并使人们对事件产生抗拒或抵触情绪（Loewenstein and Lerner，2003）。本研究发现，稳定归因通过负面情绪与从失败中学习负相关。而个人控制归因与从失败中学习正相关的关键机制是积极的应对策略，例如探索和接受，这有助于人们从负面情绪中恢复过来（Blau，2007）。心理弹性作为重要的情绪调节机制，在个体应对消极情绪或负面事件时，往往能发挥缓冲和调节的作用。同样地，个体在经历了失败事件后，通常产生内疚或羞愧等情绪，拥有心理调节能力的个体能够较快地从负面情绪中走出来，缓冲负面情绪的不利影响，有利于失败学习过程的进行。

2. 实践意义

从本研究论述可以看出，个体的情感特质在失败学习的过程中发挥着不同的作用，需要对个体特质加以区分，当然区分的前提是组织需要对员工的个人特质有着非常清晰的了解，进行有针对性的心理弹性建设。组织管理过程中，管理者应该更多地关注项目失败后员工所产生的不同情绪反应。面对易内疚和易羞愧的不同个体，管理者应该积极引导，使得员工可以做出正确的失败归因。另外，管理者要着力在日常管理中加强组织的差错管理文化建设，培养员工面对失败时的积极态度，避免员工的负面情绪扩大给自身或组织带来长期的不利影响，从而错失失败学习的宝贵机会。

对于员工来说，要正视项目失败所引发的悲痛情绪，不要盲目压抑自己内心的真实感受。在负面情绪"沉淀"一段时间后，要做到"痛定思痛"，尽快平复自己的心情，端正工作态度，逐步去接受失败的发生，寻找失败的原因，从而为下一个项目积累经验。员工也要积极融入团队营造的差错管理文化，增强自身心理素质建设，适度接受差错管理文化，以一种利于后续失败学习的心态来对失败进行归因。员工同时要增强自己的心理弹性，帮助自己克服压力，保持稳定的心态，转移对失败事件的注意力等，从而减少失败事件造成的痛苦，并使自己尽快回到工作的正轨。

4.3 内疚感与失败学习

4.3.1 引言

上一节,我们从个体情感特质的角度出发,探讨了内疚倾向和羞愧倾向对于失败学习的不同影响。而将视角动态化,关注到失败后的个人体验上,在失败情境下所产生的情绪反应是否会对失败学习造成不同的影响呢?本节以失败后员工常见的内疚感作为研究对象,探析失败情境下情绪对员工学习行为的影响机制。内疚感一直被认为是失败后会出现的典型的负面情绪(Bohns and Flynn, 2013),会对个体从失败中学习的行为造成影响。根据之前的研究,内疚感被看作一种自我意识的情感,来自自我反思和自我评价,它是一种悔恨的感觉,内疚的人会关注某一特定的过错,并希望能消除或改变它(Yi and Kanetkar, 2011)。

大多数学者将内疚感视为一种道德情感,他们通常认为道德情感可以提供做善事和避免做坏事的能力(Tangney, Dearing, and Gamble, 2003)。例如,犯罪后感到内疚的人会降低攻击性(Stuewig et al., 2010);有些内疚的人会出于补偿别人的心理,而做出建设性行为(Xu, Laurent Bègue, and Rébecca, 2011)。因此,这些学者认为,内疚感与个体的学习行为之间存在正相关关系(Bohns and Flynn, 2013)。但是,还有一些研究人员发现内疚感与积极行为之间没有显著相关性(Halmburger, Baumert, and Schmitt, 2015),有些学者甚至发现内疚感与积极行为之间存在负相关性(Wohl et al., 2013)。毕竟,内疚感是一种负面情绪,通常会使人感到沮丧,因此人们可能会采取措施保护自己(Myers and Cairns, 2009)。这样看来,关于内疚感与学习行为之间的关系的研究,似乎没有得出一个准确的结论。内疚感给个体学习行为带来的影响,究竟是积极的还是消极的?它们之间的关系又会受到哪些因素的影响呢?

本研究认为,内疚感带来的两方面影响应该整合考虑。之前的研究得到了不一致的结论,或许是因为它们都只关注了内疚感所带来的某一方面的影响。一方面,内疚感使人感到紧张和不安,导致人们过多地关注失败事件

(Tangney, 2001), 耗尽了他们的情感和认知资源, 使他们难以做出积极的行为。另一方面, 由于人们对负面结果与期望结果之间存在差距的认识, 个人倾向于采取建设性的行为来弥补差距 (Joireman, 2004)。这两种效应同时存在 (Bedford and Hwang, 2003), 但在内疚感水平不同时, 两种效应的程度不同, 因此个体采取的行动也不同。同时考虑到内疚感可能带来的两方面影响, 本研究猜测内疚感与失败学习之间可能存在非线性关系。因此, 本研究的首要目的是通过整合这两个不同方面的影响, 来研究内疚感与从失败中学习之间究竟是什么联系。

据此, 本节建立了一个理论模型来检验内疚感与失败学习之间的曲线关系 (见图4-4)。当内疚感水平较低时, 个体更容易从失败中学习, 随着内疚感水平的升高, 个体的学习水平下降, 当内疚感水平达到某一个值后, 个体的学习水平开始升高。本研究还提出了绩效回避目标导向和心理弹性在这一过程中的调节作用。绩效回避目标导向是成就目标导向的一个维度, 指的是一种希望避免得到别人对自己能力的负面评价的倾向 (Vandewalle, 1997), 具有较高绩效回避目标导向的个体可能会对负面情绪更敏感, 从而更容易受到负面情绪的影响 (Elliot and Harackiewicz, 1996)。而心理弹性指的是个体面对负面事件或情绪时能快速恢复的一种能力, 能帮助个体更好地应对负面情绪, 降低负面情绪带来的影响 (Luthar, Cicchetti, and Becker, 2000)。本研究认为, 这两种典型的个人特质会在内疚感与失败学习的关系中起到调节作用。

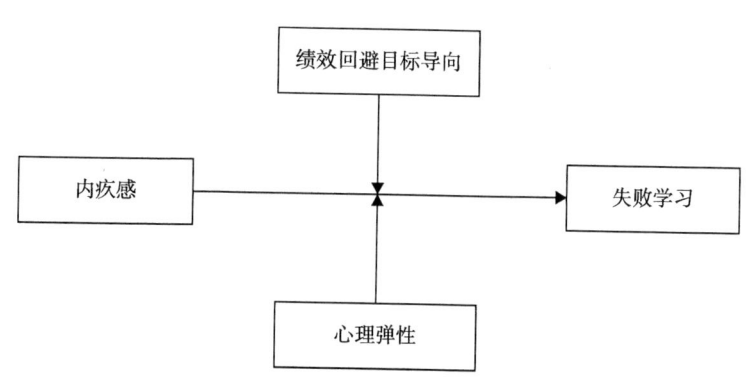

图4-4 "内疚感—失败学习"理论框架

本研究从两个重要方面对内疚感和失败学习的关系进行了研究，构建了如图 4-4 所示的理论模型。通过整合考虑内疚感对失败学习的影响，本研究发现了内疚感与失败学习的非线性关系。本研究的发现扩展了以往关于内疚感的正面影响或负面影响的研究，将关于内疚感的两种对立观点纳入了一个连贯的理论模型，调和了以往研究中看似矛盾的发现。本研究的发现有助于丰富对失败学习前因变量的研究，加深了对负面情绪（内疚感）的讨论。此外，通过描述绩效回避目标导向和心理弹性的调节作用，本研究发现了个人特质在个体情绪影响个体行为这一过程中的重要作用。情绪固然会对个体的行为造成很大的影响，但是这一影响是可以被改变的。因此，本研究建议团队的管理人员在项目失败后及时与成员沟通，并指导成员做出更积极的行为。

4.3.2 理论解释与假设推演

内疚感会对个体从失败中学习产生影响。内疚感被认为是一种道德和自我意识的情绪，它来自于对特定事件的负面自我评估，或者是当前状态与期望状态的比较（Morris and Moore，2000；Tracy and Robins，2006；Ilie et al.，2013），当个体的当前状态没有达到预期，并认为自己本可以做得更好时，就会产生内疚感（Yi and Kanetkar，2011）。在商业世界中，项目失败往往意味着由于某些操作不当，项目结果没有达到预期（Shepherd，2011），在这样的情况下，个体很容易产生内疚感。有大量研究已经探讨了内疚感与失败后个体行为之间的关系。大部分学者认为，内疚感会给个体及其学习行为带来积极影响。一部分学者认为，内疚是因为违反了互惠的规则而导致的，会引起对他人的补偿行为，从而加强人际关系，是一种亲社会的情绪。它能帮助个体提高自我效能感，帮助个体更好地解决问题，且能帮助个体解决人际冲突（Covert，2003；Xu et al.，2011）。在工作场所，员工的内疚感与高水平的组织承诺和情感承诺相关，内疚感可以提高员工的期望，促使员工对自己的差错做出纠正，激发他们做出建设性的行为，如积极承担责任，从而建立与组织的友好关系，维持组织的稳定（Bohns and Flynn，2013；Flynn and Schaumberg，2012；Hareli et al.，2005；Liu et al.，2019）。而也有很多学者的研究发现指出了内疚感给个体带来的消极影响。尽管内疚感的确会促使个体做出补偿性的亲社会行为，但内疚感也常常会带来悲痛的情绪，降低个体的幸福感，可能会引发自我惩罚（Connelly et al., 2018；Nelissen and Zeelenberg, 2009；Rob, 2011）；内疚感还有可能会造成严重的精神创伤，甚至影响身体健康（Jie et al., 2014）。

但这些研究都只从一个方面介绍了内疚感可能给个体带来的影响。随着研究的深入，开始有学者看到了内疚感带来的多方面影响，提出了一些理论模型，讨论内疚感与个体行为之间可能的影响机制。Amodio 等（2007）提出了内疚的动态模型。该模型指出，内疚感对个体行为的影响会随着时间改变：在内疚感产生的第一阶段，个体倾向于回避导致情绪产生的事件；在内疚感产生的第二阶段，个体开始尝试对自己的行为做出纠正。Mancini（2008）提出了一个协调内疚感各方面的观点，他认为内疚感有两种模式：内心模式和人际模式。内心模式涉及内疚感带来的消极影响，人际模式涉及内疚感带来的积极影响。这两种模式同时存在，会因为个体的目标、归因等出现不同。Roseman 等（1994）的研究也指出，内疚感有不同的种类，会因为引发情绪的根源不同而不同，从而带来不同的影响。但这些理论还需要进一步的研究来进行检验，以最终确定内疚感对个体行为带来影响的具体机制。

可以看到，大部分研究都只探究了内疚感所带来的某一方面的影响，从而得到了似乎相反的结论。尽管已经有学者开始建立关于内疚感的多方面影响的理论模型，但他们都假设内疚感与失败学习之间是线性关系，且他们的结论并没有得到太多的实践支持。因此，本研究同时考虑内疚感所带来的两方面影响，假设内疚感与失败学习之间的关系是非线性的。本研究构建了一个理论模型，想要探讨内疚感与失败学习之间的非线性关系，同时将回避导向和心理弹性作为调节变量，观察它们对内疚感与失败学习之间关系的影响。

尽管个体的情绪会对个体的行为造成影响，但是对于不同的个体而言，情绪对行为的影响是不同的。关于认知情感和目标导向的文献说明，个体的很多特质（如目标导向和项目承诺）（Bohns and Flynn, 2013；Wang et al., 2018）都会对情绪和行为之间的关系产生影响。本研究认为，内疚感对失败学习的影响程度也会因为个人特质的不同而不同。也就是说，个人特质将在内疚感与从失败中学习的关系中起到边界条件的作用。

1. 内疚感和失败学习

根据之前的研究，内疚感主要会带来两方面的影响。一方面，内疚感常常与对负面行为的消极认知有关，个体会将注意力过多地放在曾经的负面行为上，很难将精力放到从失败中学习上来（Saintives and Lunardo，2016）；另一方面，在个体自我反思的过程中，个体会对比负面结果和期望结果，倾向于做出一些积极行为（如学习）来使自己变得更好（Joireman，2004）。这两种截然相反的影响同时存在（Carnì et al.，2013），只是在不同水平的内疚感下，这两种影响的程度不同，因此导致个体采取不同的行为。因此本研究猜测，内疚感与从失败中学习之间可能存在非线性的关系。

具体来说，内疚感涉及做了错事的紧张和后悔，它的存在会消耗个体的情感资源和认知资源，使得个体很难从失败中学习。有内疚感的个体往往会被曾经的过错所困扰，他们会不断重复地回想自己的负面行为（Tangney，2001），将注意力集中在负面行为和负面情绪上，思考与负面行为相关的原因和后果（Saintives and Lunardo，2016），甚至会产生反事实思维，不断地想"当时如果……就好了"（Olwen et al.，2003）。因此，作为一种消极的情绪反应（Hareli et al.，2005），内疚感不仅会给个体带来压力和痛苦，引发抑郁症、强迫症等精神疾病，消耗个体的情绪资源（Fedewa et al.，2005），还会让个体将注意力都集中在自己的负面行为和消极情绪上，占用个体的认知资源（Saintives and Lunardo，2016）。然而，之前的研究表明，高效的学习需要个体投入足够的情感资源和认知资源（Dahlin，Chuang，and Roulet，2018），个体的情感资源和认知资源是有限的，当内疚感水平较低时，个体受到消极情绪的影响较小，能有较多资源分配到从失败中学习；但随着内疚感水平的升高，个体需要消耗更多的资源在应付消极情绪及关注负面行为上，很难再保持良好的心态并拿出多余的精力来从失败事件中学习。因此，在这种情况下，内疚感的水平越高，个人越难从失败中学习。但随着个体不断反思自己的负面行为，个体会对负面事件逐渐产生积极的重新评价，这降低了他们的负面情绪反应（Saintives and Lunardo，2016），个体被消耗的资源变少，内疚感与从失败中学习的负面关系变弱。

同时，内疚感会引起个体的反思（Itziar，2000；Joireman，2004），激励个体做出建设性行为。首先，在反思的过程中，个体会对比当前行为的结果与期望的状态，由于二者存在落差，个体会思考可能的解决办法来达到原本的期望状态（Joireman，2004）。之前也有研究认为，内疚感能激发个体改变自我的动机（Lickel et al., 2014）。另外，在反思的过程中，个体不仅会反思自己的行为，还会关注他人的行为。之前的很多研究都发现，内疚感及自我反思能提高个体的共情能力与移情能力（Joireman, 2004; Tangney, 2001），这能帮助个体更准确地理解他人的看法和感受，更多地倾听他人的意见，对之前的负面事件产生更多期望（Joireman, 2004），可能会想要做出更多建设性行为，来达到自己的期望。之前研究也表明，在工作环境中，内疚感可以提高员工的期望和动机，并引导他们做出建设性行为（如学习活动）（Liu et al., 2018）。因此，在这样的情况下，内疚感水平越高，个体越倾向于做出建设性行为，会调用更多资源来从失败中学习。但在内疚感水平较低时，个体并没有非常深刻的反思，因此内疚感对个体的激励作用也较小。

对于个体而言，上述两种相反的影响是同时存在的，只是在不同水平的内疚感下，两种影响的程度不同。综合来看，当内疚感水平较低时，个体受到的消极影响较小，对失败这一负面结果的关注也较少，因此有更多的资源分配到从失败中学习上；但随着内疚感水平的升高，由于情绪资源和认知资源被更多地分配到处理消极情绪及回顾失败事件上，个体很难有效地从失败中学习，此时，内疚感与从失败中学习成负相关关系。当内疚感水平达到某一个点后，随着内疚感水平的提高，个体会进一步地认识到自己的不足，对之前的负面事件有更多新的期望，为了弥补自己的不足，达到期望的结果，个体会将更多的资源调用到做出建设性行为上。此时，内疚感与从失败中学习成正相关关系。同时考虑两种影响时，内疚感与从失败中学习的关系为一个U形曲线。因此提出以下假设：

假设4-11：内疚感与从失败中学习之间具有曲线（U形）关系。

2. 绩效回避目标导向的调节效应

根据成就目标理论，成就目标导向会影响个体的目标设定过程和追求目标的动机，是非常重要的个体特质。成就目标导向可能会影响个体对负面情绪的反应强度（Cron et al., 2005），也有可能会影响个人的学习过程（Iyer, Leach, and Crosby, 2003）。Vandewalle（1997）将成就目标导向分成了不同维度。其中，学习目标导向（Learning Goal Orientation）指的是通过学习新技能，掌控新情况，提高自己的能力来发展自我的愿望；绩效趋近目标导向（Performance-approach Goal Orientation）指的是证明自己的能力和能力的愿望。这两个维度的目标导向已经被证明与能力有更高的相关性，以及与情绪的较低相关性（Cron et al.，2005）。

而绩效回避目标导向（Performance-avoidance Goal Orientation）（以下简称为"回避导向"）指的是一种希望避免降低自己的能力并避免对其做出否定判断的愿望（Vandewalle，1997）。一些研究表明，它与情绪相关性很高：有高回避导向的个体往往努力避免相对于他人的无能，由于担心得到负面的结果，会对负面刺激感到焦虑，对负面情绪的反应更加强烈（Baranik, Barron, and Finney, 2007; Elliot and Harackiewicz, 1996; Cron et al.，2005）。因此，在三种目标导向中，本研究选取绩效回避目标导向作为调节变量，探究它对内疚感与从失败中学习关系的影响。本研究认为，对于内疚的个体而言，回避导向会使得他们受到更多内疚感的影响。因此，本研究试图将回避导向作为调节变量，探究它对内疚感与失败学习之间关系的影响。

一方面，回避导向会影响个体对情绪的敏感度，使得个体受到更多消极情绪的影响。首先，回避导向与个体所感知到的不可控的感觉有关。有高回避导向的个体会感到难以控制将要面对的负面事件和负面情绪，因此常常感到焦虑、羞愧和绝望（Diana，2009；Pekrun and Stephens，2009），这使得他们变得更加悲观（Vandewalle, Cron, and Slocum, 2001），更容易沉浸在负面情绪当中。之前的研究也发现，高水平的回避导向会使个体感到情绪疲惫，给个体带来了更消极的情感体验（Vandewalle, Cron, and Slocum, 2001）。其次，有高回避导向的个体希望自己不会表现出不好的一面，担心被别人看不起（Vandewalle，1997）。他们更关注与自己相关的消极信息，对负面的反馈更加敏感（Elliot and Harackiewicz，1996）。因此，他们对负面情绪更加敏感，反应更加强烈，甚至会产生更多负面情绪（Cron et al.，2005）。从而，有高回避导向水平的个体在面对消极情绪时，会受到更多来自情绪的影响，因此，内疚感和失败学习之间的关系会变得更强。

另一方面，回避导向会影响个体的情绪处理策略，由于采取的情绪处理策略不同，个体受到的情绪的影响也不同。具有高回避导向的个体更加在意自己的负面行为，并更加在意别人对自己的评价（Vandewalle，1997；

Vandewalle, Cron, and Slocum, 2001）。他们对可能出现的负面结果感到焦虑，对负面情绪感到苦恼（Rusk and Rothbaum, 2010），因此，他们更有可能使用应对不良情况的自我保护策略（Wang and Yan, 2018），包括自我封闭和退缩的行为。具有高回避导向的个体很难处理好自己的消极情绪，从而会受到更多情绪的影响，因此，内疚感和失败学习之间的关系也会变得更强。

反之，当个体的绩效回避目标导向水平较低时，个体对外界的负面评价不那么敏感，不会过分担心可能出现的负面结果，对消极情绪的反应程度也较弱。因此，对于他们来说，内疚感与失败学习之间的曲线关系较为平缓。

综上所述，本研究认为，在较高的绩效回避目标导向水平下，内疚感和从失败中学习之间的曲线关系较强；在较低的绩效回避目标导向水平下，该曲线关系较弱。因此提出以下假设：

假设 4-12：绩效回避目标导向会调节内疚感与失败学习之间的曲线关系，对于绩效回避目标导向较高的个体，这种关系更强。

3. 心理弹性的调节效应

失败后，能否快速恢复活力，是个体能否取得下次成功的重要因素。心理弹性被定义为"面对压力或创伤时的积极适应"（Luthar, Cicchetti, and Becker, 2000），是个人的一项重要能力，会影响其在失败后采取的行为。大量研究证明，这种能力可能会影响评估和应对刺激（即失败）的整个过程，它不仅强调遭受挫折后的恢复，而且强调个人的成长和再生；它能帮助个体更好地面对负面情绪所带来的影响（Campbell-Sills and Stein, 2010; Neill et al., 2018; Li, Yan, and Ahlstrom, 2016; Bedford and Hwang, 2003; Fredrickson, 2001）。关于内疚感和心理弹性之间关系的研究还很少，本研究认为，对于内疚的个体而言，心理弹性同样能帮助他们更好地处理内疚感所带来的消极影响。因此，本研究试图将心理弹性作为调节变量，探究它对内疚感与失败学习之间关系的影响。

一方面，心理弹性能缩短个体处理消极情绪的时间，削弱情绪带来的影响的强度。对于个体而言，心理弹性可以帮助个体克服压力、保持平稳的心态、从创伤性事件中转移注意力，从而减轻由负面事件引起的痛苦、恢复活力（Bonanno，2004；Ollier-Malaterre，2010）。同时，心理弹性也会帮助个体更平和、更客观地看待问题，对之前的负面事件有更积极的评价（Ollier-Malaterre，2010），从而，个体对消极情绪的反应变弱了。也就是说，心理弹性能帮助个体更好地应对消极情绪，缓解消极情绪带来的影响（Sterbenz et al.，2010）。在这种情况下，内疚感和从失败中学习之间的关系会被削弱。

另一方面，心理弹性会使得个体采取更加积极的情绪处理策略。之前的研究指出，具有高水平心理弹性的个体会更多地采取能够引起积极情绪的应对策略来调节负面情绪。例如，放松心态，给自己更长的时间来解释和评估问题及考虑替代方案（Tugade and Fredrickson，2004）。也就是说，具有高水平心理弹性的个体会通过调动积极的情绪来帮助自己减少痛苦和恢复活力。从而，内疚感和从失败中学习之间的关系也会被削弱。

反之，当个体的心理弹性水平较低时，个体很难从负面情绪中恢复过来，会陷入对负面行为的反复思考中难以自拔，且对负面行为有更偏执的看法，难以平和地看待事件。因此，对于他们来说，在较低的心理弹性水平下，内疚感与从失败中学习之间的曲线关系会更强。

综上所述，本研究认为，在较高的心理弹性水平下，内疚感和从失败中学习之间的曲线关系更弱；在较低的心理弹性水平下，这一曲线关系更强。因此提出以下假设：

假设4-13：心理弹性可以缓解内疚感与从失败中学习之间的曲线关系，对于心理弹性水平高的个体，这种关系会变得更弱。

4.3.3 总结与讨论

总体来说，本研究构建了一个模型，说明内疚感为什么及何时能够有效地塑造员工对失败的学习反应，并添加了绩效回避目标导向和心理弹性作为这一关系的调节因素。本研究得出以下结论：①内疚感与从失败中学习呈曲线（U形）关系；②绩效回避目标导向调节了内疚感与从失败中学习之间的曲线关系，这种关系对于绩效回避目标导向水平较高的人来说更为强烈；③心理弹性缓和了内疚感和从失败中学习之间的曲线关系，这种关系对于心理弹性水平较高的个体来说会更弱。

1. 理论贡献

首先，先前的研究表明，从失败中学习可以产生更好的团队绩效（Cannon and Edmondson，2005）和创新绩效（Tahirsylaj，2017）。因此，如何促进企业员工失败后的学习行为越来越受到人们的关注。以往的研究已经探讨了内疚感对从失败中学习的影响，但大多数学者只注意到了两者之间的线性关系，有学者发现两者之间存在正相关关系，但也有学者发现两者负相关（Jie et al.，2014；Xu et al.，2011）。也有一些研究同时探讨了两者之间的关系（Carnì et al.，2013；Rob et al.，2011），但对于内疚感对从失败中学习的具体影响机制还没有确切的结论。本研究从两个不同的角度，发现了内疚感与从失败中学习的非线性关系，从而丰富了对从失败中学习的前因变量的研究。

另外，之前也有研究考虑到了内疚感可能存在的不同类型和其所带来的动态影响（Amodio et al.，2007；Mancini，2008），但这些研究仍缺乏相应的实证研究，关于内疚感对失败学习的具体影响机制也尚无准确的结论。本研究发现，内疚感对失败学习或正或负的影响取决于内疚感水平的强弱，随着内疚感水平的提高，其与失败学习的相关关系由负相关转变为正相关。因此，本研究丰富了失败学习的前因变量的研究，也进一步探究了内疚感对个体行为的潜在影响。

其次，近年来，关于失败后的负面情绪的研究逐渐增多。但是，该领域的理论研究主要集中于失败后产生各种情绪的过程（Tracy and Robins，2004），少有研究关注负面情绪对个体的感觉和行为产生影响的具体机制及相关的边界条件，尤其是关于失败学习，更多研究关注个体的积极情绪所带来的影响（Wang et al.，2018），而忽略了消极情绪可能带来的积极影响。本研究发现了内疚感与失败学习之间可能出现的正相关关系，证明在失败后，哪怕是消极情绪，同样可以给个体的学习行为带来积极的影响，从而丰富了相关领域的研究。

最后，现有研究少有考虑个体特质在个体情绪影响个体学习行为过程中的作用。本研究选择了与个体情绪相关度较高的两个个体特征：个体目标导向及心理弹性，探究其在内疚感影响失败学习过程中的作用。本研究发现，个体的目标选择及对负面情绪的心理弹性会通过影响情绪敏感度及情绪处理策略等，使得内疚感对失败学习的影响强度发生改变。因此，本研究丰富了个体特征的相关研究，并为今后的研究提供了方向。

2. 实践贡献

由于失败后的消极情绪不一定会产生负面影响，因此，管理者不能一味压制员工消极情绪的显露，但是这并不代表可以忽视这种现象，听之任之。相反，他们应该为团队雇用专门的心理咨询服务，以一种积极有效的措施来促使员工正视失败，及时管理好自己的情绪。另外，项目失败后，领导要及时观察团队成员的情绪状态，与他们沟通，掌控具体情况，从而收集到全面且正确的员工状态信息，并以此来指导员工做出更积极的行为来应对失败事件的发生。由于对项目事件的高期望有助于激励个体做出更具有建设性的行为，因此在失败之后，管理者可以帮助个体对项目建立更高的期望，从而激励个体做出积极的行为。管理者要使得员工能够正视内疚感的产生，促使员工在拥有内疚感时，能够进一步认识到自己的不足，能够正确看待以往的失败事件，勇于弥补自己的不足，达到内心期望的项目结果，引导员工将更多资源调用到做出建设性行为上。

另外，对于员工来说，要认识到失败事件发生后会滋生内疚感的可能性，大胆调整自身心态，克服内疚感带来的悲痛情绪，切记不要因为内疚而做出自我惩罚的行为。如果实在无法摆脱内疚感，员工个人要及时向团队或外界寻求帮助，不要让内疚感肆意破坏自身精神状态和身体健康。内疚感对员工失败学习的影响程度会因为个人特质的不同而不同，这就需要员工不要盲目模仿他人在遭受失败后的行为，要有针对性地应对负面情绪。员工也要对自身能力有足够的信心，对团队项目保持一种高期望，促使自身做出更有利于自身进步和团队发展的建设性行为。

第5章 认知特质与失败学习

5.1 学习导向与失败学习

5.1.1 引言

众所周知,学习能力是组织和个体的重要必备技能。面对失败问题时,具有学习能力的员工可以根据失败内容更好地组织学习过程,掌控学习目标,深化学习效果。因此,本研究需要探讨员工的学习导向与自身从失败中学习的具体效应及机制。根据已有研究及学习领域的相关理论,本研究试图探究组织的差错学习导向和学习目标导向对个体失败学习的作用机制。通过将情绪及情绪应对措施的变量融入研究,本节构建了理论模型并进行理论陈述。

我们先来关注差错学习导向(Error Learning Orientation)对于个体失败学习的作用机制。情感事件理论(Affective Events Theory,AET)以及 Zhao 和 Olivera(2006)理论的研究通常强调失败后的认知反应(如对当前失败事件的认知评价)所带来的影响(Weiss and Cropanzano,1996)。除此之外,本研究还关注个体对于差错或失败的相对稳定的心态,如对差错所带来的潜在价值的感知(Van Dyck et al.,2005)。有研究表明,差错学习导向水平较高的个体往往有更好的表现和更多的创新行为(如 Arenas,Tabernero,and Briones,2006;Bell and Kozlowski,2008)。关于项目失败,本研究认为,差错学习导向水平较高的个体在经历失败时更容易发现失败的好的方面(如促进绩效的有用信息),因此会更加努力地从失败中学习。为了更好地理解差错学习导向和失败学习之间的潜在机制，本研究试图通过 AET 关注悲痛（Grieving）的中介作用。Shepherd（2003）首次将悲痛从心理学文献中纳入商业失败的研究，并将其理论化为"对失败事件的消极情绪反应"。Blau（2006）发现悲痛实际上包含一系列情绪，据此，他进一步将这些情绪划分为消极悲痛（如否认、愤怒、谈判和抑郁）和积极悲痛（如探索和接纳）。消极悲痛会导致一系列不良后果，如认知表现水平降低和组织承诺感的下降（如 Paterson and Cary，2002；Conway et al.，2017）。相反，积极悲痛可以帮助个体积极地应对消极经历，例如产生更多的探索行为（Blau，2007）。因此本研究提出，差错学习导向水平高的个体会将失败视为一个良好的发展机会，所以他们在失败后会表现出更多的积极悲痛，也更愿意从失败的项目中学习。

此外，情感事件理论也指出了个人特质在认知和诱导情绪之间的关系中起调节作用（Weiss and Cropanzano，1996）。特别是在东方文化中，面子（或社会形象）与"一个人的尊严、自尊、社会关怀感和在他人面前履行社会义务的能力"密切相关（Bedford and Hwang，2003），因此，人们会害怕自己"丢面子"。因为项目关系到员工的声誉和能力，如果项目失败了，会直接影响到员工的社会形象（即丢面子）。害怕丢面子的人往往更关注项目失败后对其社会形象的损害，尽管他们可能意识到失败的潜在价值，但也会表现出较少的积极悲痛。相比之下，不太害怕丢面子的人可以更理性、更积极地应对失败（如表现出更积极的悲痛）。因此，本研究认为差错学习导向会通过诱发个体的积极悲痛情绪进而影响失败学习行为，而"害怕丢面子"会在积极悲痛的形成机制中起到调节作用。

除了差错学习导向，学习目标导向（Learning Goal Orientation）作为一种稳定的个人学习导向，也会对个体行为产生重要影响。目标导向理论（Goal Orientation Theory）强调个人的目标导向是对成就的认知和理解，这将影响行为反应（Dweck and Leggett，1988）。目标导向定义了人们为什么及如何实现他们不同的目标。一些学者指出，这是一种个体的"内部行为导向"，它将引导个体对事件的认知、情感和行为方式的产生，并支配人们的特定活动。在事件发生后（如项目失败），个体的内部行为导向将成为指导后续行为活动的驱动力。

目标导向可以分为两个方面：学习目标导向和绩效目标导向。Dweck 和

Leggett（1988）指出，学习目标导向是指个人倾向于通过获取新技能、掌控新情况并提高自己的能力来发展自我的愿望。学习目标导向可以使个体专注于对任务的掌控和理解，注意技能的发展，而绩效目标导向可以使个人避免失败，从而保持更好的社交能力（Vandewalle，1997）。因此，本研究假设以学习目标为导向可以触发个人的学习行为。以前的研究表明，具有学习目标导向的个体更加关注其能力的发展，并且善于从反馈中提取有用的信息，以便他们可以从自己的经验中学习（Dahling and Ruppel，2016）。因此，本研究认为学习目标导向与失败学习之间应该存在紧密的关系。为了弥补先前研究聚焦于成功领域而忽视失败领域的不足，本研究将学习目标导向作为一个前因变量进行了研究，研究学习目标导向与失败学习的紧密联系。

为了深入探讨学习目标导向对从失败中学习的作用，我们需要进一步探讨可能影响这一作用的中介变量。目标导向理论认为，目标导向会影响个体对事件的认知或情感倾向，进而触发行为反应（Dweck and Leggett，1988）。实际上，许多学者将学习目标导向与个体心理水平上的认知过程联系起来，以探索随后行为反应的具体机制。考虑到这一争论，我们将本研究的重点放在将学习目标导向与从失败中学习联系起来的情感机制上。其中，"悲痛恢复理论"（Grief Recovery Theory）强调失败后的负面情绪对从失败中学习的重要影响。它的基本逻辑是"失败事件—负面情绪—失败学习"，强调了由失败带来的以悲痛为代表的负面情绪在降低失败学习质量中的重要作用（Shepherd，2003）。Shepherd 等（2003，2011，2014）基于此理论，着重于悲痛及其恢复机制，并提出了个人应对负面情绪的几种应对方式：恢复导向（Restoration Orientation，一种以情绪为中心的应对方式）、损失导向（Loss Orientation，一种以事件为中心的应对方式）和震荡导向（Oscillation Orientation，交替使用恢复导向和损失导向）。目标导向对个体的内部和外部动机及行为反应有重要影响（Steele-Johnson et al.，2000）。根据悲痛恢复理论和目标导向理论，我们认为拥有较高学习目标导向的个体可能会采用不同类型的负面情绪应对导向来适应失败所带来的负面情绪，而这又可能会在随后的学习中产生进一步的影响。

为了解决情绪在学习发生机制中的作用，本研究试图通过进一步添加调节变量进行阐释。一些学者指出，情感可能在失败事件发生后的认知（即负面情绪应对导向)与行为(即失败学习)之间的关系中起重要作用(Dolan, 2002; Phelps, 2006)。应对导向通常决定了个体使用后续资源和策略的重点,这进一步影响了后续行为模式的发生,而行为模式反过来又会受到个人情绪的影响。如上文所述,积极悲痛对于个体行为会产生重要影响。因此本研究尝试进一步探索其对失败学习的作用机制。

总结来看,本研究将学习导向划分为差错学习导向与学习目标导向,根据情感事件理论和目标导向理论,本研究试图探究情绪或个体的应对行为在失败学习模式中的作用机制。此外,通过中国文化立场,更是建立起一套植根于中国文化的失败学习理论模型。为了更清晰地表明本研究的理论立场,我们绘制了如图 5-1 所示的理论框架。

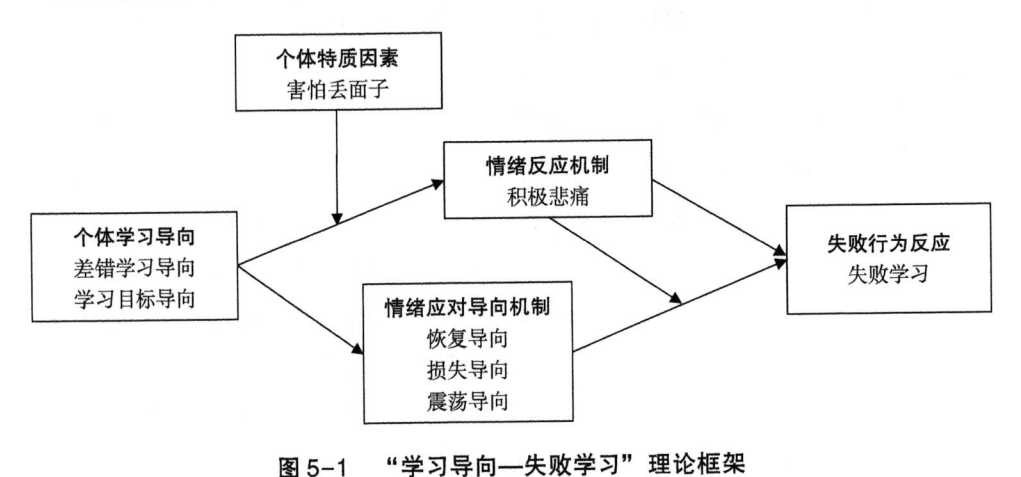

图 5-1 "学习导向—失败学习"理论框架

5.1.2 理论解释与假设推演

1. 差错学习导向与失败学习

根据情感事件理论,个体首先会评估工作事件并表现出特定的情感反应。例如,当员工认为自己的差错对其他人产生了负面影响时,他们会感到内疚,而当这些事件伤害了他们的社会形象时,他们会感到羞愧(Bohns and Flynn, 2013)。这种事后的认知评价受到个体长期或稳定认知的影响。在项目失败的背景下,差错学习导向会使个体重新获取对差错所传递的潜在价值的感知,这将影响他们在经历失败后对失败事件的评估,进而预测随后的情绪和行为反应（Van Dyck et al.，2005）。

差错学习导向水平越高的个体，越有可能意识到差错的潜在价值，因此他们对职业生涯中项目失败的认知也就越积极。他们会将失败视为一种机会，而不是一种耻辱的经历或无能的象征（Mathieu et al.，2005）。因此，他们不会盲目地沉溺于失败后的负面情绪，而是更容易接受失败（Ashforth and Kreiner，2002），努力调整自己的状态或探索其他潜在的解决方案。相比之下，对于差错学习导向水平较低的个体而言，由于他们对差错或失败的消极认知，失败更容易被评价为其工作的阻碍（Shepherd and Cardon，2009）。因此，他们会表现出一系列的负面反应，如否认失败的事实（Blau，2006，2007）。此外，差错学习导向水平较高的员工在项目失败后会拥有更多的心理资本，他们认为过去的失败是他们职业生涯中的一个挑战，可以通过努力来解决（Jenkins，Wiklund，and Brundin，2014）。因此，他们会更有信心应对项目失败，并愿意花时间和精力试图探索失败的原因和解决方案（Jenkins，Wiklund，and Brundin，2014）。相反，差错学习导向水平较低的个体心理更脆弱（例如，失败后，他们可能会觉得自己不适合这份工作）（Amundson，1994），因此，他们更有可能沉浸在消极的悲痛中。因此提出以下假设：

假设 5-1：差错学习导向与积极悲痛正相关。

情感事件理论认为，特定事件引发的情绪会影响个体随后的行为（Weiss and Cropanzano，1996），对于项目失败所产生的情绪是阻碍或增强从失败中学习的最重要因素之一（Zhao and Olivera，2006；Shepherd and Cardon，2009）。虽然先前研究表明，负面情绪对失败学习可能会产生不利影响，但学者们已经开始关注负面情绪的有利结果（Bohns and Flynn，2013）。积极悲痛是悲痛情绪的光明一面，它有助于帮助员工从以前的项目失败中学习（Blau，2006，2007，2008）。Blau 认为，积极悲痛表现为两个方面：接纳（接受失败的事实）和探索（渴望探索有希望的机会和新的可能性）。接受失败的事实将帮助个体将他们的注意力从沉浸在负面事件中转移到反思该事件中（Ellard et al.，2017）。个体可以逐渐认识到失败的现实，不再害怕失败或逃避失败（Blau，2007）。而且，一旦个体沉浸在以前的失败中，他们就没有足够的认知资源来处理失败中嵌入的信息，从而无法从中学到有用的知识（Shepherd，2003）。

具有积极悲痛的个体会表现出更多的建设性行为，如探索失败项目的解决方案和未来工作的可能性。他们会增加与其他个体的交流（Blau，2007）。在与同事讨论失败的过程中，员工会获得更多关于失败的帮助和反馈，从而提高他们从失败中学习的效率。此外，探究失败的原因和潜在的解决方案可以使员工从失败的项目中获得更多有用的信息（Boer et al.，2014）。通过总结经验，员工可以更好地了解工作事件，这有助于员工从失败中学习更多。因此提出以下假设：

假设5-2：积极悲痛与失败学习正相关。

综上所述，基于情感事件理论，差错学习导向会使个体将失败视为有价值的事件，并促使其产生失败后的积极悲痛情绪，进一步增强其后续的学习行为（Weiss and Cropanzano，1996）。本研究提出，积极悲痛在差错学习导向与员工失败学习之间的关系中起到中介作用。因此提出以下假设：

假设5-3：积极悲痛在差错学习导向与失败学习的正相关关系中起中介作用。

那么，除了情绪因素在学习过程中的重要作用，是否有稳定的个人因素同样会作用于失败学习过程呢？为了深入探究中国文化情境下的学习影响因素，我们将中国人特有的"面子"融入本研究。面子在东方文化中起着至关重要的作用，被定义为"一个人的尊严、自尊、社会关怀感和在他人面前履行社会义务的能力"（Bedford and Hwang，2003）。丢面子会使个体感到羞愧，损害个体的自尊，损害群体中的人际和谐（Goffman，1955）。因此，害怕丢面子（Fear of Face Loss）的个体对与他们的声誉和社会形象密切相关的工作事件更加敏感，他们会表现出更多的回避行为来保护自己（Zane and Yeh，2002；Miller and Roloff，2007）。

由于项目失败会损害员工在社会生活中的声誉，本研究认为，即使害怕丢面子的个体能够意识到失败的潜在价值，他们也不能以积极悲痛来应对这些负面事件。原因如下：第一，由于面子与个体的社会地位和社会形象密切相关（Ho，1991），害怕丢面子的个体会更加注重自尊和声誉。因此，他们很难接受可能会损害其社会形象的项目失败。第二，对损失面子的恐惧可能会使个体在项目失败后更加焦虑（Zhang, Tian, and Grigoriou, 2011），进而影响个体对失败事件的认知评估。所以，失败导致的消极悲痛会被放大（Roseman and Evdokas, 2004），这也阻碍了他们在失败后对自身状态的调整。因此，即使他们相信失败有潜在的价值，他们也很难接受失败。第三，在东方文化中，面子会极大地影响个体的人际行为（Sue and Morishima, 1982）。更具体地说，害怕丢面子的员工会在处理人际关系上投入更多的资源（Zane and Yeh, 2002），以保持和增强失败后的面子，这分散了探究失败原因和解决方案的精力（Lemer and Keltner, 2001）。第四，失败后积极的应对意味着不确定性和巨大的风险。因此，为了避免丢脸或挽回面子，个体可能会表现得更加被动。相反，不怕丢面子的人在项目失败后可能会更有信心。因此提出以下假设：

假设5-4：害怕丢面子会负向调节差错学习导向和积极悲痛之间的正相关关系，当害怕丢面子程度较高时，这种关系会更弱。

2. 学习目标导向与失败学习

根据目标导向理论，一个人的学习目标导向将对该个体的行为产生积极影响（Cury et al., 2006）。以学习目标为导向的个体，主要关注与学习和任务相关的行为过程。具有较高学习目标导向的个体认为，他们可以通过学习来提高能力。有了坚持不懈的努力，任何人都可以解决并克服困难，发展自己的能力，并在未来的工作中取得更好的成绩。他们对自己能力的提升更感兴趣，而不是担心失败的不利影响（Zweig and Webster, 2004）。因此，具有较高学习目标导向的个体更有可能在失败事件发生后继续学习，继续努力工作，总结经验以进一步发展自己的能力并取得未来的进步。

学习目标导向将影响人们对事件反馈的理解（Nisan and Mordecai, 1972）。具有较高学习目标导向的个体认为反馈是有用的，因为它可以提供有关事件的信息（Dweck, 1999）。了解这些信息并从中学习，可以使将来的任务更有效地完成（Dahling and Ruppel, 2016）。对于具有较高学习目标导向的个体，负反馈（如项目失败）被视为挑战，并提供了激励信息（Dweck，1999）。即如果能从中学到东西，就能使自己变得更好。当具有较高学习目标导向的个体收到负面反馈时，他们会继续努力寻找解决方案。总体而言，拥有较高学习目标导向的个体将失败视为发展自我的机会，遇到失败事件时，他们会尝试从中学习（Levy, Kaplan, and Patrick, 2004）。因此提出以下假设：

假设5-5：学习目标导向与失败学习正相关。

如前文所述，根据目标导向理论，具有学习目标导向的个体可以产生负面情绪的应对导向以应对失败事件带来的负面情绪。本研究通过添加个体应对失败带来负面情绪的应对导向来进一步阐释个体的学习过程。目标导向理论认为，个体的目标导向会激发动力，进而影响行为反应（Dweck, 1999）。因此，作为稳定的行为导向，个体的学习目标导向将在失败发生后影响个体的应对响应（例如，恢复或损失导向，即以情绪或事件为中心的应对策略）。

恢复导向是指抑制损失的感觉并积极应对因损失产生的次要压力源（Shepherd et al., 2011）。具有强烈学习目标导向的个体会更加注意能力的发展。他们愿意努力实现具有挑战性的目标，拥有强大的内部动力和自主权，并积极寻找在未来工作环境中学习和创造的机会（Van Yperen, 2003）。恢复导向的重点是通过将注意力从失败事件转移到其他目标，从而从负面事件中恢复（Shepherd et al., 2011）。员工倾向于避免诸如项目失败之类的主要压力源，而通过"清理项目失败所造成的负面影响"来应对次要压力源（Stroebe and Schut, 1999）。Seijts等（2006）发现，具有较高学习目标导向的人会收集其他信息，以获取提高他们能力的信息。除了项目失败的负面影响，它还带来了挑战性的任务要求和后续工作任务，为员工提供了后续学习目标和任务（Shepherd et al., 2011）。因此，由失败引起的衍生问题成为学习的重要来源，从失败中汲取的经验教训可以成为个人知识和技能发展的重要来源（Stroebe and Schut, 1999）。因此，具有较高学习目标导向的个体可以将注意力从失败事件中转移出来，并积极参与外部事件的处理（如跟进具有挑战性的任务和工作），即采取恢复导向。

另外，具有较高学习目标导向的个体对可能会帮助他们的信息非常敏感（Dahling and Ruppel，2016）。他们通常认为"能力可以改变"，认为可以通过不断学习与失败相关的各种事件来增强能力，因此他们通常对自己的能力有自信心。他们渴望增强内部动力（Dweck and Leggett，1988），以学习失败带来的一系列具有挑战性的事件，然后提高他们的能力。由失败引起的衍生问题也将被视为一种学习方法（Dahling and Ruppel，2016），可以加强对失败的经验学习，从而提高个人能力。这将促使个人转向解决衍生问题，并继续关注失败事件带来的"次要压力源"，即采取恢复导向。

除了恢复导向，另一种负面情绪应对导向——损失导向是指处理损失的各个方面（Shepherd et al.，2011）。一些具有损失导向的个体将失败视为重要的学习资源。从失败中学习知识、技能和经验，将有助于个人提高处理类似任务的能力（Dweek，1986）。学习目标导向水平较高的个体重视能力的可塑性，他们相信可以通过努力来改变事件的发展方向并提高自己的能力（Dweck，1999）。因此，他们更加关注失败，并倾向于在处理失败事件上投入更多的精力，例如探索失败的原因并抑制由失败引起的负面情绪（Dweck and Leggett，1988）。当具有较高学习目标导向的员工处理工作问题时，经常使用任务参与策略，这意味着积极参与问题处理，以满足工作角色的需求。当他们经历失败时，他们会沉浸在事件中（Vandewalle and Cron，2001），也就是说，采取损失导向。

另外，失败事件通常会带来负面情绪，而这些负面情绪会使个人避免未来的失败（Iyer，Schmader，and Lickel，2007）。具有较高学习目标导向的个体将负面反馈视为生活中进步的机会。他们充满信心地面对负面反馈，忽略失败带来的负面情绪，并通过自我调节来削弱负面情绪的影响（Dweck and Leggett，1988）。他们调查失败的原因，并尝试确定出了什么问题。在这种情况下，他们对可以帮助他们发展的信息很敏感（Dahling and Ruppel，2016）。尽管失败事件表明个体在某种程度上缺乏能力，但它也使个体意识到失败事件中包含的有价值的信息（Vandewalle and Cron，2001）。与其将失败视为打击，不如将其视为学习新技能的机会。他们将探索失败的原因，搜索并总结相关信息以实现个人发展，从而加强他们的损失导向（Dahling and Ruppel，2016）。因此提出以下假设：

假设5-6：具有较高学习目标导向的个体，在面对项目失败时会采取恢复导向或损失导向来应对失败。

下面探究个体负面情绪应对导向和从失败中学习的具体联系。从东方文化角度出发，中国文化通常会注意"面子"，这是东方文化的独特特征，通常被解释为是对人的尊重（"给面子"），并确保不会冒犯他人（使他们"丢脸"）（Smith and David，2012）。这是一个人传达给他人的积极的公众形象（Ting-Toomey，1994）。诸如外部刺激事件之类的因素会增加个人维持"面子"的动机，然后做出相应的行为反应（Zhu，1987）。当面对负面事件（即失败事件）时，个体沉浸在一系列负面影响中，会影响他们对"面子"的维持，并增加他们害怕别人会看不起自己的恐惧心理（William and Jiang，2006）。实施恢复导向可以帮助人们将注意力从负面事件转移开来，减轻由故障引起的负面影响，从而为员工提供有关故障的新信息和克服故障的新视角（Shepherd et al.，2011）。

正如Yamakawa和Cardon（2015）所指，个体在实施恢复导向时，通常会通过多个环节来产生学习行为，例如扫描（即选择性地关注并收集有关失败的重要信息）和解释（处理扫描的信息以便于理解）。恢复导向的两个方面交织在一起：主动恢复（主动解决由故障引起的衍生问题）和回避恢复（将注意力从故障转移开）（Shepherd et al.，2011）。在主动解决由故障引起的一系列问题时，个体可以获得有关故障的信息，这有利于信息扫描（Cope，2011）。使用恢复导向时，个体将摆脱失败的负面影响（如负面情绪），增强信息处理能力，并促进对失败事件的解释（Shepherd et al.，2011）。每个环节都可以帮助个体将注意力转移到失败以外的事件上，更多地关注失败带来的一系列挑战，这将减少因担心失去"面子"而引起的负面情绪。通过扫描和解释故障及后续事件，个体可以增强他们构建故障含义的能力，这有助于个人更好地理解故障并从中学习（Shepherd and Cardon，2009）。

将视角转移到损失导向和失败学习的关系中。Shepherd等（2011）发现损失导向包括两个维度：自我维度（关注失败过程并调查失败的原因）和他人维度（涉及与外部世界进行沟通并发现失败的原因）。在自我维度中，失败后采取损失导向的个体将更加关注失败及其原因（Shepherd et al., 2011）。尽管他们也将面临失败所导致的悲痛和自卑之类的负面情绪，但他们不会无意识地陷入消极的思想之中无法摆脱。他们能够快速打破不良情绪与失败之间的关系，并在反思失败时可以过渡到稳定的情绪。通过探究失败的原因，员工可以深入了解失败，对失败项目中的差错或局限有更好的理解，并做出客观的归因。在损失导向的他人维度中，失败后采取失败倾向的个体，倾向于与朋友和家人谈论他们对项目失败的感受，并通过向他人征求意见来找出失败的原因（Shepherd et al., 2011）。这有助于他们探索并接受失败的原因，增强他们的信心，并使他们做好相应的调整以改善其现状的准备，所有这些都帮助他们从失败中学习。

研究故障的原因及其解决方案将使个体意识到故障的潜在价值，并帮助他们整合相关且有用的信息。采取损失导向的个体，倾向于将失败视为提高技能和发展自我的机会。这种导向将有助于个体对失败进行积极的认知评估，并鼓励他们从失败中学习。人们无论采取正确的归因措施还是进行认知评估，都可以保持自己的正面形象或社会地位（Tjosvold, Yu, and Hui, 2004），这是他们进行后续学习的有效途径。因此提出以下假设：

假设5-7：采取恢复导向和损失导向均有利于从失败中学习。

最后，我们来看情绪在行为发生中的重要作用。个体在失败后会经历一些负面情绪（如内疚、愤怒和羞愧），这些情绪会增强或削弱学习行为（Carver and Scheier, 1990; Zhao and Olivera, 2006）。Dolan（2002）和Phelps（2006）认为，情绪将在学习过程中发挥重要作用，并且会在失败发生后对认知和行为产生影响。如前文所述，积极悲痛被证明对个体行为产生重要作用。积极悲痛的个体会接受失败的事实，帮助他们将注意力转移到失败事件上（Ellard et al., 2017）。具有较高恢复导向的个体善于处理有关故障的外部或衍生信息，并更多地关注其他目标（Shepherd et al., 2011）。因此，他们可以进一步增强从失败事件外部学习的动力。此外，积极悲痛水平较高的个体不怕失败，并且容易摆脱负面影响（Blau, 2007）。从资源的角度来看，他们将拥有更多的认知资源来处理外部或衍生信息（Shepherd, 2003）。有更多积极悲痛的个体会表现出更多的建设性行为，例如与同事沟通以总结失败的经验和教训，这将有助于他们更早地投资于下一个项目任务（Blau，2007）。这些好处将帮助具有恢复导向的个体增强他们的学习行为。

相比之下，具有损失导向的个体通常会更多地关注有关失败事件的信息。他们倾向于探索失败的原因，并不断搜索有关失败的信息。在探索时，积极悲痛情绪较高的个体通常对未来抱有乐观的态度，并更多地关注未来的任务和工作机会（Blau，2007）。因此，对于这些人而言，他们将更多的认知资源投入失败以外的事件，对失败的关注会减少。这将削弱这些人从失败中学习的动力，进一步削弱应对导向与从失败中学习之间的关系。从积极悲痛所产生的探索和接纳两个行为的角度来看，通过积极探索，个体将减少对失败的过度关注，并开始将失败视为"正常事件"，这会削弱从失败事件中学习的动力（Ellard et al.，2017）；接纳现实将帮助个体将注意力从专注于负面事件转移到反思事件的重要性。因此提出以下假设：

假设5-8a：积极悲痛正向调节了恢复导向和从失败中学习之间的关系，即当积极悲痛程度较高时，这种关系会更强。

假设5-8b：积极悲痛负向调节了损失导向与从失败中学习之间的关系，即当积极悲痛程度较高时，这种关系会更弱。

5.1.3 总结与讨论

1. 理论意义

本研究将两种学习导向作为研究对象，通过结合中国管理文化背景，旨在探讨差错学习导向与学习目标导向对失败学习的不同效果，弥补了先前研究中对深层次的学习导向对失败学习行为研究的匮乏状况。以往的学者大多关注失败后的认知反应，但对于关于差错/失败的稳定心态的影响，人们所知较少（Zhao and Olivera，2006；Shepherd and Cardon，2009）。本研究超越了先前研究，并表明个体对差错所带来的潜在价值的稳定感知所产生的差错学习导向与由个体内在的目标追求产生的学习目标导向，将预测他们在经历失败时的学习行为。同时，本研究探讨了积极悲痛在差错学习导向与失败学习之间的中介作用。尽管Shepherd（2003）将悲痛引入从失败中学习的文献，但进一步检验和发展假设的证据有限。本研究表明，差错学习导向水平较高的员工在项目失败后会表现出更积极的悲痛，而这又加强了随后的失败学习行为。因此，本研究为失败背景下的悲痛提供了理论依据，揭示了其光明的一面。之前的大多数研究认为负面情绪（如悲痛）会抑制个体的学习行为。例如，Nolen-Hoeksema 等（1994）认为失败导致的悲痛是学习的困难障碍。然而，最近的研究开始关注负面情绪的积极一面，也就是积极悲痛。

此外，本研究也抓住了个体的个人因素——害怕丢面子的调节作用。根据情感事件理论，认知和情绪之间的关系会因个体而异。本研究结果显示，个人因素，如害怕丢面子，会削弱差错学习导向与失败后积极悲痛之间的关系。事实上，在以往的研究中已经检验了从失败中学习的各种边界条件变量（Weiss and Cropanzano, 1996）。然而，学者们主要关注的是自我调节行为（如情绪调节）、情绪相关的个人特质（如情绪稳定性）和情境变量（如差错管理文化）。最近，有学者呼吁更多地关注失败事件后的自我意识情绪（如内疚、羞愧和尴尬）（Bohns and Flynn, 2013），学者们开始探索嵌入人际关系中的复杂情绪反应。个体失败后的行为或情绪会受到他人真实或感知的反应的影响。在现有研究中，不害怕丢面子的员工不关心其他人对自己失败的负面反应，而害怕丢面子的员工对其他人的反应更敏感。虽然"面子"一词源于东方文化，但对社会形象的关注普遍存在于其他文化中。因此，本研究为今后探索失败学习过程中的边界条件提供了新的方向。

另外，根据目标导向理论，个人的行为导向将直接或间接影响个人的行为，本研究的相关结论同样对已有的对深层次个体变量研究的不足进行了弥补。同时，同样基于中国文化背景，本研究探索了个体负面情绪应对导向对失败学习的机制（即恢复导向和损失导向的中介作用）。以往大多数关于个体应对导向的研究都是在西方国家进行的，本研究基于中国文化加深了该变量的应用背景的理解。本研究认为这两种应对导向都可以增强学习行为。具有学习目标导向的个人通常对所有与任务相关的信息都很敏感，并认为"一切都可以用以学习"，因此他们通常同时采用恢复导向和损失导向，以便从不同角度获得学习资源。从中国"面子"文化的独特视角来看，失败的发生将对个人的声誉和外部形象产生负面影响。采用恢复导向不仅可以避免因项目失败而引起的负面情绪，还可以通过将目标转移到新的工作任务或与失败相关的衍生问题上，使个人从失败的阴影中解放出来。这样，个人可以在很大程度上维持自己的社交形象。而且，从外部获取的更多认知资源会促使个人积极地从失败中学习。此外，在失败之后，采取损失导向可以帮助个人专注于失败经验的总结，并采取一些建设性的行为来帮助他们从失败中学习。

此外，失败后的情绪反应会影响个人的行为反应，本研究把积极悲痛的运用情景转移到对行为产生的调节机制上。作为消极事件发生后的一种正常情绪，很少有学者使用它作为调节变量来研究其对个体行为机制及其前因变量的影响。本研究进一步扩大了积极悲痛的研究领域，对个体采取不同的应对导向进行了不同的影响机制的探究。

2. 实践意义

本研究不仅具有很强的理论意义，更具有中国企业管理的实践意义。对于团队领导和管理者，应该进行有效的差错管理。例如，建立学习氛围和差错管理文化，可以通过专业的知识讲座或者员工经验交流会等形式进行差错管理文化的宣传与培养，这将有利于员工积累应对失败事件发生所产生的负面情绪的相关经验，从而更高效且迅速地从失败中学习。通过这样做，员工会对项目失败的发生抱以一种更积极的心态，认为失败事件的发生是具有价值的，从而增强失败后的学习行为。此外，差错管理还有助于提高失败的容忍度，能够让员工明白并不是所有的项目都会成功，在现代的商业环境中，失败是普遍且可以接受的。与此同时，组织也需要团队负责人和管理人员采用激励措施来鼓励员工提高自我综合能力，无论是提高基本专业技能还是心理状态建设，都可以围绕激励员工学习目标导向来进行，并帮助员工从失败中学习。团队可以通过总结失败经验，使得员工更好地了解项目的相关工作，从而使得员工从失败中学习到更多有益于自身进步和团队发展的知识与经验。从中国文化的角度来看，领导者要积极引导员工进行正确的归因措施和认知评估，促使其保持正面形象或社会地位，为员工进行后续学习提供有效的心理支撑。

对于员工而言，本研究提出了以下建议。第一，员工对面子损失的关注，会影响对失败的态度。所以员工应当尽力克服因失败事件而产生的对丢面子的畏惧心理，培养自己以一种积极的心态去面对失败，将目光由关注项目失败后对其社会形象的损害，转向更理性、更积极地应对失败上。第二，对于个人来说，他们应该对项目失败有一个全面的理解，而不是陷入自我怀疑和互相指责的恶性循环。他们可以通过与同事沟通以总结失败的经验和教训，更快地将目光转向下一个项目任务。第三，个体需要积极采取不同的负面情绪应对导向，结合自身特点来应对学习。员工应拥有较高水平的学习目标导向，将失败视为发展自我的机会，遇到失败事件时，勇于尝试、从中学习。第四，员工还需要客观对待失败所带来的悲痛情绪，尽管其会对失败学习产生影响，但是对于采取不同行为导向的个体而言，这种影响可能是不同的。对于差错学习导向水平较低的员工，要积极调整自己，不要使自己长期沉浸在消极的悲痛中，更不要盲目认为是自己不适合这份工作才导致项目失败，要善于与团队成员和领导进行沟通并寻求解决之道，不要将失败视为自己职业生涯的打击，而是将其作为学习新技能的机会，积极探索失败的原因，总结相关信息以实现个人发展。当然，这需要管理者和员工的配合，管理者应创造良好的管理氛围来维系管理者与员工之间的良性互动，共同探究失败的原因和潜在的解决方案，为员工从失败的项目中获得更多有用的信息提供可能。

5.2 掌控回避目标导向与失败学习

5.2.1 引言

个体的行为反映了他们身后的动机。解读员工的行为动机，能够更好地理解员工在失败后的心理和行为。作为目标导向理论的延伸，成就目标理论被认为是当前解读员工动机的经典理论，也是社会认知模式在成就动机理论研究中的具体表现。

成就动机的研究最早源于教育情境中，后来被拓展到企业管理领域。关于成就目标的含义，众多研究者有过不同的阐述。20 世纪 80 年代，Dweck 和 Elliott（1983）认为成就目标是员工在成就活动中体现出的一种认知表征，是"对认知过程的计划，它具有认知的、情感的和行为的结果"。基于这个概念，后续不少学者对成就动机的定义提出了自己的观点，大部分学者一致认为"能力"（Competence）是成就目标理论的核心概念（Elliott and McGregor,

2011）。这为我们进一步解读失败学习的前因变量提供了新的研究框架。本研究采用张承芬等在 2004 年发表的综述文章中的概念，认为成就目标就是"个体对从事某一任务的目的或原因的认知，及其完成任务的信念，它具有动机、认知、情感和行为等特征"。这一定义同时包含了成就目标的目的性和动机性。

个体的成就行为有着不同的目的或目标（Dweck，1986）。而不同的成就目标下，个体所具备的认知、情感和行为特征是不同的，这对个体的成就也会产生不同的影响（Dweck，1986）。早期研究将成就目标进行了简单的二维划分。Dweck 最早于 1986 年提出绩效目标（Performance Goal）和学习目标（Learning Goal）这一结构；Elliott 和 Dweck（1988）把成就目标区分为学习目标和业绩目标；Nichols（1984）提出自我卷入目标（Ego Involved Goals）和任务卷入目标（Task Involved Goals）这两种划分。尽管在表述上各有不同，但这些构念在本质上是相似的。Ames（1992）提出学习目标和任务卷入目标都可以用掌控目标（Mastery Goal）进行概括；而自我卷入目标可以用绩效目标概括，因此形成了成就目标二分法框架。掌控目标强调学习、掌控这一目标导向，关注于自身能力和任务本身；而绩效目标追求高绩效、证明自我能力这一导向，重点是通过与他人的比较获得较高的评价，避免对自身能力的不利评价（刘海燕、邓淑红、郭德俊，2003）。掌控目标是以自身或任务本身为参照，而绩效目标则以他人为参照。

在二分法的基础上，以 Elliott（1997）为代表的学者针对绩效目标引入了"趋近—回避"维度，从而得出掌控目标、绩效趋近目标（Performance-approach Goal）和绩效回避目标（Performance-avoidance Goal），自此形成成就目标三分法。其中，绩效趋近强调通过比他人更优秀来证明自身能力，获得较好的评价；绩效回避重点关注不比别人表现得更差，避免在他人面前显露自己的无能，从而避免获得负面评价。之后的研究中，Pintrich 和 Elliott（2000）提出"趋近—回避"导向也可以引入掌控目标，形成掌控趋近目标（Mastery-approach Goal）和掌控回避目标（Mastery-avoidance Goal）两个维度，从而形成了 2×2 的成就目标理论框架（见图 5-2）。

能力的界定

	绝对/内在能力	标准能力
正向（力求成功）	掌控趋近目标	绩效趋近目标
负向（避免失败）	掌控回避目标	绩效回避目标

能力的取向

图 5-2　成就目标的 2×2 框架

就掌控目标导向已有的研究来看，掌控目标能够激发个体的内在兴趣和动力。Dweck 和 Leggett（1988）认为，在掌控目标下，个体对于任务的关注会激发其了解并精通业务的内在兴趣，促使他们积极投入工作，从而引导个体提高学习能力、获取相关技能，并且利用信息反馈来不断改进。此外，掌控模式下的员工更愿意接受具有挑战性和高难度的工作（Coelho and Augusto，2010）。总结已有研究，掌控目标导向能够引导个体积极主动地获得知识与技能（马君等，2015），形成较为完备的认知结构和深层次的应对挑战策略（Elliot，2001），因此对于个体的学习能力具有较强的促进作用。而就掌控回避目标导向来看，Elliott（2005）指出，掌控回避关注于"避免自我参照和任务参照上的无能"。也就是说，拥有掌控回避的个体会避免展现自己内在或绝对能力上的欠缺，避免那些完不成预期的任务，避免失去自身已有的知识技能（Elliott，2001）。总的来讲，在掌控回避的情境中，"无能"是自我关注和监管的重点。掌控回避既有消极的一面，也有积极的一面：它综合了回避导向的部分消极因素和掌控目标的部分积极因素。一方面，个体容易回避任务、寻找捷径，例如公司员工在面对某个不熟悉的新业务时，可能因为害怕犯错而不愿参与；另一方面，个体也会因为较高的自我标准，尽力通过努力来实现更好的成绩。从掌控回避目标导向的作用来看，其与失败学习很可能存在一种曲线关系。近年来,很多心理学领域的实证研究指出,有多种心理因素与个体行为存在 U 形或倒 U 形关系,即积极(消极)效应持续增长至一个临界点,然后转向消极(积极)效应(Wang and Song, 2013; Grant and Schwartz, 2011),如著名的"过犹不及"理论(Too-Much-of-a-Good-Thing Effect)。那么,就失败学习来看,掌控回避目标导向是否也会对其产生曲线效应呢?为了弥补现有研究的不足,本研究分析个体成就目标框架下的掌控回避目标导向与失败学习之间的复杂关系及其影响因素,剖析个体在不同水平掌控回避下如何有效展开失败学习的过程,以及在"悲痛"和"稳定归因"两个调节变量的影响下发生何种变化,探寻提升个体失败学习能力和成效的有效路径。

5.2.2 理论解释与假设推演

1. 掌控回避目标导向与失败学习

根据前文综述,掌控回避目标导向既具有掌控目标导向的积极作用,也具有回避导向的消极作用。因此,其对失败学习的影响也会随着自身程度增减产生复杂变化。掌控回避目标导向对个体失败学习行为的影响作用,可根据成就目标理论进行解释。个体的目标导向反映了其具有的认知、情感、动机、行为等特征,而个体如何理解失败的目的和原因,决定了他们失败后学习行为的表现。持有掌控回避的个体有较强的自我参照和任务参照导向,他们的动机倾向大都比较消极,适应性和自我调节能力较差;此外,他们对自我有高标准的要求和完美主义倾向,持续关注于保持自身能力水平,避免受到上级与同事的苛责(Dweck and Elliott, 1983)。

在掌控回避水平的一定范围内,个体在失败后,自尊心受到严重威胁,这种威胁会导致自我焦虑和羞愧感,使个体采取保守的自我保护策略,害怕暴露自己的弱点,从而回避冒险,对于那些不能理解、不能掌控的任务持有强烈的抗拒心态,拒绝面对类似的任务,拒绝接受相关信息的反馈,产生追求安全的逃避心理,来掩饰自己能力上的不足。从而,个体也会回避失败后的某些努力。同时,他们对于所获得的信息资料仅停留在表层加工处理的程度,难以坚持持续性的学习,习惯寻求捷径来完成其他任务(Dweck and Elliott, 1983)。因此,随着掌控回避目标导向的加强,个体的失败学习行为会减少。

由于工作场合的特殊性，相似的项目或工作事件总会再次发生。当掌控回避程度超过一定水平后（如个体能够"自欺欺人"的临界点），由于恐惧再次失败，加之高标准的自我要求，会驱使个体不得不采取努力行为。同时，自我参照或任务参照的导向也会为个体指明不足之处，将失败事件的消极反馈看作对自己能力的诊断，从而引导个体获取新的知识。此外，掌控回避目标导向的个体虽然大部分情况偏向消极与保守策略，但他们也具有内在兴趣和激励的动机，能够察觉防止下一次失败的最好办法就是提升自己内在或绝对的能力（刘海燕、邓淑红、郭德俊，2003）。因此，在这一区间，随着掌控回避目标导向的加强，促使个体追求成就、避免失败，个体的失败学习行为也会不断强化。因此提出以下假设：

假设5-9：个体的掌控回避目标导向程度与失败学习行为呈曲线（U形）关系。

2. 悲痛的调节作用

组织学习理论指出，消极情绪可以激发个体的搜索、学习和自适应行为（Cyert and March，1963；Kiesler and Sproull，1982；Morrison and Robinson，1997）。Shepherd（2003）通过研究发现，悲痛情绪对失败学习行为也有复杂的作用。在掌控回避目标导向与失败学习的关系中，个体失败后的认知、情感会受到悲痛的强烈影响。所以本研究引入悲痛作为调节变量。

个体在失败后的悲痛程度也反映了他对该项目的重视程度（Shepherd，Covin，and Kuratko，2003）。情感转移理论（Affective Shift Theory）指出，消极情绪会介入个体的信息处理过程，而该过程正是个体学习行为的关键环节（Mathews，May，and Mogg，1990）。同时，消极情绪也潜在地暗示了个体出现问题的区域（也就是产生消极情绪的对象），促使个体将注意力集中在问题模块上，从而采取措施（Clore，1992）。当悲痛程度较高时，对于非常重视却失败的项目，个体感到难以释怀，承受过多的悲痛情绪并深陷其中，难以走出失败的阴影（Counselor，2014）；并且，高度的悲痛情绪还会激发个体去了解与项目失败有关的信息（Cyert，1963）。

在掌控回避水平的一定范围内，个体承受的逃避倾向、恐惧感和消极特质会受到悲痛情绪的影响而加剧。一方面，员工深陷情绪本身之中无法自拔，难以将注意力聚焦于失败所传递的信息反馈上；同时剧烈的情绪反应会让个体更加羞于展示自身的不足，强化自我保护倾向，追求保守安全（Nolen-Hoeksema and Morrow，1991）。先前的研究就已指出，高度的悲痛情绪会导致员工产生"有害"的反应，如压力激增、工作马虎、行为粗暴、人际关系紧张等，从而逃避责任和义务。另一方面，个体的信息检索和搜寻受到严重阻碍，对其信息处理过程产生不利影响。此时，个体掌控回避目标导向中回避倾向被加剧，失败学习行为会更快下滑（Gladstein and Reilly，1985）。

掌控回避超过一定水平后，在个体主动学习过程中，悲痛情绪有利于提高员工信息处理水平，促使个体在信息处理过程中进入分析模式（Analytic Mode），提高个体信息浏览和处理的速度（Cacioppo, Gardner, and Berntson, 1999），关注那些微妙的细节，使个体更容易发现失败的原因，从而判断下一步应采取何种对策（Ronald et al.，2011）。同时，注意力聚焦也能向员工暗示先前失败的问题所在，增强掌控回避对个体自我诊断的作用，增强他们的内在动机。此外，Shepherd 在其 2014 年的实证研究中指出，消极情绪会激发个体一种"意会的努力"（Sense-making Efforts），在主观的潜意识层面采取积极的策略。综上，在这一区间，悲痛能够强化掌控回避目标导向中的掌控作用，使得个体失败学习的行为更快上升。

当悲痛程度较低时，个体的情绪作用较弱，对项目重视程度较低，注意力容易分散在其他事物上，这时掌控回避目标导向与失败学习的关系较弱，甚至没有什么关系。因此，悲痛正向调节掌控回避目标导向与失败学习的关系。因此提出以下假设：

假设 5-10：悲痛在掌控回避目标导向与失败学习的 U 形关系中起到正向调节作用。也就是说，当个体悲痛程度较高时，掌控回避目标导向与失败学习的 U 形关系比个体悲痛程度较低时更强。

3. 稳定归因的调节作用

稳定归因对于掌控回避与失败学习关系的影响，源于个体在该归因模式下对失败的看法和期望，这能够影响个体失败后的认知、努力程度、情绪和成就行为，是一把"双刃剑"。当个体归因于稳定因素时，反映了在某种程度上失败这一情况与个体的预期是一致的（Russell, McAuley, and Tarico, 1987; Lau and Dan, 1980），即导致失败的因素是稳定存在的，使得个体在失败之前就有一定程度的预测，能够清楚了解失败的原因。在掌控回避目标导向水平的一定范围内，个体的逃避倾向被强化。个体认为以自我或任务参照而认同的失败原因是自己内在或外界难以改变的因素，引起他们对于不可控因素的畏惧，从而固化他们不自信、羞愧、焦虑的心理状态，拒绝面对类似的情形，行为表现趋向消沉，更不会主动从失败中寻觅经验（Mikulincer, 1988）。同时，稳定归因还会降低他们的自我效能感和希望感，产生"后续失败还会重蹈覆辙"的想法；更甚者，归因于稳定因素可能会驱使个体采取无效的应对策略，难以发现如何在失败经历中学习（Coffee and Rees, 2008；郭振芳，2007; Jacobs, Woolfson, and Hunter, 2016）。

而当掌控回避超过一定程度时，个体为避免再次犯错而主动学习，稳定归因下的员工事先会有一定程度的预测，因此情绪和认知不会发生剧烈波动，能够平稳地采取相对积极的应对方法（Nikbin, 2014）。更重要的是，稳定归因使个体清晰地认识到失败的原因，因此他们能够迅速定位到需要改进的地方，从而使注意力更加聚焦于吸取教训的学习行为上。这会使他们的自学技巧得到前所未有的提高（Marilena, 2016）。因此，在这种情况下（即掌控回避目标导向水平较高时），稳定归因程度较高时，掌控回避目标导向与失败学习的关系会得到强化。

而当个体将失败归因于临时性因素时，失败项目偏离他们的心理预期。个体会认为此次失败只是"运气不好，下一次不会如此糟糕"（正如部分学者所言，"能力是恒定的，运气却是变幻莫测的"），从而产生侥幸心理，但也会因此有一定的自责意识和内疚感（认为是自己不够努力、未尽到责任导致的）。有趣的是，Nikbin（2014）在其实证研究中发现，项目的客户群体在感知到失败原因为临时性因素时，往往会对项目成员更加宽容，这会加剧成员的侥幸心理，也会缓解自我标准较高的掌控回避个体的羞愧感。此外，还有一些研究检测到个体的自我管理能力在不稳定归因情况下更弱，这些因素都会使个体承受较小的压力。在这样的综合作用下，掌控回避目标导向与失败学习之间的关系会被削弱。因此提出以下假设：

假设 5-11：稳定归因在掌控回避目标导向与失败学习的 U 形关系中起到正向调节作用。也就是说，当个体将项目失败归因于稳定性因素时，掌控回避目标导向与失败学习的 U 形关系比归因于临时性因素时更强。

本研究以掌控回避目标导向作为自变量，失败学习作为因变量，悲痛和稳定归因作为调节变量，构建了如图 5-3 所示的理论模型。

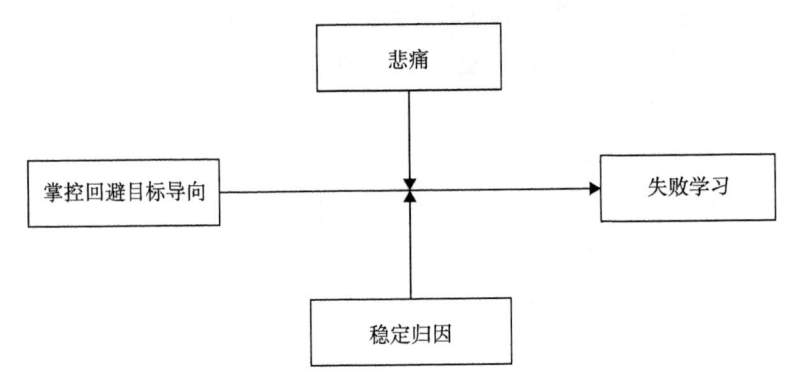

图 5-3　"掌控回避目标导向—失败学习"理论框架

5.2.3　总结与讨论

1. 理论意义

本研究关注于个体从失败中学习的影响因素，详细探讨了掌控回避目标导向与失败学习的 U 形关系，以及悲痛情绪和稳定归因模式的调节作用。具体的结果讨论主要体现在以下几个方面。

（1）掌控回避目标导向与个体失败后的学习行为呈 U 形关系。掌控回避目标导向是目前研究较少的一个成就目标导向维度，其特别之处在于个体面对失败会同时表现出掌控目标导向和回避导向。在此之前，Carmeli 等（2009）的研究就已指出，心理安全感会影响失败学习行为；Yamakawa（2010）也认为个体内在动机会促使他们面对失败及更有效地学习。内在动机与心理安全感都是掌控回避的重要构念，本研究的结果不仅间接验证了他们的结论，还更进一步以动态的观点探索了掌控回避目标导向与失败学习的关系。当掌控回避目标导向处于一定范围内，个体会因为其内在的逃避倾向而拒绝面对失败，并采取"不求无功但求无过"的策略。此时，掌控回避目标导向与失败学习是负相关的；但超过一定程度后，身处工作环境的个体就会清晰地认识到问题所在，采取努力行为进行主动学习，这时掌控回避目标导向与失败学习正相关。这一观点也进一步完善了 Weiner（1985）提出的成就目标 2×2 理论框架，揭示了掌控回避的复杂功能。

（2）悲痛的调节作用。个体在失败后难免会产生剧烈或消极的情绪反应，而掌控回避目标导向水平也与员工情绪状况密切相关。Shepherd 等人在多年的研究中持续揭示了消极情绪的作用不一定总是负面的，也有可能带来正向的作用。本研究详细探讨了悲痛情绪作为调节变量的干预机制，丰富了已有的研究。在个体掌控回避目标导向水平处于一定范围内时，高度悲痛会强化个体的逃避与抗拒倾向；而在掌控回避目标导向超过一定程度时，高度悲痛又会促进个体的掌控导向，提升学习效果。这种调节效应要比较弱程度的悲痛更加明显和强烈。因而，个体如何在失败后的不同阶段管理自己的情绪显得尤为重要。

（3）稳定归因的调节作用。已有研究认为归因模式与个体的行为动机、情感认知、失败后的行为表现密切相关。基于此，本研究认为稳定归因对掌控回避目标导向和失败学习的 U 形关系可能会产生调节效应。稳定归因模式使得个体对后续期望、情绪、行为有较强的影响（刘孟琪，2018）。当个体将某项任务成功归因于稳定因素时，如果他感知自我能力很强，自然会认为自己在后续类似的情境中能够继续成功；若个体将某项任务失败归因于稳定因素，且自己能力很差，那么他会预期自己在以后类似的任务中将继续失败（史卫燕，2009）。这与先前学者对此的研究结论保持了一致。

2. 实践意义

本研究为失败管理实践提供了实践意义。对于个体来说，掌控回避目标导向与失败学习的关系并非会随着时间维度的变化而变化，个体有可能一直处于恐惧、逃避的状态，所以失败后个体应尽快走出阴霾，进入学习效果提升的阶段。一方面，企业员工需要培养清晰的自我认知，主动强化自己的掌控目标导向，削减回避倾向，在发生困难与问题时有意识地进行问题分析，拒绝避而不谈；另一方面，员工要认识到，具有较高的掌控回避目标导向并不是软弱的表现，而是有着较高的自我标准和任务标准，应充分发挥这一优势、建立自信心，在失败项目中寻找新的成功机会。员工要增强自我适应性和自我调节能力，正确看待对自我高标准的要求和完美主义倾向，持续地保持或提升自身能力水平，通过自身价值的实现来避免受到上级与同事的苛责，并要正确看待内心滋生的悲痛情绪，积极将悲痛情绪转化为寻求解决途径的主观意愿，为从失败中学习提供心理支撑。

对于团队或组织来说，在商业环境中，团队或组织成员失败后的恢复速度和行为表现对企业来说至关重要，是弥补失误、抢占市场的关键环节。因此，团队和组织应在日常工作中培养员工对失败的正确认知，引导他们进行主动、积极的思考，对于产生逃避倾向的员工要尽早发现并引导，可以通过他人帮带、领导谈心等方式，促使他们尽快发挥出潜在的动机与兴趣，推动学习行为。此外，应在管理上强化成员的组织承诺，提高成员的归属感和责任心，使成员认同组织与团队目标，即使遭遇失败，也要努力去弥补和发展。失败经验比成功经验更具有学习价值，组织也要正视总结失败经验的重要性，带领项目成员分析失败原因，最后寻找并实施能够防止失败再次发生的应对方案。团队也要正确引导员工对待悲痛情绪的态度，使其在面对失败时能够采取信息处理的分析模式，从而提高员工浏览和处理信息的速度，并让员工关注那些在项目中容易忽视的重要细节，促使他们更容易发现失败的原因，从而判断下一步应采取何种对策。

5.3 项目承诺与失败学习

5.3.1 引言

过去的研究发现，个人特质和经历对个体失败后的行为有比较大的影响。例如，Boss 和 Sims（2008）发现自我领导能够帮助个体走向康复。Shepherd 等（2011）发现，项目失败和负面情绪应对导向与从项目失败中学习具有正相关关系。然而，很少有实证研究关注情感纽带（即承诺感），也就是员工与其目标（Mowday, Steers, and Porter, 1979; Klein et al., 1999）、项目和组织（Dvir, Kass, and Shamir, 2004）之间的心理联系。就目前的研究而言，员工与项目之间的情感纽带——"项目承诺"是指一个人对项目目标和价值的信念，以及参与项目并成为项目成员的愿望（Mowday, Steers, and Porter,

1979）。以往的实证研究表明，高承诺水平的个体会表现出更积极主动的行为（Feather and Rauter, 2004），并为实现自己的目标、项目和组织的成功而奋斗（Dvir, Kass, and Shamir, 2004; Hoegl, Weinkauf, and Gemuenden, 2004）。本研究认为在项目失败后（即没有达到项目目标），具有较高项目承诺水平的员工在未来会采取一系列措施来实现项目目标，避免再次失败，如从失败中学习。但是，目前还没有研究探讨项目承诺与失败学习之间的关系。因此，本研究将添加可能影响这一过程的边界条件，探究项目承诺与失败学习之间的具体联系。

此外，有学者提出情绪和认知可能在人类行为中发挥重要作用（Dolan, 2002）。虽然各种组织理论都关注个体的认知维度，但认知理论认为人在学习过程中是一个没有情感的行为者。甚至有学者认为，情绪与个人理性之间存在负相关关系，从而对学习产生不利影响（Simpson and Marshall, 2010）。Zhao 和 Olivera（2006）首先提出了一个差错报告框架（即失败事件），描述失败后个体的反应，包括检测、情况评估和行为反应。在检测阶段，人们通常会分析失败的原因；在情况评估阶段，人们会产生情绪。然而，以往的实证研究通常分别考察情感和认知在失败学习过程中的作用，但很少有研究将它们结合在一个单独的研究中。

为了进一步解释人们何时表现出失败后的学习行为，本研究开发了理论模型，将情感和认知因素作为边界变量（见图 5-4），从资源的角度（Quinn, Spreitzer, and Lam, 2012）来进一步解释失败事件后个体的行为反应，探究情感（如羞愧感）和认知（如个人控制）对资源分配策略的影响。下文将对这个理论框架进行具体说明。

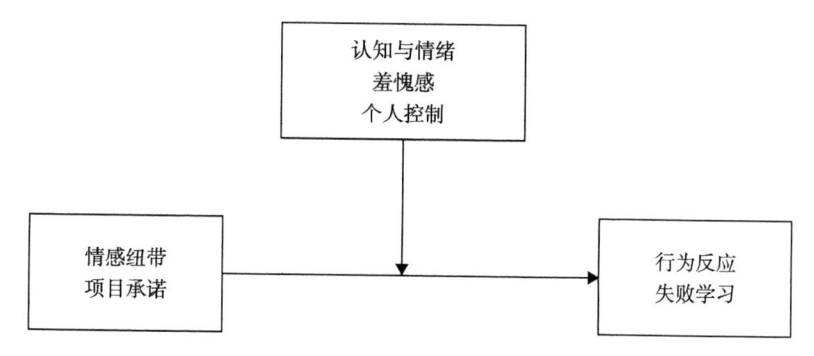

图 5-4 "项目承诺—失败学习"理论框架

5.3.2 理论解释与假设推演

1. 项目承诺的概念

项目承诺这一概念缘起于组织承诺，与组织承诺具有密切联系。组织承诺研究始于美国社会学家 Becker（1960），他把组织承诺看作员工随着对组织投入的增加而不得不继续留在该组织的一种心理现象。它反映了雇员和组织之间的一种心理契约。Becker（1960）认为"承诺"是促使人类持续职业行为的心理机制；Buchanan（1974）认为"承诺"是个人对某一实体的一种情感的意向。不同的研究者往往从不同的角度来理解承诺，但基本上都把承诺解释为一种忠诚的表现，用来测量留任的意愿。由于组织承诺在大量的研究中被发现能稳定地预测员工的离职和缺勤等行为，因此受到了研究者越来越多的关注。而项目承诺首先被定义为"对项目的目标和价值观的认同，愿意从事这个项目，并具有维护项目的欲望"（Mowday, Steers, and Porter, 1979）。

但是针对项目承诺的具体定义，学界仍未统一。有代表性的观点主要有三种：①"交换"观点。这种观点基于社会交换理论与公平理论，完全以报偿—成本的功利性来探讨组织承诺。这种观点认为，员工会主动将自己从组织中获得的报酬与自己对组织的贡献进行对比，如果报酬大于或与自己的贡献相匹配，就会具有更高的承诺感，而当自己的贡献不能与获得的报酬相匹配时，就会有更低的承诺感。②"心理"观点。这种观点受到需求满足理论及双因素理论的启发，强调从激励和自我实现来探讨组织承诺。认为组织承诺是成员对组织有积极的、高度正面的倾向，包括对组织目标与价值的认同，对工作活动高度的投入，以及对组织的忠诚。③"类型"观点。这种观点依据个体的行为模式，将组织承诺划分为持续承诺、内聚力承诺和控制承诺三类。学界针对组织承诺的具体定义仍未明晰，但是组织承诺很明显是一种对组织和个体有利的心理现象。下文针对项目承诺对失败学习的具体影响来进行说明。

2. 项目承诺与失败学习

具有更强项目承诺感，意味着团队成员会对实现项目目标有更强的责任感（MacDonald, 2000），因此，他们会主动采取广泛的措施来追求项目目标，如学习新技能、调整自己的行为等（Hoegl, Weinkauf, and Gemuenden,

2004）。另外，对于个体而言，失败可以提供有价值的信息（Corbett，Neck，and Detienne，2007），包括暴露自己在时间（如时间管理能力）、知识（如过时的行业知识）、决策（如资源配置）等能力上的弱点。因此，团队成员可以通过反思失败获得新的知识等（McGrath，2001；Shepherd et al.，2011）。而项目承诺水平较高的团队成员会有更强的动机去反思项目失败，并调整自己的行为来实现项目目标，实现更好的绩效。因此，他们会更加努力地从失败中学习。此外，现有的研究表明，高承诺度的个体更愿意为团队做出额外的贡献，如参加团体活动、分享知识，因为他们通常认为自己必须为团队贡献信息和知识（Jarvenpaa and Staples，2001）。因此，他们会积极参与知识管理和知识共享的团队活动（Hislop，2003）。通过这些活动，他们的学习和知识能力将得到发展，从而提高学习效率。此外，通过积极参与这些活动，互相分享项目经验，员工不仅可以积累自己亲身经历而得到的经验和知识，还可以受益于他人，从过去的项目失败中学习到更多（如找到适当的解决潜在问题的措施）（Johns，Herschel，and Moesel，2003；Yang，2007；Terzieva and Morabito，2016）。因此提出以下假设：

假设5-12：项目承诺可以促进团队成员的失败学习。

3. 情绪机制与失败学习

需厘清羞愧（Shame）与内疚（Guilt）两种常见相似的失败后情绪反应机制的不同。前面章节我们已经提到过，当个体认识到自己做了某种违背道德的、不正当的伤害他人的事情，并应该为之负责时，就会产生内疚这种不愉悦的、自我聚焦的情绪反应。内疚一般会促进补偿行为的出现。而羞愧是个体的不良行为违背了某种道德标准而体验到的不光彩的感受，羞愧常常使得个体出现回避行为。这两种情绪都是基于一定的道德水平产生的道德情绪。许多人际交往中的道德事件，都是这些情绪在起着助推作用。为了避免内疚和羞愧的出现，人们会规范自己的行为，做了违规行为后也会通过一定的行为措施来弥补伤害，这些都是内疚和羞愧的重要作用。

内疚和羞愧的情绪在日常生活中无处不在。它们能够帮助保持个人认同感（Hultberg，1988；Scheff，1988），作为一种社会控制的机制（Creighton，

1988），为处理压力或违规行为的自我惩罚提供了渠道（Lebra，1988）。与内疚相比，羞愧在中西方文化背景下还有不同的具体内涵。西方人和中国人在自我概念上的主要差异可能导致对羞愧产生不同的敏感性。与西方人相比，中国人的身份在很大程度上依赖于与其他人的关系。结果是，中国人对他人的行为所带来的个人羞愧更为敏感。当别人的行为侵犯了自己的身份感和秩序感时，就足以引起一种羞愧感。与西方的经验不同，儒家文化中的羞愧可以与道德联系在一起，尤其是未能履行积极的义务。对于中国人来说，保持自己在社会等级中的位置或身份是一种责任，它与道德信仰有关，因为社会等级是自然宇宙秩序的一部分。因此，中国文化下的员工更容易产生羞愧。前文已经谈及了内疚感与失败学习的紧密关系，那么，中国文化下的羞愧感是否会影响项目承诺和失败学习的影响过程呢？

正因为羞愧是一种"自我意识"的情绪，它会导致人们对当前情况和理想情况之间的偏差进行更多的自我评价（Tracy and Robins，2006）。Bohns 和 Flynn（2013）认为羞愧可能会让人们感到无能和不足。如上文所述，也有学者阐述了东西方对羞愧认知的差异（Bedford and Hwang，2003）。事实上，东方（儒家）文化中的羞愧与关系自我和道德有关，可以分为公开羞愧和私人羞愧；而西方文化中的羞愧只与个体自我有关（Bedford and Hwang，2003）。因此，在东方文化中，个体不仅关心自己的自我评价，还关心与自己密切相关的其他方面。换句话说，一个人的荣誉和耻辱是与他们为之效力的团队紧密联系在一起的。

如上文所述，具有高度项目承诺的个体与项目团队有很强的情感联系，他们总是关心团队的声誉。失败后的羞愧感增加了对他人对项目团队评价的敏感性，使个体感知到更多的项目失败造成的名誉损失。因此，他们会采取更有效的行动来改变别人对他们团队的态度（Elison and Partridge，2012），如反思、参加培训项目等，这可以让他们从失败中吸取更多的教训（Terzieva and Morabito，2016）。相比之下，羞愧感较低的个体对团队的负面评价不那么敏感。因此，即使他们有很高的项目承诺，他们也没有足够的动力去努力反思自己过去的项目经验，防止未来出现同样原因的失败。因此，对于羞愧感较低的个体来说，项目承诺在从失败中产生学习的有效性会较弱。因此提出以下假设：

假设 5-13：羞愧感调节了项目承诺与失败学习之间的正相关关系，当羞愧感越强时，这一关系会更强，反之更弱。

4. 归因模式与失败学习

根据归因理论，个体对与成就相关的事件有不同的归因模式。例如 Mantere 等（2013）首先运用叙事技巧来探究创业失败后组织利益相关者的心理过程，结果表明归因与自我辩护有关，而自我辩护会影响创业失败后的情绪恢复。个人控制（Personal Control）归因被认为是主要的归因模式之一，指的是对事件原因的感知可控性（Judge and Bono, 2001; Shepherd, 2003; Shepherd et al., 2009）。以往的研究表明，个人控制是个体随后的心理状态、认知和行为的重要前因（Person and Arnoult, 1985; McAuley et al., 1992）。当可控性较高的个体面对现实绩效与理想绩效之间的偏离时，他会认为绩效偏离的原因在自己的控制之下，可以被改变（Banai, Reisel, and Probst, 2004）。

Bura 和 Wood（1989）首次发现感知可控性与自我效能感的正相关关系。团队成员将失败归因于他们所控制的因素时，更有可能有更高水平的自我效能感来克服这些导致失败的原因（Bura and Wood, 1989; Martocchio and Dulebohn, 1994）。事实上，过去的研究表明，自我效能与学习效率正相关，从而强化了项目承诺与失败学习之间的关系（Hearrington, 2010）。此外，高感知可控性会让个体坚定地相信自己有能力避免失败（Judge and Bono, 2001），因此他们会把注意力放在自己身上，而不是寻求他人的帮助或避免过去的失败事件（Hutchinson et al., 2008）。Zhao 和 Olivera（2006）还提出，在检测阶段，对失败项目的分析决定了后续行为的方向或重点，而项目承诺决定了人们将投入的努力水平。例如，如果人们感到失败的原因超出了他们的控制，他们可能会选择寻求团队之外的帮助，而不是从自己身上学习。因此，他们会把更多的资源花在自己身上，包括时间、情感和认知资源。相反，个人可控性感知水平较低的个体，通常对项目失败持消极态度。他们认为为目标所做的努力是徒劳的，因此他们有更小的动力去努力（Litt, 1988）。即使团队成员有高水平的项目承诺，他们也可能认为失败是不可避免的，而不是采取

主动的行为,如根据过去的项目经验学习和调整自己的行为。因此提出以下假设:

假设5-14:个人控制调节了项目承诺与失败学习之间的正相关关系,当个人控制越强时,这一关系会更强,反之更弱。

5.3.3 总结与讨论

1. 理论意义

首先,以往的研究已经证明,从失败中学习有利于团队绩效(Cannon and Edmondson,2005)和创新(Tahirsylaj,2012),从而加速团队和个人的成长。因此,如何激励人们从失败中学习成为一个重要的话题。然而,关于从失败中学习的前因变量的研究却很少,本研究构建的理论模型弥补了先前研究的漏洞,成功地将项目承诺与从失败中学习联系起来,并揭示了具有较高项目承诺水平的员工失败学习的中间过程。此外,本研究还探讨了情感纽带与个体行为反应与失败学习的关系,并通过提供不同角度的变量丰富了失败学习的相关文献。

其次,本研究强调情绪和认知在学习过程中的调节作用,并在一个理论模型中对其进行共同研究。在当前模型中,归因决定了面对失败事件的方向和资源分配,而情感则是这一过程的"催化剂"。本研究的模型还扩展了Zhao和Olivera(2006)所提出的错误报告框架的使用。失败之后(错误也可以看作失败的类型),人们可以进行一系列选择,例如报告、学习和退出。但是,在做出行为反应之前,人们还会经历涉及认知和情感变量的两个阶段(Zhao and Olivera,2006)。与Zhao和Olivera(2006)的研究仅专注于错误报告不同,本研究将这种模型应用于分析失败学习的过程,为这一模型的使用提供了新的思路。

而且,当前的研究为羞愧感在失败后的学习过程中的积极作用提供了新的启示。以往的研究表明,羞愧感是与愤怒、排斥和逃避相关的消极情绪(McGregor and Elliot,2005),也是从失败中学习的消极因素(Cohen et al.,2011)。然而,Bohns和Flynn(2013)提出,消极情绪可能在产生"从失败中学习"时起积极作用，而目前尚无研究来检验这一命题。本研究的理论研究考察了羞愧感对项目承诺与失败学习之间关系的调节作用并增强了上述关系，这意味着羞愧感在东方文化中可以发挥积极作用。这一结果不仅丰富了原始理论，为先前的理论命题提供了进一步的理论支持，也为今后的研究提供了新的方向，并展示了情感的有趣方面，可供研究人员在不同的情况下进行探索。

2. 实践意义

本研究对管理实践也有不少建议。项目承诺和从失败中学习之间具有紧密联系，这意味着管理者应该为员工提供各种形式的支持（如员工援助计划、团队活动），以增强他们的归属感。此外，羞愧在某些情况下可以是一个积极的因素。因此，团队领导者不应该总是抑制失败后的负面情绪，他们应该引导团队成员通过情绪管理更有效地管理消极情绪。更重要的是，对于领导者来说，管理者可以培养组织的文化价值观，创造一个从失败中学习的友好环境。然而，值得注意的是，不恰当的措施可能会导致商业道德问题。团队要增强员工的集体荣誉感，使得员工不仅关心自己的自我评价，还关心与自己密切相关的其他方面，尤其是整个团队的评价，在团队遭受项目失败时，能够更好地利用羞愧感来促进失败学习。但过多的负面情绪可能会给员工带来伤害（Bohns and Flynn，2013），所以管理者在干预员工情绪时要谨慎。归因是从失败中学习的一个重要因素，个人控制可以加强项目承诺对从失败中学习的影响。因此，管理者应该帮助员工形成正确的归因模式，提高员工的个人控制感。管理者也可以通过授权来增加员工的自主权，并提供有效的培训来提升员工的能力，这有利于员工的个人控制感。团队要善于发现具有高承诺度的员工，为其创造条件，使其为团队做出额外的贡献，如参加团体活动、分享知识等，并且团队要善于促成成员之间的互相沟通，可以通过开展学习交流会的形式集中总结项目经验，让员工分享自己的经验和知识，使员工通过交流受益，从彼此的项目失败中学习到更多，为寻求适当的解决方案提供机会。

第6章 行为反应与失败学习

6.1 差错应对策略与失败学习

6.1.1 引言

近年来,"差错"(Error)(或称为差错/失误)的概念被越来越多的学者所提及。事实上,失败事件就是由一个或多个差错所导致的,而失败学习的核心也是能否及时准确地发现识别并高效解决这些差错。那么,员工如何应对差错?不同的差错应对方式,如何才能最大限度地转化为失败学习的动力?探讨差错应对在失败学习中的重要作用,可以为企业管理者和员工提供足够的差错应对经验,使之从失败中获益。在创业失败和失败学习领域的相关研究中,关于差错应对的理论最先由 Van Dyck 等(2005)提出,他们认为组织不可避免地会遭遇差错,并且差错有利有弊,而能够最小化差错中的负面效果并最大化正面效果的方式之一,便是进行主动的差错管理策略(Error Management Strategy)。相反地,若员工无法主动面对差错并积极解决,则是采取了与之对立的差错规避策略(Error Aversion Strategy)。基于 Van Dyck 等(2005)的研究结果,近年来不少学者将视角关注到了两种差错应对上,并研究了其对个体后续行为等的不同影响(如 Guchait et al.,2018;邓传军等,2017;杜鹏程、黄志强,2016)。然而,针对两种差错应对是否会对后续的失败学习行为产生影响的研究屈指可数,仅 Javed(2020)通过对位于巴基斯坦的服务业从业者进行的问卷调查进行实证分析,从组织层面上发现组织差错管理文化可以促进组织从失败中学习。关于员工个体的差错应对是否会影响后续学习效果，以及这一影响的具体机制又是如何，目前尚未可知，因此我们有必要深入探究差错管理策略/差错规避策略对员工失败学习的影响机制。

　　根据认知行为理论，个体对于事件的认知在事件与行为的发生中起到了重要的中间作用，因此对于失败带来的心理层面障碍，个体可以采取不同的应对态度以平衡后续行为的产生。对于参与研发的员工来说，项目失败不仅代表着团队的损失，也可能意味着个人的损失（如产生情感上的打击、形成情绪成本等）。员工参与研发不仅是出于个人利益，还包括对组织的情感承诺、个人成长和证明自己的需要。因此，由差错引起的项目失败必然会使员工产生悲痛等消极情绪。这种负面情绪会导致员工高估失败的负面结果并低估正面结果，进而影响员工从事件中学习的能力。而个体在应对差错及相关损失的过程中，悲痛等负面情绪会影响个体对损失信息的收集与理解，因此当个体采取不同方法应对差错时，必然要对负面情绪进行处理和恢复。关于悲痛的恢复理论强调了失败带来的悲痛情绪对于后续信息收集与处理的不利影响，并会降低从失败中的学习质量，不少学者基于这个逻辑探究了个体应对失败事件负面情绪的不同导向（Shepherd，2009；Shepherd and Cardon，2011；Shepherd et al.，2011；Shepherd，2003）。其中，依据 Shepherd 等（2011）的研究，按照个体失败后对悲痛情绪应对侧重的不同，将应对导向分为损失导向（一种事件应对策略，更侧重于关注失败事件本身并采取积极措施解决失败带来的损失）与恢复导向（一种情绪应对策略，更侧重于通过转移注意力以抑制失败带来的负面情绪）。作为一种情感调节导向，采取不同差错应对策略的员工所表现出的行为模式，是否会影响他们采取不同的导向以应对负面情绪？两种负面情绪应对导向又是否会对个体后续的学习行为产生不同的影响？国内外学者并未针对这些问题得出一致的结论。本研究决定将个体对悲痛情绪的应对方式纳入研究中，探讨这一变量在差错应对和失败学习之间重要的中介机制。

　　综上，本研究重点探讨了差错应对策略与失败学习的不同的相关关系。依据情感事件理论，加入了悲痛情绪应对导向的中介作用，探究采取不同差错应对策略的个体如何从悲痛中恢复，进而影响后续失败学习的行为。本研究联系中国实际，将先前学者提出观点的适用环境进一步扩展，通过选取来自北京的多家高新技术企业项目团队员工所填写的调查问卷进行数据实证检验，进一步发展并扩充了悲痛恢复理论的应用实际。本研究为既有文献研究做出贡献的同时，还可以为企业失败管理实践提供理论支持。

6.1.2 理论解释与假设推演

1. 概念界定与文献回顾

根据 Van Dyck 等（2005）的研究，差错管理与差错厌恶的差错应对行为方式具有不同的侧重点。采取差错管理策略的员工对差错施以更多的关注，并采取积极措施解决差错，弥补差错带来的负面影响，包括差错交流、差错学习、差错反思、差错胜任等维度；而差错厌恶策略通常表现为回避失败带来的负面影响，包括差错掩饰、差错压力等诸多回避行为。先前学者根据差错应对的不同表现研究了其对组织、个体、团队等诸多维度带来的不同影响，并发现差错管理策略通常能够带来诸如企业绩效提升、员工创新能力增强等积极效果（朱颖俊、白涛，2011；周晖、夏格、邓舒，2017），而差错厌恶策略则通常带来负面的结果，如降低员工创新绩效、员工离职意愿增强等（陈爱吾、熊洁、刘锦，2020；杜鹏程等，2015；陈阳阳等，2019）。因此，本研究猜想两种差错应对策略对于失败学习也存在正反两面的影响。

Shepherd（2003）基于悲痛恢复理论，最早提出了个体应对负面情绪的恢复方式。Shepherd 等（2011）将损失导向和恢复导向应用于探讨其对于个体失败学习的影响，并认为采取恢复导向不利于从失败中学习，而损失导向可以促进个体从失败中学习。然而，经过实证检验与分析，这一观点并未得到完全证实。国内相关学者也关注到了这两种个体应对悲痛情绪的应对导向，并探讨了其在个体失败学习过程中的重要作用。其中，于晓宇等（2018）将恢复导向和失败归因相联系，探讨了两者的交互作用对失败学习的不同影响。陈阳阳等（2019）通过对思维创业者的追究观测，结合质性研究方法，提出了恢复导向与损失导向在创业失败复原中对思维方式变化的重要作用。然而，个体在何种条件下会采取这些应对导向，以及不同的应对导向在中国环境下对失败学习的应用价值，仍未得到证实。基于情感事件理论，本研究构建了如图 6-1 所示的理论框架，探究情感恢复机制在差错应对行为与失败学习中的关键作用。

```
┌──────────────┐      ┌──────────────┐      ┌────────┐
│ 差错应对行为  │      │情绪应对导向/策略│      │        │
│ 差错管理策略  │─────→│ 恢复导向      │─────→│ 失败学习│
│ 差错厌恶策略  │      │ 损失导向      │      │        │
└──────────────┘      └──────────────┘      └────────┘
```

图 6-1　"差错应对行为—失败学习"理论框架

2. 差错应对策略与失败学习

差错厌恶策略是一种回避差错的方法，运用此方法的员工更关注并害怕差错带来的消极后果和负面的自我形象，以及其带来的有形成本（如降职、减薪等），因此更倾向于做出忽视并掩饰差错、维护自我正面形象等逃避行为（Edmondson，1999；Zhao and Olivera，2006）。这些行为增加了对员工在失败发生后处理差错的要求，进而会形成额外的关注压力。同时，它会阻碍员工对项目失败的识别、分析和思考的过程，因此不利于员工从失败中学习（Van Dyck et al.，2005）。

首先，采取差错厌恶策略时，员工对差错的掩盖和隐瞒减少了他们之间对差错的沟通与交流（Van Dyck，Frese，and Sonnentag，1998）。研究表明，对差错的开放式沟通能带来员工间的信息共享，从而帮助他们提出创造性的解决方案（Van Dyck and Frese，2005）。而对差错的隐瞒则会使他们的沟通过程受阻：一方面，会阻碍个体对差错内容与原因的识别，同时影响了对差错性质和影响的判断，员工无法获得与差错处理、自我改进相关的有效信息（Zhao and Olivera，2006），因此员工无法对失败进行有效的学习；另一方面，不愿意承认差错并和他人交流差错，会抑制员工对差错知识的沟通与分享（Edmondson，1999）。在这种情况下，员工无法获得周围人的帮助，这也减少了获得学习机会的可能性。

其次，采取差错厌恶策略会使得员工产生额外的认知需求并分散他们的注意力（Hockey，1996；Hollenbeck et al.，1995），这会使得员工投入差错学习的资源有所减少。失败发生后，采取差错厌恶策略的员工不仅需要处理差错，还需要应对由差错带来的负面自我形象，这会导致他们需要承担额外的要求和压力（Van Dyck and Frese，2005）。而工作中的高度压力会导致个体的专注力下降，从而会增加决策中差错的可能性（Hollenbeck et al.，1995）。因此，差错厌恶会使差错处理的过程变得低效，其中耗费的时间和注意力等资源不断增加,并且在分析处理差错过程中可能形成新的差错,不利于员工进行有效的失败学习。除此之外,承受来自差错的压力会使员工产生消极态度和高度的不安全感,进而会降低他们的自我效能感(Arenas, Tabernero, and Briones, 2006)。自我效能感会影响个体对差错报告的学习效益的感知,自我效能感较高的员工更能感受到学习带来的益处,他们也更愿意去应用所学以达到积极的绩效结果(Zhao and Olivera, 2006)。相反地,由于对自己能力的不自信(Bura, 1977),自我效能感较低的员工对从失败中学习的意愿更低(Arenas, Tabernero, and Briones, 2006)。因此提出以下假设:

假设6-1:差错厌恶策略与失败学习具有负相关关系。

差错管理策略是一种对差错采取积极主动行为的方法,包括发现、交流、分享、分析和纠正差错等(Van Dyck et al., 2005)。差错会带来积极和消极两种结果:积极结果指的是差错带来的学习和创新等长期收益;消极结果则是指它带来的损失。差错管理的目的是减少差错的消极结果,促进差错产生更多的积极结果(Van Dyck et al., 2005)。由于采取差错管理策略可能会给员工带来高度的主动性和探索意愿(Van Dyck et al., 2005),因此差错管理策略可能促进员工从失败中学习。

首先,差错管理策略有利于促进人际沟通,并将员工个体的认知资源集中分配于对差错的处理和学习(Van Dyck and Frese, 2005),进而提高学习的效率和质量。一方面,差错管理对差错的快速报告提供了差错相关的信息,并促使员工之间对差错进行沟通(Frese, 1995),这能够促进员工对差错的有效识别(Cannon and Edmondson, 2001),进而以更为经济且有效的方式展开学习,最大限度地避免个体认知资源的浪费。当具有不同知识背景和实践经验的员工分享观点并进行思考与讨论时,会对差错产生更具有创造性的想法(Cannon and Edmondson, 2001)。此外,开展关于差错的有效沟通,有利于员工共享差错知识。这种开放性的沟通,使个体不仅能够从自己的差错中获得经验,还能够从他人的失败中获得教训,因此可以促进员工相互学习(Van Dyck and Frese, 2005)。另一方面,采取差错管理策略的员工通常将差错处理视为工作的一部分(Dormann and Frese, 1994)。他们不需要通过隐藏差错或者责备他人来维护自我形象等,因此这极大地减少了失败发生后对差错所需额外投入的认知资源(Hockey, 1996; Hollenbeck et al., 1995),他们的注意力与时间等宝贵资源可以更多地集中于失败事件本身,这可以有效提高失败学习的效率和质量。

其次,采取差错管理策略的员工通常主动对差错进行探索与思考,从而发掘出更多的新知识与新方法(Van Dyck et al., 2005; Dorma and Frese, 1994)。一方面,对差错的有效处理会使得个体对未知领域进行探索(Frese, 1995)。差错的发生会使员工处于一种新的问题环境中,这会促使他们主动寻找解决问题的新思路。在这一过程中采取的差错管理策略具有高度的容错性,这有利于员工通过不断试错,增加对环境和差错事件的理解(Dorma and Frese, 1994),同时提出创造性的解决方案,进而从失败中学习新知识、开拓新方法(Fichers, Frese, and Mertins, 2018)。另一方面,对差错的探索还可能促进员工进行反事实思考(Counterfactual Thinking)(Van Dyck et al., 2005),即通过提出尚未发生的差错来从中吸取教训,或者提出替代方案以达到自我改进的目的。这些经验和思考能够产生新的知识,进而带来更好的学习效果。因此提出以下假设:

假设6-2:差错管理策略与失败学习具有正相关关系。

3. 情绪应对导向与失败学习

恢复导向是指个体应对由失败所导致的悲痛情绪的一种方式,它强调抑制损失的感受,并且主动面对因损失而产生的次要压力来源(Stroebe and Schut, 1999)。恢复导向包含两个维度:一是回避主要压力源,即转移注意力,回避失败和导致失败的事件;二是主动处理次要压力源,即解决失败事件以外的其他问题(Shepherd, Patzelt, and Wolfe, 2011)。恢复导向关注的是个体的情绪处理,这种情绪处理是通过分散注意力、抑制悲痛情绪实现的。由于悲痛等负面情绪给个体带来了额外的压力与负担,这会对员工形成认知资源消耗,干扰员工的信息处理(Stroebe and Schut, 2001; Shepherd, 2003),这些都不利于员工从失败中学习。而恢复导向能够抑制悲痛情绪,减少悲痛情绪对个体形成的资源消耗,因此本研究认为恢复导向有利于失败学习。

首先，采取恢复导向的员工会主动回避主要压力源（即导致失败的事件本身），这有利于抑制他们的负面情绪，从而减少失败事件形成的干扰（Shepherd，2003），使得员工更有精力从失败中学习。员工在受到负面情绪干扰时，难以从失败事件中获得反馈并修正原有知识、决策和假设等（Shepherd, Patzelt, and Wolfe, 2011; Shepherd, 2003），这导致个体学习的能力下降。而通过转移注意力，个体与损失相关的记忆会逐渐消失，从而加速员工从悲痛情绪中恢复（Shepherd，2003）。这释放了悲痛情绪所占用的心理资源，使员工有更多的时间和精力应对失败事件，这使得员工信息处理能力提高，促进了其对失败事件的合理解释及从失败中学习的过程。

其次，采取恢复导向意味着积极应对次要压力源（即失败以外的事件），这能够帮助员工适应新的生活和任务（Shepherd，2003）、增加积极情绪，从而达到持续学习的效果（Stroebe and Schut, 2001）。主动关注员工生活的其他方面，如处理日常生活、学习新的任务等，不仅能够转移对失败造成的损失的思考，还能维持重建生活或工作各方面所必需的基本活动（Archer, 1999）。主动接受新任务、投入新工作，能够促使员工适应环境的变化，调整自己对于环境、自我的认知（Stroebe and Schut, 1999），而对环境和自我更准确的认知能够使个体更客观、全面地看待失败并从中学习。同时，对失败以外事件的处理会使得失败造成的负面结果不再那么突出（Shepherd, Patzelt, and Wolfe, 2011），同时对这部分问题的解决能够增加个体的自我效能感，给员工带来信心，增加员工的积极情绪，从而增强员工学习的动机，促进员工进行持续的学习（Stroebe and Schut, 2001）。因此提出以下假设：

假设6-3：恢复导向（情绪恢复策略）与失败学习具有正相关关系。

损失导向指的是关注失败事件本身，通过处理损失的各个方面，打破与损失对象的情感纽带（Shepherd, Patzelt, and Wolfe, 2011）。损失导向包含两个维度：自我维度（关注失败过程并调查失败原因）和他人维度（与外部世界沟通以发现失败原因）（Shepherd et al., 2011）。因为损失导向直面失败及导致失败的事件，这有助于对失败过程提出合理的解释，并增加对失败事件的理解，从而促进失败学习。

从损失导向的自我维度看，采取损失导向的员工会积极主动地探索失败的原因，这为从失败中学习提供了机会（Shepherd, Patzelt, and Wolfe, 2011）。一方面，在为失败寻找合理解释的过程中，个体需要比较原有计划和实际表现之间的差异；而这种差异作为一种反馈，提供了关于差错的重要信息，从而对员工修正信念、确定自己失败的具体原因，以及明确自己接下来的工作有着重要作用（Shepherd, Patzelt, and Wolfe, 2011）。这能够让员工认识到需要对知识、方法进行改变和更新（Shepherd, Patzelt, and Wolfe, 2011），引导他们提高学习的灵活性，从而提高学习能力并更好地接纳新知识。另一方面，在面对、探索损失的过程中，员工能从失败事件中找寻新的意义，对失败进行新的意义构建，从而增强学习动机。在处理失败及其相关事件的过程中，员工构建了对失败的完整叙述，这能够重新构建失败的意义（Archer, 1999）。员工不仅意识到失败给自身带来的损失，还给失败赋予了积极的意义，如失败反馈了重要信息、迫使个体做出改变等，这种积极的重新评价维持了员工进行应对的持续努力（Stroebe and Schut, 2001）。采取损失导向的个体会将失败视为提高技能和发展自己的机会（Tjosvold, Yu, and Hui, 2004）。当项目工作能够满足员工对自主性、能力的需求时，员工就更倾向于参与工作（Shepherd, 2009）。因此，当员工意识到失败能给自身带来积极影响时，从失败中探索、学习的意愿会增强。

此外，从损失导向的他人维度看，采取损失导向的员工倾向于向朋友和家人倾诉自己对项目失败的感受，并通过征求他人意见来寻找失败的原因（Shepherd, 2003）。这种情绪披露能够缓解个体对失败的羞愧感和内疚感，使员工更积极地看待自己（Derlega et al., 1993）。这不仅增强了员工的自信心和韧性，使员工在面对困难时能够重新努力并获得成功（Luthans et al., 2007）；也增加了员工的学习动机（Luthans et al., 2007），使员工对失败事件有更强烈的学习意愿。同时，对失败事件进行分享，使得员工对该事件进行反复思考，这有利于提高个体的认知水平（Finkenauer and Rimé, 1998），并促进员工探索和接受失败的原因，并做出相应的调整和改善（Rybowiak, Garst, and Batinic, 1999），进而促使他们从失败中吸取经验和教训。因此提出以下假设：

假设6-4：损失导向（事件应对策略）与失败学习具有正相关关系。

4. 差错应对策略与情绪应对导向

前文已述，差错管理策略是对差错进行主动的处理和探索的过程，这会使员工关注失败事件本身，也就是更有可能采取损失导向的情绪应对方法。差错管理策略包括分析和思考导致失败的事件和失败所造成的结果，这就使得员工必须关注失败事件本身并积极处理失败所带来的损失，将注意力更多地分配给处理关于失败事件的信息的活动（Weick，1990）。同时，差错管理策略区分了差错本身及差错所带来的负面结果，关注差错带来的长期收益，如学习与创新等（Van Dyck et al.，2005）。因此，采取差错管理策略的员工会对失败表现出高度的探索意愿，对导致失败发生的环境与事件进行反思（Shepherd，2003），积极主动地探索失败的原因并从中进行学习。同时，采取差错管理策略的员工会通过采取损失导向来切断个体与损失之间的情感纽带，从而更有效地处理差错，并使差错所带来的消极结果最小化。除了采取损失导向，采取差错管理策略的员工为了降低负面情绪对认知的干扰，也可能采取恢复导向（Weick，1990）。一方面，对差错本身的思考可能会导致更多的负面情绪，而采取关注情绪的恢复导向可以加速自身的情绪恢复，提高自己的信息处理能力和注意力（Shepherd，2003）。另一方面，差错管理策略专注于对差错后果的处理，为了达到这一目的，一些员工可能会采取恢复导向，以调整对自我和环境的观念，进而适应环境的变化（Stroebe and Schut，1999），这有助于员工更为全面且客观地分析失败事件，同时能够更有效地处理失败带来的负面结果。

而采取差错厌恶策略的员工，因为害怕差错带来的负面结果而回避、忽视差错，甚至掩饰差错以维护自我形象（Edmondson，1999；Zhao and Olivera，2006），这使得员工更倾向于采取更关注情感恢复的恢复导向以应对失败带来的负面情绪的消极影响。采取差错厌恶策略的个体通常会对导致失败的差错持有负面评价，这会增加差错所带来的压力，不利于个体从失败的悲痛中恢复，甚至有可能危害个体的身心健康（Stroebe and Schut，1999）。并且，因为员工需要通过隐藏差错或责备他人来应对负面的自我形象，这会带来额外的认知负担,从而导致额外的消极情绪反应,如极度焦虑、不安等(Stroebe and Schut, 1999)。因此,采取恢复导向可以通过转移注意力等方法,实现情绪恢复和压力缓解。而采取差错厌恶策略的员工对差错通常抱有消极态度,这会降低员工的自信心(Arenas, Tabernero, and Briones, 2006),此时员工倾向于回避他们认为超出自身应对能力的威胁情况(Bura, 1977),而选择回避差错的员工很难将注意力和精力聚焦到差错本身,也更难以接受失败带来的诸多损失,因此他们难以选择采取损失导向来主动关注并处理失败事件(Shepherd et al., 2011)。因此提出以下假设:

假设6-5:采取差错管理策略的员工可能同时采取恢复导向与损失导向应对失败带来的负面情绪。

假设6-6:采取差错厌恶策略的员工更倾向于采取恢复导向而不会采取损失导向应对失败带来的负面情绪。

5. 情绪应对导向的中介作用

综上所述,本研究认为情绪应对导向在差错应对策略与失败学习的关系中发挥了中介作用。采取不同差错应对策略的员工,在应对失败带来的负面情绪时,可能会使用不同的情感恢复策略。采取差错管理策略的员工,一方面通过损失导向的方法,投入个体认知资源到差错本身,从而深化自己对失败的理解并主动对失败进行探索,为从失败中学习提供机会;另一方面则通过恢复导向的方法,抑制负面情绪对个体的干扰与消耗,适应环境的变化,从而增加积极情绪并提高学习的效率。采取差错厌恶策略的员工,虽然会因为难以直面并回避失败,减少沟通交流、降低探索和学习意愿而不利于失败学习,但是他们如果能主动恢复悲痛情绪,降低负面认知带来的压力,也就是采取更适合于自身行为方式的恢复导向,通过转移注意力、处理失败以外的事件等行为减少负面情绪干扰、增加积极情绪,反而提高持续学习的意愿并增加从失败中学习的效率。这意味着恢复导向在差错厌恶策略与失败学习的关系中发挥着特殊的中介作用,也就是主效应与间接效应方向相反的遮掩作用(Suppression Effect)。因此提出以下假设:

假设6-7:损失导向和恢复导向在差错管理策略与失败学习的关系中同时起

到中介作用。

假设6-8：恢复导向在差错厌恶策略与失败学习的关系中起到中介作用，并且在其中发挥了遮掩作用，使得采取差错厌恶策略的个体能够通过采取恢复导向促进失败学习。

综上所述，本研究构建了如图6-2所示的具体研究框架。

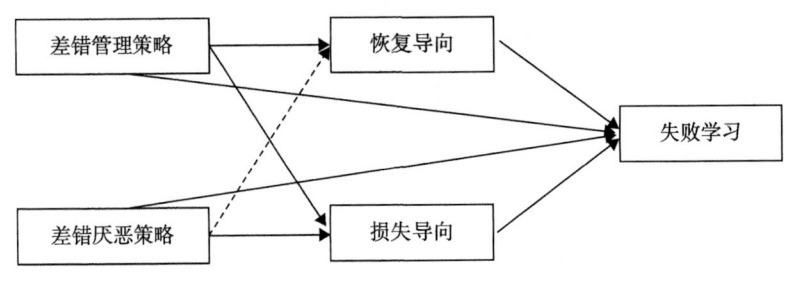

图6-2　"差错应对行为—失败学习"具体研究框架

6.1.3　总结与讨论

1. 理论贡献

首先，本研究弥补了先前文献过少关注个体失败后行为反应对后续失败学习的影响因素的不足。在个体层面上，现有文献更多地关注到了个体的稳定特质因素（如黑暗人格等）或情感与认知层面的变量（如情绪成本与认知偏差等）。然而，国内目前仍然缺乏从个体行为的角度探究其对失败学习的影响机制。从差错应对的角度看，仅 Javed 等（2020）从组织的层面探讨了组织差错管理对组织失败学习的影响。本研究通过对差错应对的两个角度进行分类探讨，得出了个体层面差错应对对失败学习的不同影响机制，丰富了"行为模式—失败学习"的理论路径。

其次，本研究结合了认知行为理论与悲痛恢复理论，将差错应对行为与负面情绪应对导向进行关联，探析了负面情绪应对导向在差错应对与失败学习过程中可能存在的重要影响，同时拓展了悲痛恢复理论的适用范围。先前学者大多将悲痛应对导向作为个体变量影响失败学习过程的调节变量，研究其在这一过程中发挥的重要的边界作用。国内学者通过构建理论模型将其引入个体失败学习的心理活动，但是并未从数据或实证的角度加以证实。不同于 Shepherd 等（2011）基于西方文化环境的设想，本研究基于中国背景，认为两种负面情绪应对导向可能同时发挥着正向的促进作用。这也为后续学者提供了新的思路，可以从案例分析的定量角度进行进一步的证实。

最后，本研究所得出的结论打破了原有对差错厌恶策略的理论认知。国内外学者针对差错厌恶策略，不管从组织层面抑或是个体层面，均提出其对组织或个体具有不利影响。然而，本研究提出假设并证实了可能遮掩这一影响的中介变量。虽然从直接效应上看，个体采取差错厌恶策略不利于失败学习，然而差错厌恶策略与恢复导向具有相似性，若能够从情感修复的角度对自身负面情绪加以抑制，反而能发挥出积极的间接作用。这一设想同时得到了数据的支持，也为后续学者提供了新的思路：是否还存在其他的遮掩变量，能够使得差错厌恶策略发挥出正面效果，值得进一步探索。

2. 实践意义

本研究的结果对管理者和组织有重要的实践意义。尽管失败学习已经备受企业家和学者关注，以往研究也探究了失败所带来的情绪反应，但是并没有指出员工如何通过处理情绪反应来促进从失败中学习。

首先，采取差错管理策略对员工的失败学习有促进作用。因此组织可以建设正视失败、直面失败的组织文化，鼓励员工采取差错管理策略。打破"奖励成功，惩罚失败"的制度与文化，增加员工对工作的安全感，并鼓励员工就差错进行积极的沟通与分享。

其次，采取差错厌恶策略的员工，可以通过采取恢复导向来减少负面情绪的干扰，促进情绪恢复，从而提高学习意愿和学习效率。建设积极应对失败的文化是一个长期的过程，在文化建设的初期，员工可能仍然害怕并回避失败。此时，管理者应该通过分配新的任务、进行人事调整等方式，转移员工的注意力，同时对员工进行培训，使员工获得新技能、发展新能力。通过这些方式，管理者可以积极引导员工采取恢复导向的情绪应对方法来降低负面情绪对个体注意力的干扰、增加积极情绪，使员工更愿意面对失败并从失败中获取经验。在差错管理文化建设的发展与完成阶段，管理者应该视具体情况，引导员工采取损失导向和恢复导向，进一步提高处理失败事件、从失败中学习的效率。当员工情绪反应不强烈时，管理者可以鼓励员工对差错进行反思和讨论，使他们深化对失败事件的理解。当员工的情绪反应较强烈，进而影响了他们的认知和行动时，管理者可以通过其他任务转移员工的注意力，对员工进行新技能的培训，缓解员工的情绪压力，并增加员工的适应能力。

最后，可以针对不同性质的岗位招聘不同类型的员工，或者是有针对性地进行个体应对策略的培训。对研发人员等任务失败概率较高的岗位，可以招聘采取差错管理策略的员工，从而提高员工的研发效率、降低管理成本。对研发人员或销售人员等容易面对失败的员工，也可以进行情绪应对策略的培训，从而提高员工在不同情境下采用不同情绪应对策略的灵活性和能力。

6.2 中国文化因素与失败学习

6.2.1 引言

前面几章，我们着重从个体的心理、情绪、特质等角度阐述了影响失败学习的诸多机制。先前论述大多基于西方学者的已有研究，结论也大多基于西方学者的已有研究得出。然而，近年来，基于东方文化背景的"中国式管理"已经成为众多中国学者甚至西方学者研究的理论框架。因此，本研究将背景转移至东方文化，从多个视角切入，探究中国特有管理文化或心理特质等因素对组织或个体失败学习的重要影响机制。

我们需要了解中国文化与中国式管理之间的联系。中国工程院院士、著名管理学家刘人怀，对中国管理学背景下的传统文化脉络做出了如下阐释。尽管中国传统文化的众多特征早在商朝就已经基本定型，但由于深受儒、道、法、释等各个不同学派的影响，中国传统文化成分繁杂且含义交叠，使得人们对其独特基因的概括还存在着分歧。例如，郭济兴提出天人合一、以人为本和"民本"思想、和合文化是中国传统文化最为重要的三个特点。黄小军则认为中国传统文化的最本质特征可概括为三点：天人合一的宇宙观、君权至上的政治思想和以孝为核心的伦理观念。纪宝成强调中国传统思想具有八大精髓：大一统思想、民本思想、和谐思想、仁义理念、自强精神、中庸之德、"修齐治平"思想与"小康大同"思想。本研究根据我国传统哲人的经典著作（如《论语》《大学》《道德经》《韩非子》等），结合众多研究中国传统文化的重点文献，将中国传统文化的独有特征总结为核心概念与具体应用结构两个层面。天人合一、王权神授、祖先崇拜与阴阳思想（含金木水火土五行结构），以及道，都是中国传统文化最为核心的概念或基因。而且这些结构相互影响，形成复杂的共生关系。由这些核心思想引申出的第二层核心概念包含：和合（和谐）思想、君权至上、中庸和家族—血缘思想、以孝道为基础的仁义道德等。这些结构运用到实践中，可分为国家、家庭与个人三个层面来简要描述。国家层面的行为是"平天下"，以达到"国泰民安"的目标，其具体思想结构包含仁义道德、小康大同与民本思想，应用结构包含内儒外法、权威主义、和合、集体主义等。家庭层面的主要行为是"齐家"，目标追求"家和万事兴"，其思想结构包含血缘意识、仁义道德、和合，应用结构包含家族至上、长者权威、缘圈结构、孝道纲常（孝、顺、悌、慈等）。个人层面主要追求"正心修身"，以达到"人和"的目标，其思想结构包含和合、中庸与伦理道德等，应用结构包含内圣外王、道德规范（仁义礼智信）、忠孝与义利观等。❶ 有关中国传统文化各基因的层次与简要关联，以及这些特殊基因在组织内部所呈现出的具体结构如图6-3所示，中国人的思维具有整体思维、结果导向、直觉思辨与伦理本质等特点。

而将中国文化与管理学相联系，不少学者将中国人特有的心理与行为特质作为前因影响因素，与组织或团队行为或决策战略等相联系，并研究出了不少成果。例如中国人特有的"丢面子""集体主义文化""和谐文化""差序氛围与领导"等多种东方特有管理环境，对于员工、团队、组织或领导方式具有重要的影响效果。中国人崇尚成功，对失败、差错等负面事件具有先天的回避倾向，尤其对于项目失败后的个体行为。下文将从个体心理特质、团队文化特色、领导风格等多个方面，选取几个重要变量构建理论框架，详细分析中国文化的常见因素对个体失败学习的重要影响机制。首先，中国人"好面子"，负面的事件可能会让个体难以接受，来自外部的负面评价可能有损自己的正面形象，因此"好面子"的个体是否可以促进自己的失败学习？其次，中国自古以来强调上下级之间的地位与等级的尊卑差异。亲属、地位

---

❶ 本部分内容来源于：刘人怀，姚作为. 传统文化基因与中国本土管理研究的对接：现有研究策略与未来探索思路 [J]. 管理学报，2013，10（2）：157-167.

及社会中的等级差异造就了影响至今的"差序格局",因此在强调上下级关系的组织中面临失败时,个体是否会主动学习仍然未知。下文将对这两个问题分别构建理论模型并进行理论阐释。

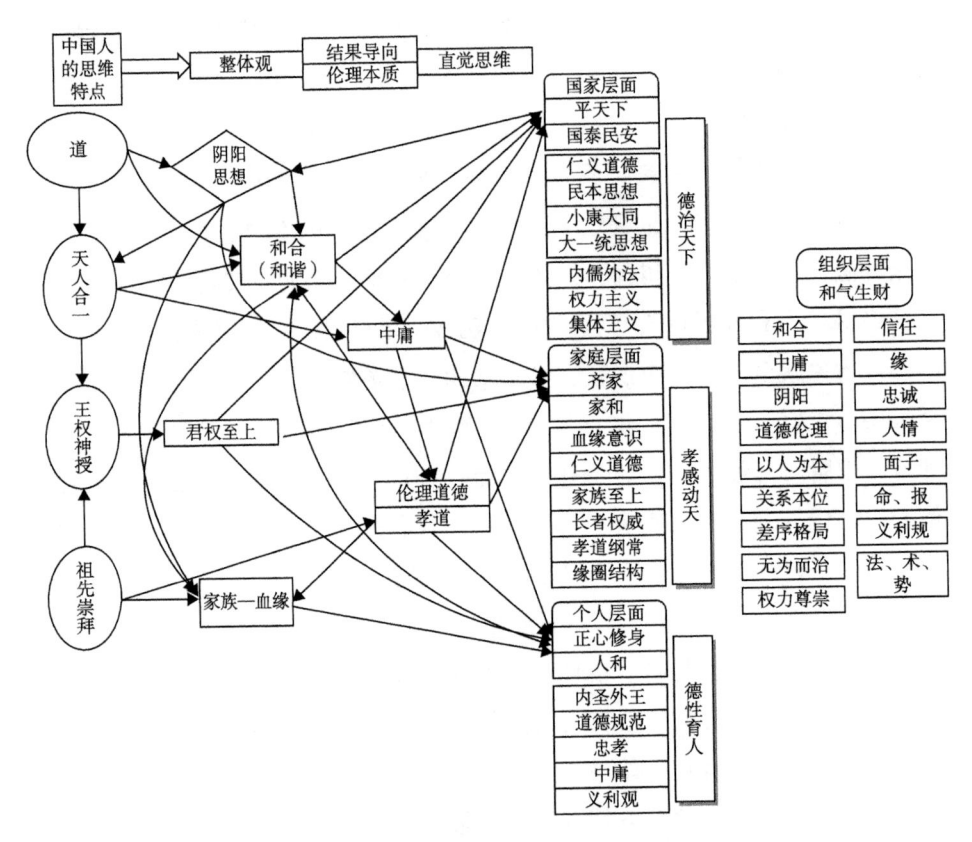

图 6-3 中国传统文化基因层次与关联简图

图片来源:刘人怀,姚作为. 传统文化基因与中国本土管理研究的对接:现有研究策略与未来探索思路 [J]. 管理学报,2013,10 (2):157-167.

6.2.2 理论解释与假设推演

1. "面子"与失败学习

前文已经将"面子"和个体对失败的应对导向相结合以探究其应用机理,下文将进一步融入更多的边界因素来描述其具体的作用机制。"面子"(Face 或 Mianzi)在东方文化中起着至关重要的作用,被定义为"一个人的尊严、自尊、社会关怀感和在他人面前履行社会义务的能力"（Bedford and Hwang, 2003）。丢面子会使个体感到羞愧，损害自尊，损害群体中的人际和谐（Goffman, 1955; Ho, 1991）。因此，害怕丢面子的人对与他们的声誉和社会形象密切相关的工作事件更加敏感，他们会表现出更多的回避行为来保护自己（Zane and Yeh, 2002; Miller and Roloff, 2007）。由于项目失败会损害员工在社会生活中的声誉，即使害怕丢面子的个体能够意识到失败的潜在价值，他们也难以直接主动应对负面事件。

由于面子与个体的社会地位和社会形象密切相关（Ho, 1991），害怕丢面子的个体会更加注重自尊和声誉。因此，他们很难接受可能会损害其社会形象的项目失败。此外，对面子损失的恐惧可能会使个体在项目失败后更加焦虑，进而影响个体对失败事件的认知评估（Zhang, Tian, and Grigoriou, 2011）。所以，失败导致的消极悲痛会被放大，这会阻碍他们在失败后对自身状态的调整。因此，即使他们相信失败有潜在的价值，他们也很难接受失败。而且，在东方文化中，面子会极大地影响个体的人际行为（Sue and Morishima, 1982）。更具体地说，害怕丢面子的员工会在处理人际沟通上投入更多的资源，以保持和增强失败后的面子，这分散了探究失败原因和解决方案的精力（Zane and Yeh, 2002）。此外，失败后积极的应对，意味着不确定性和巨大的风险。因此，为了避免丢脸或挽回面子，个体可能会表现得更加被动。相反，不害怕丢面子的人在项目失败后可能会更有信心。因此提出以下假设：

假设6-9：害怕丢面子与失败学习具有负相关关系。

越来越多的研究者指出，每个人都身处社会这个大环境之下，社会背景必定会对其行为举止产生影响，因此在做研究时应考虑特定的文化情境因素。由于东西方文化差异巨大，更应该引入能代表中国特色的变量进行研究，而个体传统性（Traditionality）这一颇具代表性的中国传统价值观因素，已被证明是能最大限度地解释中国人个性和价值导向的变量之一（吴隆增、刘军、刘刚，2009）。传统性是指受我国源远流长的文化影响，个体形成的思想观念、认知态度和行为模式（杨国枢，2008）。1997年，Farh等是最早把传统性引入管理学领域的，随后的研究表明，传统性是个体的一种价值观，主要包含权力距离方面的内容，通常表现为员工对领导的服从、接受地位的差异程度，以及员工对组织的归属程度。其中，传统性最强调的是遵从权威，员工应当无条件地尊崇和服从领导者。员工传统性的差异是导致其产生不同情感、认知、态度和行为的原因。传统性高的员工崇尚权威，会更容易服从领导，遵守领导的指令及组织中的各种规章制度，即使在组织中遇到领导的不公平对待，也会为了公共利益和组织的发展而选择隐忍；反之，传统性低的员工重视与组织的交换关系，他们很少能忍受组织中的不公平行为，通常是组织能给自己多少支持，自己就为组织贡献多少力量（王宇清、龙立荣、周浩，2012）。当今社会，新生代员工逐渐进入职场，他们受到了西方平等自由思想的影响，对组织中"圈内人""圈外人"现象的感知与反应或许会有差异，因此在当前社会环境下，将传统性作为调节变量是十分必要的。实际上，低传统性的员工遵从诱因—贡献平衡的原则，他们对上级或组织的态度和行为取决于其与上级或组织之间的交换关系，即"组织怎么对待我，我就怎么对待组织"；而高传统性的员工则履行传统的社会角色义务，无论组织或上级如何对待自己，始终恪守自己作为员工或下属的义务。因此在面对失败时，虽然害怕丢面子会让个体难以直面失败，但是具有高度传统性的员工更倾向于"为组织奉献"的心理动机，因为他们更偏向于"各司其职"，尽力做好自己分内的事情。所以，具有高传统性的个体更容易思考并回忆失败事件，更容易从失败中学习。相应地，如果员工具有更低的传统性，更难主动面对失败，他们会认为"失败更多的是组织所导致的"，因此更难从失败中学习。因此提出以下假设：

假设6-10：个体传统性负向地调节了害怕丢面子和失败学习的负相关关系。当员工具有较高传统性时，害怕丢面子和失败学习之间的负相关关系会变弱，反之则会变强。

集体主义文化是指强调个人归属于较大群体，如家庭、宗族、国家的文化，与个人主义文化相对。生活在这种文化中的人倾向于把自己归属于一个较大的群体，强调合作胜过强调竞争，其从群体成就中获得的满足胜过从个人成就中获得的满足。近年来国内学者也对集体主义的内涵进行了探索。例如，李宗波等（2015）认为集体主义的核心是群体关联和个体间的相互义务，其内涵为关注集体利益，希望与他人保持一致，以实现更好地与他人相处的目标。失败并不是一个员工独自承担的难题，而是一个组织共同的失误所造成的，因此当员工对组织有高度的责任心与集体主义动机时，他们更会为组织的成功着想，组织或项目的成功就是自己的成功。具有高度集体主义文化动机的个体，更倾向于主动学习，以挽救下一次可能出现的不利现象。而集体主义感较低的员工很难唤起自己对组织或项目成功的渴望，因此难以主动学习。因此提出以下假设：

假设 6-11：集体主义文化负向地调节了害怕丢面子和失败学习的负相关关系。员工具有较高集体主义文化动机时，害怕丢面子和失败学习之间的负相关关系会变弱，反之则会变强。

2. "差序式领导"与失败学习

差序氛围是中国文化环境下特有的一种组织内部关系氛围。在这种氛围的驱使下，人们通常表现为上级对下级的偏私对待、关系的亲疏等，进而形成以"领导圈子"为核心的"差序式"管理模式，即差序式领导（Differential Leadership）。有研究指出，差序式领导对于员工（绩效、创造力等）可能产生负面影响，但也有学者提出差序式领导有利于员工展现出"利社会行为"，例如，主动提高工作绩效，增强创新行为，乐于承担角色外行为等。社会交换理论认为，员工的工作态度及行为受制于员工与上司的亲近关系，当员工能够从上司那里获得更高的认同感及物质分配倾斜时，就会展现较为热情的工作态度并采取相对积极的工作行为。差序式领导模式对于员工偏私程度的不同会形成组织内领导的"小圈子"，这使得属于"领导圈子"之内的员工会比"领导圈子"之外的员工更有优势（如晋升机会、薪资待遇、福利水平等），"圈外"员工则在一定程度上会产生不公平感。正是由于上级领导对圈子内部下级的偏爱和资源的倾斜配置，"圈内"员工在精神上得到满足后，会产生一种"情感反馈"的依附心理，利于领导与"圈内"下属形成牢固的"心理契约"。这促使"圈内"员工产生强烈的内部群体认同感，使得他们很难脱离这一群体。领导者的榜样与带头作用会激励员工产生正向的内在动机，进而形成互惠互利的相互情感。因此，这种"圈内"良性的领导——

下属关系，使得"圈内"员工能够创造出更高的工作效率和绩效水平，领导者也会给予"圈内"员工更多的关心与利益倾斜。这与身处"领导圈子"之外的员工形成了鲜明的对比，由于"领导圈子"内部物质激励与非物质激励的存在，会极大地吸引"圈外"人员急于进入"领导圈子"。

有研究表明，随着"领导圈子"的发展，"圈内"人会想尽办法保留在"圈子"内部；而占到组织大多数的"圈外"人，会想尽办法得到领导赏识，从而进入"圈子"内部，获得与"圈内"员工同样的待遇，以实现自身价值和提升自身利益。而失败事件的发生正是为"圈外人"进入"圈子"提供了契机（谢守祥、吕紫璇，2019）。高良谋和王磊（2013）认为，由于"圈外"人员对于组织内部不公平感知的加剧，为获取更多的资源倾斜，"圈外"员工会采取积极措施顺势而为，加强与领导的互动联系，为自己争取更多的机会。所以，"圈外"员工会主动提升自身的业务水平，有意识地形成对领导更忠诚的情感承诺，通过表现自我赢得领导认可。尤其是当失败事件发生后，社会交换的不平衡使"圈内"的情感纽带产生动摇并被削弱。此时，"圈外"员工可以通过做出"利组织行为"来改变领导对自身的固有评价，获得领导认可，从而快速进入"圈子"内部。已有文献表明，上级领导在处理员工关系时会更加重视对组织发展有贡献的员工，所以"圈外"员工会加强经验总结与学习，并做出自身改进或建言行为等，以增强与领导的情感依附；"圈内"员工也会做出积极行为（如失败学习），使自身仍保留在"圈子"内部。所以，高度的差序式领导会增强员工失败学习水平。因此提出以下假设：

假设6-12：差序式领导与员工失败学习具有正相关关系。

社会交换理论认为，关注到自身受到差别对待的员工会不自觉地与同等地位的人进行对比。这种与自我相关的情境代入，会加剧其不公平感，而这一过程就是妒忌产生的前因。有学者从社会比较的角度定义妒忌，认为妒忌是个体针对优胜者的敌意，是渴望优胜者丧失自己想要拥有却未获得的优势。因此，本研究认为差序式领导可能对于员工妒忌情绪的产生具有推动作用。

郑伯埙（1995）提出，华人之间的人际互动大都取决于彼此关系的亲疏远近及地位尊卑，以此形成的差序式领导在员工利益分配、行为情感等方面有明显的差别对待。归根结底，差序式领导所导致的结果是物质利益分配的不公平、亲近信任情感的丧失。差序式领导的差异化管理加剧了个体被"边缘化"的感觉，滋生了组织内员工的向上社会对比，进行新一轮的社会认知，从而发现自己所处地位及待遇，与"圈内"员工相比不再具有优势，甚至处于劣势地位。这种无法接近权力中心的落寞感，无法得到与上司的亲近关系和较优越的物质待遇的遗憾感，最终会演变成妒忌他人。而区别对待越明显，与平级员工的对比就会使自我代入感越强烈，不公平感也越强烈，"圈外"员工就更能从对比中感受到自己的劣势地位，并更羡慕别人的优势地位，此时妒忌感就会更加强烈。因此提出以下假设：

假设6-13a：差序式领导与员工妒忌具有正相关关系。

Shepherd和Cardon（2009）研究表明，个体在经历失败后产生的负面情绪会对失败学习产生影响。失败学习是一个囊括个体静态学习和团队成员间相互渗透的动态学习的杂糅过程，因此团队中的个体能否从失败中学习也受制于团队中人际关系的好坏。妒忌感作为一种负面情绪，会带来不良的心理体验，所以个体会试图采取行动摆脱这种负面情绪。Duffy等（2008）指出，带有妒忌感的员工常常会被激发出积极的自我提升动机，通过不断努力达到维护自尊的目的。所以，带有妒忌感的员工会主动从失败中获取经验和教训来学习，尝试在下一次事件中通过自身的表现获得领导认可，从而进入"领导圈子"内部。另外，个体通过间接学习（Vicarious Learning）增强自我效能感，影响个体的情绪、行动和反馈，使个体做出积极行为。由于妒忌感会激化组织内部竞争，项目失败后，有妒忌感的员工会看到比自己优秀的同级员工的成功之处，不经意间会模仿并学习他们，进而获得间接经验，在自身能力和绩效创造上主动竞争。因此提出以下假设：

假设6-13b：员工妒忌与员工失败学习具有正相关关系。

综上，基于社会交换理论，本研究认为员工在上级差序式领导下，在遭受不公平物质或情感对待时，会滋生妒忌情绪。为主动寻求上级认可，员工会加强竞争行为，促进失败学习行为的发生。因此提出以下假设：

假设6-14：员工妒忌在差序式领导和员工失败学习的相关关系中起中介作用。

职业韧性（Career Resilience）最早由London在20世纪80年代提出，其含义为"个体对于不乐观或者消极环境的反抗"（London，1997）。已有文献表明，职业韧性能够对员工产生积极影响（如工作绩效、人际关系、职业承诺等）。情感事件理论认为，积极情感特质能够在情绪产生之中起到关键作用。作为一种积极情感特质，职业韧性可能在差序式领导和员工妒忌之间起到调节作用。

前文已述，员工对差序式领导的感知能够增强员工的妒忌感，是因为利益分配的差异化导致个体产生不同的获得感。具有较高职业韧性的员工善于调节自己的心态，遇到挫折时能寻找到积极动能以缓解焦虑感。此外，拥有较高职业韧性的个体通常对自身抱有提升自我评价和自我接纳水平的积极信念，更有效地进行自我调节，更好地面对失败后的冲突情景。综上，差序式领导带来妒忌情绪的作用机制将会被职业韧性削弱。因此提出以下假设：

假设6-15：职业韧性能够负向调节差序式领导对员工妒忌的正相关关系。当个体具有较高的职业韧性时，差序式领导对于员工妒忌的影响会减弱。

6.2.3 总结与讨论

1. 理论意义

实际上，中国管理模式与西方国家管理模式具有很大的区别，这在很大程度上受到了文化差异与民族特质的影响。以中国为核心的东亚文化，崇尚和谐文化与规则意识。因此组织内部的员工关系及上下级关系等，具有与西方相去甚远的不同。因此，学者有必要通过理论架构，对多种可能影响失败学习的心理与环境因素进行分析。本研究通过模型构建，弥补了先前研究针对中国文化与失败学习研究的不足，并且进一步为后续学者研究这一关系提供了新的思路和逻辑。将面子、集体主义文化、传统性、差序式领导等多种东方文化特有的心理与认知因素和失败学习相联系，进一步拓展了失败学习已有理论的应用场景。当前，中国学者少有对失败学习中的文化情境问题进行研究，本研究也进一步提供了新的视角，为后续学者进行定量或定性研究提供了新的方向与思路。

2. 实践意义

在实际运用中，管理者应更加照顾到员工的心理因素和情绪因素。"面子"虽说是中国文化背景下的产物，但在不同的个体身上会表现出不同的特色，因此有必要对员工的日常工作状态进行观察，引导员工多保留其优点，增强对组织和项目的认同感和集体荣誉感。此外，对于管理者而言，应适度营造出差序氛围，着重培养员工的职业韧性。在失败事件发生后，管理者应激励员工努力配合其工作，为积极配合管理者工作的员工提供进入"圈内"的机会。但是管理者在甄选"圈内"人的过程中，应以员工工作绩效为主要衡量标准；"圈内"人员要具有一定流动性，随时根据员工能力和表现更新"圈内"人，让"圈内"员工保持警惕，让"圈外"员工对进入"圈内"保持期待。由于差序式领导的存在会诱发"圈外"员工产生不同程度的妒忌感，管理者应将"圈内"人的职位和物质奖励控制在合理范围，避免"两极化"和"均衡化"，阻碍项目失败后的学习行为。而对于员工而言，要善于培养自身的职业韧性，"圈内"员工要妥善完成得到的额外工作任务，维持与领导的相互影响和协作，与领导保持双向互动；"圈外"员工要增强应对各种难题的韧性与心理承受能力，正确看待差序式领导所带来的负面情绪，运用正面手段融入领导"圈内"，促使自身在失败后及时反思与学习。

本篇参考文献

[1] ABRAHAM C, BATIA B H, WALDMAN D A, et al. How Leaders Cultivate Social Capital and Nurture Employee Vigor: Implications for Job Performance [J]. Journal of Applied Psychology, 2009 (94): 1553.

[2] ALICKE M D. Culpable Control and the Psychology of Blame [J]. Psychological Bulletin, 2000 (34): 1371-1381.

[3] ALLCHIN D. Teaching the Nature of Science Through Scientific Errors [J]. Science Education, 2012 (96): 904-926.

[4] AMANKWAH-AMOAH J. Learning from the Failures of Others: The Effects of Post-exit Knowledge Spillovers on Recipient Firms [J]. Journal of Workplace Learning, 2011 (23): 358-375.

[5] AMUNDSON N E. Negotiating Identity During Unemployment [J]. Journal of Employment Counseling, 1994 (31): 98-104.

[6] ANTIL J H. New Product or Service Adoption: When does it Happen? [J]. Journal of Consumer Marketing, 1988 (5): 5-16.

[7] ARENAS A, TABERNERO C, BRIONES E. Effects of Goal Orientation, Error Orientation and Self-efficacy on Performance in an Uncertain Situation [J]. Social Behavior and Personality: An International Journal, 2006 (34): 569-586.

[8] ASHFORTH B E, KREINER G E. Normalizing Emotion in Organizations [J]. Human Resource Management Review, 2002 (12): 215-235.

[9] BACK M D, KÜFNER A C P, DUFNER M, et al. Narcissistic Admiration and Rivalry: Disentangling the Bright and Dark Sides of Narcissism [J]. Journal of Personality and Social Psychology, 2013 (105): 1013-1037.

[10] BANAI M, REISEL W D, PROBST T M. A Managerial and Personal Control Model: Predictions of Work Alienation and Organizational Commitment in Hungary [J]. Journal of International Management, 2004 (10): 375-392.

[11] BANDURA A, WOOD R. Effect of Perceived Controllability and Performance Standards on Self-regulation of Complex Decision Making [J]. Journal of Personality and Social Psychology, 1989 (56): 805-814.

[12] BARANIK L E, BARRON K E, FINNEY S J. Measuring Goal Orientation in a Work Domain: Construct Validity Evidence for the 2×2 Framework [J]. Educational and Psychological Measurement, 2007 (67): 697-718.

[13] BARON R A. Counterfactual Thinking and Venture Formation [J]. Journal of Business Venturing, 2000 (15): 79-91.

[14] BARRICK M R, MOUNT M K, LI N. The Theory of Purposeful Work Behavior: The Role of Personality, Higher-order Goals, and Job Characteristics [J]. The Academy of Management Review, 2013 (38): 132-153.

[15] BAUMEISTER R F, LEARY M R. The Need to Belong: Desire for Interpersonal Attachments as a Fundamental Human Motivation [J]. Psychological Bulletin, 1995 (117): 497-529.

[16] BAUMEISTER R F, VOHS K D, NATHAN D C, et al. How Emotion Shapes Behavior: Feedback, Anticipation, and Reflection, Rather than Direct Causation [J]. Personality and Social Psychology Review, 2007 (11): 167-203.

[17] BECKER W J, CURHAN J R. The Dark Side of Subjective Value in Sequential Negotiations: The Mediating Role of Pride and Anger [J]. Journal of Applied Psychology, 2018 (103): 74-87.

[18] BEDFORD O. The Individual Experience of Guilt and Shame in Chinese Culture [J]. Culture & Psychology, 2004 (10): 29-52.

[19] BEDFORD O, HWANG K K. Guilt and Shame in Chinese Culture: A Cross-cultural Framework from the Perspective of Morality and Identity [J]. Journal for the Theory of Social Behavior, 2003 (33): 127-144.

[20] BEDFORD O. Guanxi Building in the Workplace: A Dynamic Process Model of Working and Backdoor Guanxi [J]. Journal of Business Ethics, 2011 (104): 1-10.

[21] BELL B S, KOZLOWSKI S. Active Learning: Effects of Core Training Design Elements on Self-regulatory Processes, Learning and Adaptability [J]. Journal of Applied Psychology, 2008 (93): 296-316.

[22] BITNER M J. Evaluating Service Encounters: The Effects of Physical Surroundings and Employee Responses [J]. Journal of Marketing, 1990 (54): 69-82.

[23] BLAU G. A Process Model for Understanding Victim Responses to Worksite/Function Closure [J]. Human Resource Management Review, 2006 (16): 12-28.

[24] BLAU G. Exploring Antecedents of Individual Grieving Stages During an Anticipated Worksite Closure [J]. Journal of Occupational and Organizational Psychology, 2008 (81): 529-550.

[25] BLAU G. Partially Testing a Process Model for Understanding Victim Responses to an Anticipated Worksite Closure [J]. Journal of Vocational Behavior, 2007 (71): 401-428.

[26] BOER L M, DAUDEY L, PETERS J B, et al. Assessing the Stages of the Grieving Process in Chronic Obstructive Pulmonary Disease (COPD): Validation of the Acceptance of Disease and Impairments Questionnaire (ADIQ) [J]. International Journal of Behavior Medicine, 2014 (21): 561-570.

[27] BOHNS V K, FLYNN F J. Guilt by Design: Structuring Organizations to Elicit Guilt as an Affective Reaction to Failure [J]. Organization Science, 2013 (24): 1157-1173.

[28] BOLINGER A R, BROWN K D. Entrepreneurial Failure as a Threshold Concept: The Effects of Student Experiences [J]. Journal of Management Education, 2014 (39): 452-475.

[29] BOSS A D, SIMS H P. Everyone Fails! [J]. Journal of Management Psychology, 2008 (23): 135-150.

[30] BRISLIN R W. Back-translation for Cross-cultural Research [J]. Journal of Cross-Cultural Psychology, 1970 (1): 185-216.

[31] BRUNELL A B, GENTRY W A, CAMPBELL W K, et al. Leader Emergence: The Case of the Narcissistic Leader [J]. Personality and Social Psychology Bulletin, 2008 (34): 1663-1676.

[32] CACCIOTTI G, HAYTON J C, MITCHELL J R, et al. Entrepreneurial Fear of Failure: Scale Development and Validation [J]. Journal of Business Venturing, 2020 (35): 1081-1093.

[33] CACIOPPO J T, GARDNER W L, BERNTSON G G. The Affect System Has Parallel and Integrative Processing Components [J]. Journal of Personality & Social Psychology, 1999 (76): 839-855.

[34] CAMPBELL W K, GOODIE A S, FOSTER J D. Narcissism, Confidence, and Risk Attitude [J]. Journal of Behavioral Decision Making, 2004 (17): 297-311.

[35] CANNON M D, EDMONDSON A C. Confronting Failure: Antecedents and Consequences of Shared Beliefs about Failure in Organizational Work Groups [J]. Journal of

Organizational Behavior, 2001 (22): 161-177.

[36] CANNON M D, EDMONDSON A C. Failing to Learn and Learning to Fail (Intelligently): How Great Organizations Put Failure to Work to Innovate and Improve [J]. Long Range Planning, 2005 (38): 299-319.

[37] CARMELI A, FRIEDMAN Y, TISHLER A. Cultivating a Resilient Top Management Team: The Importance of Relational Connections and Strategic Decision Comprehensiveness [J]. Safety Science, 2013 (51): 148-159.

[38] CARMELI A, GITTELL J. High-quality Relationships, Psychological Safety, and Learning from Failures in Work Organizations [J]. Journal of Organizational Behavior, 2009 (30): 709-729.

[39] CARMELI A, SCHAUBROECK J. Organizational Crisis-Preparedness: The Importance of Learning from Failures [J]. Long Range Planning, 2008 (41): 177-196.

[40] CARMELI A, SHEAFFER Z. How Learning Leadership and Organizational Learning from Failures Enhance Perceived Organizational Capacity to Adapt to the Task Environment [J]. The Journal of Applied Behavioral Science, 2008 (44): 468-489.

[41] CARTER S M, WEST M A. Reflexivity, Effectiveness, and Mental Health in BBC-TV Production Teams [J]. Small Group Research, 1998 (29): 583-601.

[42] CARVER C S, SCHEIER M F. Origins and Functions of Positive and Negative Affect: A Control-process View [J]. Psychology Review, 1990 (97): 19-35.

[43] CATINO M, PATRIOTTA G. Learning from Errors: Cognition, Emotions and Safety Culture in the Italian Air Force [J]. Organization Studies, 2013 (34): 437-467.

[44] CHATTERJEE A, HAMBRICK D C. It's all about Me: Narcissistic Chief Executive Officers and Their Effects on Company Strategy and Performance [J]. Administrative Science Quarterly, 2007 (52): 351-386.

[45] CHEN G, MATHIEU J E. Goal Orientation Dispositions and Performance Trajectories: The Roles of Supplementary and Complementary Situational Inducements [J]. Organizational Behavior and Human Decision Processes, 2008 (106): 21-38.

[46] CHOI S, MATTILA A S. Perceived Controllability and Service Expectations: Influences on Customer Reactions Following Service Failure [J]. Journal of Business Research, 2008 (61): 24-30.

[47] CHUA H S, BEDFORD O. A Qualitative Exploration of Fear of Failure and Entrepre-

neurial Intent in Singapore [J]. Journal of Career Development, 2016 (43): 319-334.

[48] CHUANG Y T, BAUM J A C. It's All in the Name: Failure-Induced Learning by Multiunit Chains [J]. Administrative Science Quarterly, 2003 (48): 33-59.

[49] CHUGHTAI A A, BUCKLEY F. Work Engagement: Antecedents, the Mediating Role of Learning Goal Orientation and Job Performance [J]. Career Development International, 2011 (16): 684-705.

[50] CLORE G L. Cognitive Phenomenology: Feelings and the Construction of Judgment [J]. Construction of Social Judgment, 1992 (70): 133-163.

[51] COHEN T R, WOLF S T, PANTER A T, et al. Introducing the GASP Scale: A New Measure of Guilt and Shame Proneness [J]. Journal of Personality and Social Psychology, 2011 (100): 947-966.

[52] COPE J. Entrepreneurial Learning from Failure: An Interpretative Phenomenological Analysis [J]. Journal of Business Venturing, 2011 (26): 604-623.

[53] CORBETT A C, NECK H M, DETIENNE D R. How Corporate Entrepreneurs Learn from Fledgling Innovation Initiatives: Cognition and the Development of a Termination Script [J]. Entrepreneurship Theory and Practice, 2007 (31): 829-852.

[54] CORTINI M, PIVETTI M, CERVAI S. Learning Climate and Job Performance Among Health Workers: A Pilot Study [J]. Frontiers in Psychology, 2016 (7): 1-6.

[55] COUNSELOR L H F. Exploring Loss and Grief Within a Wholistic Framework [J]. Journal of Counseling & Development, 2014 (59): 341-345.

[56] CURY F, ELLIOT A J, DA FONSECA D, et al. The Social-cognitive Model of Achievement Motivation and the 2×2 Achievement Goal Framework [J]. Journal of Personality and Social Psychology, 2006 (90): 666-679.

[57] DAHLIN K B, CHUANG Y T, ROULET T J. Opportunity, Motivation, and Ability to Learn from Failures and Errors: Review, Synthesis, and Ways to Move forward [J]. The Academy of Management Annals, 2018 (12): 252-277.

[58] DAHLING J J, RUPPEL C L. Learning Goal Orientation Buffers the Effects of Negative Normative Feedback on Test Self-efficacy and Reattempt Interest [J]. Learning and Individual Differences, 2016 (50): 296-301.

[59] DIWAS K C, STAATS B R, GINO F. Learning from My Success and from Others'

[59] Failure: Evidence from Minimally Invasive Cardiac Surgery [J]. Management Science, 2013 (59): 2435-2449.

[60] DOLAN R J. Emotion, Cognition, and Behavior [J]. Science, 2002 (298): 1191-1194.

[61] DRUCKER P. The Rise of the Knowledge Society [J]. Wilson Quarterly, 1993 (17): 52-71.

[62] DU J, LI M. Narcissism Leadership and Knowledge Subordinates' Innovation Performance [J]. R&D Management, 2018 (30): 55-63.

[63] DVIR T, KASS N, SHAMIR B. The Emotional Bond: Vision and Organizational Commitment among High-tech Employees [J]. Journal of Organizational Change Management, 2004 (17): 126-143.

[64] DWECK C S, LEGGETT E L. A Social-Cognitive Approach to Motivation and Personality [J]. Fruit Varieties Journal, 1988 (50): 262-264.

[65] DWECK C S. Motivational Processes Affecting Learning [J]. American Psychologist, 1986 (41): 1040-1048.

[66] EDMONDSON A C. Learning from Mistakes is Easier Said Than Done: Group and Organizational Influences on the Detection and Correction of Human Error [J]. The Journal of Applied Behavioral Science, 1996 (32): 5-28.

[67] EDMONDSON A C. Psychological Safety and Learning Behavior in Work Teams [J]. Administrative Science Quarterly, 1999 (44): 350.

[68] ELFENBEIN H A. Emotion in Organizations: A Review and Theoretical Integration [J]. The Academy of Management Annals, 2007 (1): 315-386.

[69] ELISON J, PARTRIDGE J A. Relationships between Shame-coping, Fear of Failure, and Perfectionism in College Athletes [J]. Journal of Sport Behavior, 2002 (35): 19-39.

[70] ELLARD K K, BARLOW D H, WHITFIELD-GABRIELI S, et al. Neural Correlates of Emotion Acceptance vs Worry or Suppression in Generalized Anxiety Disorder [J]. Social Cognitive and Affective Neuroscience, 2017 (12): 1009-1021.

[71] ELLIOT A J, HARACKIEWICZ J M. Approach and Avoidance Achievement Goals and Intrinsic Motivation: A Meditational Analysis [J]. Journal of Personality and Social Psychology, 1996 (70): 461-475.

[72] ELLIOT A J, MCGREGOR H A. Test Anxiety and the Hierarchical Model of Approach

and Avoidance Achievement Motivation [J]. Journal of Personality and Social Psychology, 1999 (76): 628-644.

[73] ELLIOTT E S, DWECK C S. Goals: An Approach to Motivation and Achievement [J]. Journal of Personality & Social Psychology, 1988 (54): 5-12.

[74] ELLIS S, DAVIDI I. After-Event Reviews: Drawing Lessons from Successful and Failed Experience [J]. Journal of Applied Psychology, 2005 (90): 857-871.

[75] FANG H V, SIRÉN C, SINGH S, et al. Keep Calm and Carry on: Emotion Regulation in Entrepreneurs Learning from Failure [J]. Entrepreneurship Theory and Practice, 2018 (42): 605-630.

[76] FEATHER N T, RAUTER K A. Organizational Citizenship Behaviors in Relation to Job Status, Job Insecurity, Organizational Commitment and Identification, Job Satisfaction and Work Values [J]. Journal of Occupational and Organizational Psychology, 2004 (77): 81-94.

[77] FISCHER S, FRESE M, MERTINS J C, et al. The Role of Error Management Culture for Firm and Individual Innovativeness: International Review of Applied Psychology [J]. Applied Psychology, 2018 (67): 428-453.

[78] FLYNN F J, SCHAUMBERG R L. When Feeling Bad Leads to Feeling Good: Guilt-proneness and Affective Organizational Commitment [J]. Journal of Applied Psychology, 2012 (97): 124-133.

[79] FOLKES V S. Consumer Reactions to Product Failure: An Attributional Approach [J]. Journal of Consumer Research, 1984 (10): 398.

[80] FORD, RANDAL. HH&A: How Leaders Learn from Failure [J]. Business Horizons, 1999 (42): 17-22.

[81] FORGAS J P. Mood and Judgment: The Affect Infusion Model (AIM) [J]. Psychological Bulletin, 1995 (117): 39-66.

[82] FREDLAND J E, MORRIS C E. A Cross Section Analysis of Small Business Failure [J]. American Journal of Small Business, 1976 (11): 7-18.

[83] FRESE M, KEITH N. Action Errors, Error Management, and Learning in Organizations [J]. Annual Review Psychology, 2015 (66): 661-687.

[84] FURNHAM A, HUGHES D J, MARSHALL E. Creativity, Ocd, Narcissism and the Big Five [J]. Thinking Skills and Creativity, 2013 (10): 91-98.

[85] FURUKAWA E, TANGNEY J, HIGASHIBARA F. Cross-cultural Continuities and Discontinuities in Shame, Guilt, and Pride: A Study of Children Residing in Japan, Korea and the USA [J]. Self and Identity, 2012 (11): 90-113.

[86] GELFAND M J, LESLIE L M, KELLER K, et al. Conflict Cultures in Organizations: How Leaders Shape Conflict Cultures and their Organizational-level Consequences [J]. Journal of Applied Psychology, 2012 (97): 1131.

[87] GEORGE J M, JING Z. Understanding When Bad Moods Foster Creativity and Good ones don't: The Role of Context and Clarity of Feelings [J]. Journal of Applied Psychology, 2002 (87): 687-697.

[88] GERSTNER W C, KONIG A, ENDERS A, et al. CEO Narcissism, Audience Engagement, and Organizational Adoption of Technological Discontinuities [J]. Administrative Science Quarterly, 2013 (58): 257-291.

[89] GLADSTEIN D L, REILLY N P. Group Decision Making under Threat: The Tycoon Game [J]. Academy of Management Journal, 1985 (28): 613-627.

[90] GONG Y, HUANG J C, FARH J L. Employee Learning Orientation, Transformational Leadership, and Employee Creativity: The Mediating Role of Employee Creative Self-efficacy [J]. Academy of Management Journal, 2009 (52): 765-778.

[91] GRAPSAS S, BRUMMELMAN E, BACK M D, et al. The "Why" and "How" of Narcissism: A Process Model of Narcissistic Status Pursuit [J]. Perspectives on Psychological Science, 2020 (15): 150-172.

[92] HA H, ROTHAERMEL F. The Effect of General and Partner-Specific Alliance Experience on Joint R&D Project Performance [J]. Academy of Management Journal, 2005 (48): 332-345.

[93] HAANS R F J, PIETERS C, HE Z L. Thinking about You: Theorizing and Testing U- and Inverted U-Shaped Relationships in Strategy Research [J]. Strategic Management Journal, 2016 (37): 1177-1195.

[94] HALMBURGER A, BAUMERT A, SCHMITT M. Anger as Driving Factor of Moral Courage in Comparison with Guilt and Global Mood: A Multimethod Approach [J]. European Journal of Social Psychology, 2015 (45): 39-51.

[95] HANKIN B L, ABRAMSON L Y. Development of Gender Differences in Depression: An Elaborated Cognitive Vulnerability-transactional Stress Theory [J]. Psychological

Bulletin, 2001 (127): 773-796.

[96] HARTNELL C A, OU A Y, KINICKI A. Organizational Culture and Organizational Effectiveness: A Meta-analytic Investigation of the Competing Values Framework's Theoretical Suppositions [J]. Journal of Applied Psychology, 2011 (96): 677.

[97] HAUNSCHILD P R, SULLIVAN B N. Learning from Complexity: Effects of Prior Accidents and Incidents on Airlines' Learning [J]. Administrative Science Quarterly, 2002 (47): 609-643.

[98] HEARRINGTON D. Evaluation of Learning Efficiency and Efficacy in a Multiuser Virtual Environment [J]. Journal of Digital Learning in Teacher Education, 2010 (27): 65-75.

[99] HESS R L, GANESAN S, KLEIN N M. Service Failure and Recovery: The Impact of Relationship Factors on Customer Satisfaction [J]. Journal of the Academy of Marketing Science, 2003 (31): 127-145.

[100] HIRAK R, PENG A C, CARMELI A, et al. Linking Leader Inclusiveness to Work Unit Performance: The Importance of Psychological Safety and Learning from Failures [J]. The Leadership Quarterly, 2012 (23): 107-117.

[101] HIRST G, KNIPPENBERG D V, ZHOU J. A Cross-level Perspective on Employee Creativity: Goal Orientation, Team Learning Behavior, and Individual Creativity [J]. Academy of Management Journal, 2009 (52): 280-293.

[102] HISLOP D. Linking Human Resource Management and Knowledge Management Via Commitment [J]. Employee Relations, 2003 (25): 182-202.

[103] HOANG H, ROTHAERMEL F T. The Effect of General and Partner-specific Alliance Experience on Joint R and D Project Performance [J]. Academy of Management Journal, 2005 (48): 332-345.

[104] HOEGL M, WEINKAUF K, GEMUENDEN H G. Interteam Coordination, Project Commitment, and Teamwork in Multiteam R and D Projects: A Longitudinal Study [J]. Organizational Science, 2004 (15): 38-55.

[105] HOFMANN D A, GAVIN M B. Centering Decisions in Hierarchical Linear Models: Implications for Research in Organizations [J]. Journal of Management, 1998 (24): 623-641.

[106] HONG H Y, LIN-SIEGLER X. How Learning about Scientists Struggles Influences

Students Interest and Learning in Physics [J]. Journal of Educational Psychology, 2012 (104): 469-484.

[107] HORA M, KLASSEN R D. Learning from others' Misfortune: Factors Influencing Knowledge Acquisition to Reduce Operational Risk [J]. Journal of Operations Management, 2013 (31): 52-61.

[108] HUANG J T. Be Proactive as Empowered? The Role of Trust in one's Supervisor in Psychological Empowerment, Feedback Seeking, and Job Performance [J]. Journal of Applied Social Psychology, 2012 (42): 103-127.

[109] HUTCHINSON J C, SHERMAN T, MARTINOVIC N, et al. The Effect of Manipulated Self-efficacy on Perceived and Sustained Effort [J]. Journal of Applied Sport Psychology, 2008 (20): 457-472.

[110] ILGEN D R, DAVIS C A. Bearing Bad News: Reactions to Negative Performance Feedback [J]. Applied Psychology: An International Review, 2000 (49): 550-565.

[111] INGRAM P, BAUM J A C. Opportunity and Constraint: Organizations' Learning from the Operating and Competitive Experience of Industries [J]. Strategic Management Journal, 1997, 18 (S1): 75-98.

[112] IYER A, LEACH C W, CROSBY F J. White Guilt and Racial Compensation: The Benefits and Limits of Self-focus [J]. Personality and Social Psychology Bulletin, 2003 (29): 117-129.

[113] IYER A, SCHMADER T, LICKEL B. Why Individuals Protest the Perceived Transgressions of Their Country [J]. Personality and Social Psychology Bulletin, 2007 (33): 572-587.

[114] JARVENPAA S L, STAPLES D S. Exploring Perceptions of Organizational Ownership of Information and Expertise [J]. Journal of Management Information System, 2001 (18): 151-183.

[115] GAINES J, JERMIER J. Emotional Exhaustion in a High Stress Organization [J]. Academy of Management Journal, 1983 (26): 567-586.

[116] JENKINS A S, WIKLUND J, BRUNDIN E. Individual Responses to Firm Failure: Appraisals, Grief, and the Influence of Prior Failure Experience [J]. Journal of Business Venturing, 2014 (29): 17-33.

[117] JIANG W Y. Mianzi (face) and Guanxi (relationship) in Chinese Culture and Their Implications for Business Management [J]. Plant Physiology, 2006 (134): 1784-1792.

[118] JONES E E, HARRIS V A. The Attribution of Attitudes [J]. Journal of Experimental Social Psychology, 1967 (3): 1-24.

[119] JONES N B, HERSCHEL R T, MOESEL D D. Using "knowledge champions" to Facilitate Knowledge Management [J]. Journal of Knowledge Management, 2003 (7): 49-63.

[120] JOSEFY M A, HARRISON J S, SIRMON D G, et al. Living and Dying: Synthesizing the Literature on Firm Survival and Failure across Stages of Development [J]. Academy of Management Annual, 2017 (11): 770-799.

[121] JUDGE T A, BONO J E. Relationship of Core Self-evaluations Traits-Self-Esteem, Generalized Self-efficacy, Locus of Control, and Emotional Stability-with Job Satisfaction and Job Performance: A Meta-analysis [J]. Journal of Applied Psychology, 2001 (86): 80-92.

[122] JUDGE T A, LEPINE J A, RICH B L. Loving Yourself Abundantly: Relationship of the Narcissistic Personality to Self-and other Perceptions of Workplace Deviance, Leadership, and Task and Contextual Performance [J]. Journal of Applied Psychology, 2006 (91): 762-776.

[123] KANFER R, ACKERMAN P L. Motivation and Cognitive Abilities: An Integrative/Aptitude-treatment Interaction Approach to Skill Acquisition [J]. Journal of Applied Psychology, 1989 (74): 657-690.

[124] KAPUR M. Productive Failure [J]. Cognition and Instruction, 2008 (26): 379-424.

[125] KASHMIRI S, NICOL C D, ARORA S. Me, Myself, and I: Influence of CEO Narcissism on Firms' Innovation Proclivity and Likelihood of Marketing Controversies—An Abstract [J]. Developments in Marketing Science: Proceedings of the Academy of Marketing Science, 2017: 549-550.

[126] KEITH N, FRESE M. Self-regulation in Error Management Training: Emotion Control and Metacognition as Mediators of Performance Effects [J]. Journal of Applied Psychology, 2005 (90): 677-691.

[127] KELTNER D, BUSWELL B N. Evidence for the Distinctness of Embarrassment, Shame, and Guilt: A Study of Recalled Antecedents and Facial Expressions of Emotion [J]. Cognition and Emotion, 1996 (10): 155-171.

[128] KHATRI N, BROWN G D, HICKS L L. From a Blame Culture to a Just Culture in Health Care [J]. Health Care Management Review, 2009 (34): 312-322.

[129] KIESLER S, SPROULL L. Managerial Response to Changing Environments: Perspectives on Problem Sensing from Social Cognition [J]. Administrative Science Quarterly, 1982 (27): 548-570.

[130] KILBORNE B. Self-conscious Emotions: The Psychology of Shame, Guilt, Embarrassment, and Pride [J]. Journal of Nervous and Mental Disease, 1997 (185): 413.

[131] KIM J Y, MINER A S. Vicarious Learning from the Failures and Nearfailures of Others: Evidence from the U.S. Commercial Banking Industry [J]. Academy of Management Journal, 2007 (50): 687-714.

[132] KLEIN H J, WESSON M J, HOLLENBECK J R, et al. Goal Commitment and the Goal-setting Process: Conceptual Clarification and Empirical Synthesis [J]. Journal of Applied Psychology, 1999 (84): 885-896.

[133] LABIB A, READ M. A Hybrid Model for Learning from Failures: The Hurricane Katrina disaster [J]. Expert System with Applications, 2015 (42): 7869-7881.

[134] LANDIS R S, BEAL D J, TESLUK P E. A Comparison of Approaches to Forming Composite Measures in Structural Equation Models [J]. Organizational Research Methods, 2000 (3): 186-207.

[135] LANT T K, MILLIKEN F J, BATRA B. The Role of Managerial Learning and Interpretation in Strategic Persistence and Reorientation: An Empirical Exploration [J]. Strategic Management Journal, 1992 (13): 585-608.

[136] LAU R R, DAN R. Attributions in the Sports Pages [J]. Journal of Personality & Social Psychology, 1980 (39): 29-38.

[137] LAWRENCE S, SILVER, DWYER S, et al. Learning and Performance Goal Orientation of Salespeople Revisited: The Role of Performance-approach and Performance-avoidance Orientations [J]. Journal of Personal Selling and Sales Management, 2006 (26): 27-38.

[138] LEI Z, NAVEH E, NOVIKOV Z. Errors in Organizations [J]. Journal of Management, 2016 (42): 1315-1343.

[139] LEMER J S, KELTNER D. Fear, Anger, Risk [J]. Journal of Personality and Social Psychology, 2001 (81): 146-159.

[140] LEVY I, KAPLAN A, PATRICK. Early Adolescents' Achievement Goals, Social Status, and Attitudes Towards Cooperation with Peers [J]. Social Psychology of Education, 2004 (7): 127-159.

[141] LEWIS M. The Self in Self-conscious Emotions [J]. Annals of the New York Academy of Sciences, 1997 (818): 118-142.

[142] LICKEL B, SCHMADER T, CURTIS M, et al. Vicarious Shame and Guilt [J]. Group Processes and Intergroup Relations, 2005 (8): 145-157.

[143] LIN-SIEGLER X, AHN J N, CHEN J, et al. Even Einstein Struggled: Effects of Learning about Great Scientists' Struggles on High School Students' Motivation to Learn Science [J]. Journal of Education Psychology, 2016 (108): 314-328.

[144] LITT M D. Self-efficacy and Perceived Control: Cognitive Mediators of Pain Tolerance [J]. Journal of Personal and Social Psychology, 1988 (54): 149-160.

[145] LIU Y, LI Y, HAO X, et al. Narcissism and Learning from Entrepreneurial Failure [J]. Journal of Business Venturing, 2019 (34): 496-512.

[146] LUBIT R. The Long-term Organizational Impact of Destructively Narcissistic Managers [J]. Academy of Management Executive, 2002 (16): 127-138.

[147] LUTHAR S S, CICCHETTI D, BECKER B. The Construct of Resilience: A Critical Evaluation and Guidelines for Future work [J]. Child Development, 2000 (71): 543-562.

[148] LUTWAK N, PANISH J, FERRARI J. Shame and Guilt: Characterological vs. Behavioral Self-blame and their Relationship to Fear of Intimacy [J]. Personality and Individual Differences, 2003 (35): 909-916.

[149] MADSEN P M, DESAI V. Failing to Learn? The Effects of Failure and Success on Organizational Learning in the Global Orbital Launch Vehicle Industry [J]. Academy of Management Journal, 2010 (53): 451-476.

[150] MADSEN P M. These Lives will not be Lost in Vain: Organizational Learning from Disaster in U.S. Coal Mining [J]. Organizational Science, 2009 (20): 861-875.

[151] MANTERE S, AULA P, SCHILDT H, et al. Narrative Attributions of Entrepreneurial Failure [J]. Journal of Business Venturing, 2013 (28): 459-473.

[152] MARCH J G. Exploration and Exploitation in Organizational Learning [J]. Organization Science, 1991 (2): 71-87.

[153] MARILENA Z L T. The Relationships between Self-Regulated Learning Skills, Causal Attributions and Academic Success of Trainee Teachers Preparing to Teach Gifted Students [J]. Educational Research and Reviews, 2016 (11): 1217-1227.

[154] MARTOCCHIO J J, DULEBOHN J. Performance Feedback Effects in Training: The Role of Perceived Controllability [J]. Personality Psychology, 1994 (47): 357-373.

[155] MATHEWS A, MAY J, MOGG K, et al. Attentional Bias in Anxiety: Selective Search or Defective Filtering? [J]. Journal of Abnormal Psychology, 1990 (99): 166-173.

[156] MATHIEU J E, HEFFNER T S, GOODWIN G F, et al. Scaling the Quality of Teammates' Mental Models: Equifinality and Normative Comparisons [J]. Journal of Organizational Behavior, 2005 (26): 37-56.

[157] MATTA F K, SCOTT B A, COLQUITT J A, et al. Is Consistently Unfair Better than Sporadically Fair? An Investigation of Justice Variability and Stress [J]. Academy of Management Journal, 2017 (60): 743-770.

[158] MCAULEY E, DUNCAN T E, RUSSELL D W, et al. Measuring Causal Attributions: The Revised Causal Dimension Scale (CDSII) [J]. Personality and Social Psychology Bulletin, 1992 (18): 566-573.

[159] MCDONOUGH E. Investigation of Factors Contributing to the Success of Cross-functional Teams [J]. Journal of Production and Innovation Management, 2000 (17): 221-235.

[160] MCGRATH R G. Exploratory Learning, Innovative Capacity, and Managerial Oversight [J]. Academy of Management Journal, 2001 (44): 118-131.

[161] MCGRATH R G. Falling Forward: Real Options Reasoning and Entrepreneurial Failure [J]. Academy of Management Review, 1999 (24): 13-30.

[162] MCGREGOR H A, ELLIOT A J. The Shame of Failure: Examining the Link between Fear of Failure and Shame [J]. Personality and Social Psychology Bulletin, 2005

(31): 218-231.

[163] MENEGHEL I, SALANOVA M, MARTíNEZ I M. Feeling Good Makes Us Stronger: How Team Resilience Mediates the Effect of Positive Emotions on Team Performance [J]. Journal of Happiness Studies, 2016 (17): 239-255.

[164] METCALFE J. Learning from Errors [J]. Annual Review of Psychology, 2017 (68): 465-489.

[165] MIKULINCER M. The Relation between Stable/Unstable Attribution and Learned Helplessness [J]. British Journal of Social Psychology, 1988 (27): 221-230.

[166] MILLER C W, ROLOFF M E. The Effect of Face Loss on Willingness to Confront Hurtful Messages from Romantic Partners [J]. Southern Communication Journal, 2007 (72): 247-263.

[167] MORRIS M W, MOORE P C. The Lessons We (Don't) Learn: Counterfactual Thinking and Organizational Accountability after a Close Call [J]. Administrative Science Quarterly, 2000 (45): 737-765.

[168] MORRISON E W, ROBINSON S L. When Employees Feel Betrayed: A Model of How Psychological Contract Violation Develops [J]. Academy of Management Review, 1997 (22): 226-256.

[169] MOWDAY R T, STEERS R M, PORTER L W. The Measurement of Organizational Commitment [J]. Journal of Vocational Behavior, 1979 (14): 224-247.

[170] MROCZEK D K, KOLARZ C M. The Effect of Age on Positive and Negative Affect: A Developmental Perspective on Happiness [J]. Journal of Personality and Social Psychology, 1998 (75): 1333-1349.

[171] MUEHLFELD K A. Contextual Theory of Organizational Learning from Failures and Successes: A Study of Acquisition Completion in the Global Newspaper Industry, 1981-2008 [J]. Strategic Management Journal, 2012 (33): 938-964.

[172] MYERS E, CAIRNS H E. Political Reconciliation ‖ Impact of Conflict on Mental Health in Northern Ireland: the Mediating Role of Intergroup Forgiveness and Collective Guilt [J]. Political Psychology, 2009 (30): 269-290.

[173] NEAL A, GRIFFIN M A. A Study of the Lagged Relationships among Safety Climate, Safety Motivation, Safety Behavior, and Accidents at the Individual and Group Levels [J]. Journal of Applied Psychology, 2006 (91): 946-953.

[174] NGUYEN M T N, SAETRE A S. How Size of Failure Affects Learning from Failure in Innovation [J]. Academy of Management Annual Meeting Proceedings, 2015: 13634.

[175] NIEDENTHAL P M, TANGNEY J P, GAVANSKI I. "If Only I weren't" versus "If Only I hadn't": Distinguishing Shame and Guilt in Counterfactual Thinking [J]. Journal of Personality and Social Psychology, 1994 (67): 585-595.

[176] NIKBIN D, MARIMUTHU M, HYUN S, et al. Effects of Stability and Controllability Attribution on Service Recovery Evaluation in the Context of the Airline Industry [J]. Journal of Travel and Tourism Marketing, 2014 (31): 817-834.

[177] NISAN, MORDECAI. Dimension of Time in Relation to Choice Behavior and Achievement Orientation [J]. Journal of Personality and Social Psychology, 1972 (21): 175-182.

[178] NOLEN-HOEKSEMA S, PARKER L E, LARSON J. Ruminative Coping with Depressed Mood Following Loss [J]. Journal of Personality and Social Psychology, 1994 (67): 92-104.

[179] NORVELL N, FORSYTH D R. The Impact of Inhibiting or Facilitating Causal Factors on Group Members' Reactions after Success and Failure [J]. Social Psychology Quarterly, 1984 (47): 293-297.

[180] O'BOYLE E H, FORSYTH D R, BANKS G C, et al. A Meta-analysis of the Dark Triad and Work Behavior: A Social Exchange Perspective [J]. Journal of Applied Psychology, 2012 (97): 557-579.

[181] OLLIER-MALATERRE A. Contributions of Work-life and Resilience Initiatives to the Individual/organization Relationship [J]. Human Relations, 2010 (63): 41-62.

[182] OZGEN E, BARON R A. Social Sources of Information in Opportunity Recognition: Effects of Mentors, Industry Networks, and Professional Forums [J]. Journal of Business Venturing, 2007 (22): 174-192.

[183] PATERSON J M, CARY J. Organizational Justice, Change Anxiety, and Acceptance of Downsizing: Preliminary Tests of an AET-based Model [J]. Motivation and Emotion, 2002 (26): 83-103.

[184] PHELPS E A. Emotion and Cognition: Insights from Studies of the Human Amygdala [J]. Annual Review of Psychology, 2006 (57): 27-53.

[185] PINTO M B, PINTO J K, PRESCOTT J E. Antecedents and Consequences of Project

Team Cross-functional Cooperation [J]. Management Science, 1993 (39): 1281-1297.

[186] PODSAKOFF P M, MACKENZIE S B, LEE J Y, et al. Common Method Biases in Behavioral Research: A Critical Review of the Literature and Recommended Remedies [J]. Journal of Applied Psychology, 2003 (88): 879-903.

[187] POTTER P. Technologists Talk: Making the Links between Design, Problem-solving and Experiences with Hard Materials [J]. International Journal of Technology and Design Education, 2013 (23): 69-85.

[188] PREACHER K J, SELIG J P. Advantages of Monte Carlo Confidence Intervals for Indirect Effects [J]. Communication Methods and Measures, 2012 (6): 77-98.

[189] QUINN W, SPREITZER G M, LAM C F. Building a Sustainable Model of Human Energy in Organizations: Exploring the Critical Role of Resources [J]. Academic Management Annual, 2012 (6): 337-396.

[190] ROGERS W M, SCHMITT N. Parameter Recovery and Model Fit Using Multidimensional Composites: A Comparison of Four Empirical Parceling Algorithms [J]. Multivariate Behavioral Research, 2004 (39): 379-412.

[191] RONALD B, ANTJE S, MICHAEL F, et al. The Affective Shift Model of Work Engagement [J]. Journal of Applied Psychology, 2011 (96): 1246-1257.

[192] ROSEMAN I, EVDOKAS A. Appraisals Cause Experienced Emotions: Experimental Evidence [J]. Cognition and Emotion, 2004 (18): 1-28.

[193] RUSSELL D W, MCAULEY E, TARICO V. Measuring Causal Attributions for Success and Failure: A Comparison of Methodologies for Assessing Causal Dimensions [J]. Journal of Personality and Social Psychology, 1987 (52): 1248-1257.

[194] RUSSELL D. The Causal Dimension Scale: A Measure of How Individuals Perceive Causes [J]. Journal of Personality and Social Psychology, 1982 (42): 1137-1145.

[195] RYBOWIAK V, GARST H, BATINIC F B. Error Orientation Questionnaire (eoq): Reliability, Validity, and Different Language Equivalence [J]. Journal of Organizational Behavior, 1999 (20): 527-547.

[196] SALANCIK G, MEINDL J R. Corporate Attributions as Strategic Illusions of Management Control [J]. Administrative Science Quarterly, 1984 (29): 238-254.

[197] SCHAUMBERG R L, FLYNN F J. Clarifying the Link between Job Satisfaction and

Absenteeism: The Role of Guilt Proneness [J]. Journal of Applied Psychology, 2017 (102): 982-992.

[198] SCHAUMBERG R L, FLYNN F J. Uneasy Lies the Head that Wears the Crown: The Link between Guilt Proneness and Leadership [J]. Journal of Personality and Social Psychology, 2012 (103): 327.

[199] SCHERER K R. What are Emotions? And How Can they Be Measured? [J]. Social Science Information, 2005 (44): 695-792.

[200] SCHNEIDER B, GONZÁLEZ-ROM V, OSTROFF C, et al. Organizational Climate and Culture: Reflections on the History of the Constructs in the Journal of Applied Psychology [J]. Journal of Applied Psychology, 2017 (102): 468-482.

[201] SHEPHERD D A, CARDON M S. Negative Emotional Reactions to Project Failure and the Self-Compassion to Learn from the Experience [J]. Journal of Management Studies, 2009 (46): 923-949.

[202] SHEPHERD D A, COVIN J G, KURATKO D F. Project Failure from Corporate Entrepreneurship: Managing the Grief Process [J]. Journal of Business Venturing, 2009 (24): 588-600.

[203] SHEPHERD D A, HAYNIE J M. Venture Failure, Stigma, and Impression Management: A Self-verification, Self-determination View [J]. Strategic Entrepreneurship Journal, 2011 (5): 178-197.

[204] SHEPHERD D A, PATZELT H, WOLFE M. Moving Forward from Project Failure: Negative Emotions, Affective Commitment, and Learning from the Experience [J]. Academy of Management Journal, 2011 (54): 1229-1259.

[205] SHEPHERD D A, PATZELT H, WILLIAMS T A, et al. How does Project Termination Impact Project Team Members? Rapid Termination, 'Creeping Death', and Learning from Failure [J]. Journal of Management Studies, 2014 (51): 513-546.

[206] SHEPHERD D A, WIKLUND J, HAYNIE J M. Moving Forward: Balancing the Financial and Emotional Costs of Business Failure [J]. Journal of Business Venturing, 2009 (24): 134-148.

[207] SHEPHERD D A. Grief Recovery from the Loss of a Family Business: A Multi-and Meso-level Theory [J]. Journal of Business Venturing, 2009 (24): 81-97.

[208] SHEPHERD D A. Learning from Business Failure: Propositions of Grief Recovery for

the Self-employed [J]. Academy of Management Review, 2003 (28): 318-328.

[209] SIMPSON A, MALTESE A. "Failure is a Major Component of Learning Anything": The Role of Failure in the Development of Stem Professionals [J]. Journal of Science Education and Technology, 2017 (26): 223-237.

[210] SIMPSON B, MARSHALL N. The Mutuality of Emotions and Learning in Organizations [J]. Journal of Management Inquiry, 2010 (19): 351-365.

[211] SITKIN S B. Learning through Failure: The Strategy of Small Losses [J]. Research in Organizational Behavior, 1992 (14): 231-266.

[212] SMITH M B, WEBSTER B D. Narcissus the Innovator? The Relationship between Grandiose Narcissism, Innovation, and Adaptability [J]. Personality and Individual Differences, 2018 (121): 67-73.

[213] SMITH, DAVID. Guanxi, Mianzi, and Business: The Impact of Culture on Corporate Governance in China [J]. World Bank other Operational Studies, 2012 (36): 3596-3602.

[214] STEELE-JOHNSON, DEBRA, BEAUREGARD, et al. Goal Orientation and Task Demand Effects on Motivation, Affect, and Performance [J]. Journal of Applied Psychology, 2000 (85): 724-738.

[215] STERBENZ J P G, HUTCHISON D, ETINKAYA E K, et al. Resilience and Survivability in Communication Networks: Strategies, Principles, and Survey of Disciplines [J]. Computer Networks, 2010 (54): 1245-1265.

[216] STROEBE M S, SCHUT H A W. The Dual Process Model of Coping with Bereavement: Overview and Update [J]. Death Studies, 1999 (23): 197-224.

[217] STUEWIG J, MCCLOSKEY L A. The Relation of Child Maltreatment to Shame and Guilt among Adolescents: Psychological Routes to Depression and Delinquency [J]. Child Maltreatment, 2005 (10): 324-336.

[218] STUEWIG J, TANGNEY J P, HEIGEL C, et al. Shaming, Blaming, and Maiming: Functional Links among the Moral Emotions, Externalization of Blame, and Aggression [J]. Journal of Research in Personality, 2010 (44): 91-102.

[219] TAHIRSYLAJ, ARMEND S. Stimulating Creativity and Innovation through Intelligent Fast Failure [J]. Thinking Skills and Creativity, 2012 (7): 265-270.

[220] TANGNEY J P, DEARING R L, GAMBLE D. Shame and Guilt [J]. Journal of

Forensic Psychiatry and Psychology, 2003 (14): 669-674.

[221] TANGNEY J P, STUEWIG J, MASHEK D J. Moral Emotions and Moral Behavior [J]. Annual Review of Psychology, 2007 (58): 345.

[222] TANGNEY J P, WAGNER P E, HILL-BARLOW D, et al. Relation of Shame and Guilt to Constructive Versus Destructive Responses to Anger across the Lifespan [J]. Journal of Personality and Social Psychology, 1996 (70): 797-809.

[223] TERZIEVA M, MORABITO V. Learning from Experience: The Project Team is the Key [J]. Business Systems Research Journal, 2016 (7): 1-15.

[224] THORNE J R. Alternative Financing for Entrepreneurial Ventures [J]. Entrepreneurship Theory and Practice, 1989 (13): 7-9.

[225] TJOSVOLD D W, YU Z, HUI C. Team Learning from Mistakes: The Contribution of Cooperative Goals and Problem-solving [J]. Journal of Management Studies, 2004 (41): 1223-1245.

[226] TRACY J L, ROBINS R W. Appraisal Antecedents of Shame and Guilt: Support for a Theoretical Model [J]. Personality and Social Psychology Bulletin, 2006 (32): 1339-1351.

[227] TRACY J L, ROBINS R W. Putting the Self into Self-conscious Emotions: A Theoretical Model [J]. Psychological Inquiry, 2004 (15): 103-125.

[228] TRACY J L, ROBINS R W. The Psychological Structure of Pride: A Tale of Two Facets [J]. Journal of Personality and Social Psychology, 2007 (92): 506-525.

[229] TUGADE M M, FREDRICKSON B L. Resilient Individuals Use Positive Emotions to Bounce Back from Negative Emotional Experiences [J]. Journal of Personality and Social Psychology, 2004 (86): 320-333.

[230] VÄLIKANGAS L, HOEGL M, GIBBERT M. Why Learning from Failure isn't Easy (and What to do about It): Innovation Trauma at Sun Microsystems [J]. European Management Journal, 2009 (27): 225-233.

[231] VAN DYCK C, FRESE M, BAER M, et al. Organizational Error Management Culture and Its Impact on Performance: A Two-Study Replication [J]. Journal of Applied Psychology, 2005 (90): 1228-1240.

[232] VANDEWALLE D, CRON W L, SLOCUM J W. The Role of Goal Orientation Following Performance Feedback [J]. Journal of Applied Psychology, 2001 (86):

629-640.

[233] VANDEWALLE D, CUMMINGS L L. A Test of the Influence of Goal Orientation on the Feedback-seeking Process [J]. Journal of Applied Psychology, 1997 (82): 390-400.

[234] VANDEWALLE D. Development and Validation of a Work Domain Goal Orientation Instrument [J]. Educational and Psychological Measurement, 1997 (57): 995-1015.

[235] WALDMAN D A, RAMIREZ G G, HOUSE R J, et al. Does Leadership Matter? CEO Leadership Attributes and Profitability Under Conditions of Perceived Environmental Uncertainty [J]. Academy of Management Journal, 2001 (44): 134-143.

[236] WANG W, WANG B, YANG C, et al. When Project Commitment Leads to Learning from Failure: The Roles of Perceived Shame and Personal Control [J]. Frontiers in Psychology, 2018 (9): 86.

[237] WANG W, YANG C, WANG B, et al. When Error Learning Orientation Leads to Learning from Project Failure: The Moderating Role of Fear of Face Loss [J]. Frontiers in Psychology, 2019 (10).

[238] WANG Y, ELLINGER A D, WU Y C J. Entrepreneurial Opportunity Recognition: An Empirical Study of R&D Personnel [J]. Management Decision, 2013 (51): 248-266.

[239] WEICK K E, ROBERTS K H. Collective Mind in Organizations: Heedful Interrelating on Flight Decks [J]. Administrative Science Quarterly, 1993 (38): 357-381.

[240] WEINER B. An Attributional Theory of Achievement Motivation and Emotion [J]. Psychological Review, 1986 (92): 548-573.

[241] WEINER B. Attributional Thoughts about Consumer Behavior [J]. Journal of Consumer Research, 2000 (27): 382-387.

[242] WURST S N, GERLACH T M, DUFNER M, et al. Narcissism and Romantic Relationships: The Differential Impact of Narcissistic Admiration and Rivalry [J]. Journal of Personality and Social Psychology, 2017 (112): 280-306.

[243] WYSOCKI R K. Effective Project Management: Traditional, Agile, Extreme [J]. International Journal of Project Management, 2009 (11): 11-14.

[244] YAMAKAWA Y, CARDON M S. Causal Ascriptions and Perceived Learning from

Entrepreneurial Failure [J]. Small Business Economics, 2015 (44): 797-820.

[245] YAMAKAWA Y, PENG M W, DEEDS D L. Rising from the Ashes: Cognitive Determinants of Venture Growth After Entrepreneurial Failure [J]. Entrepreneurship Theory and Practice, 2015 (39): 209-236.

[246] YOUNG P T, TROMATER R G B J. Preferences of the White Rat for Solutions of Sucrose and Quinine Hydrochloride [J]. The American Journal of Psychology, 1963 (76): 205-221.

[247] YPEREN N W V. The Perceived Profile of Goal Orientation Within Firms: Differences between Employees Working for Successful and Unsuccessful Firms Employing Either Performance-based Pay or Job-based Pay [J]. European Journal of Work and Organizational Psychology, 2003 (12): 229-243.

[248] YU X, LI X, TAO X. Attribution, Restoration Orientation and Learning from Failure [J]. Chinese Journal of Management, 2018 (142): 44-53.

[249] ZHANG H, OU A Y, TSUI A S, et al. CEO Humility, Narcissism and Firm Innovation: A Paradox Perspective on CEO Traits [J]. The Leadership Quarterly, 2017 (28): 585-604.

[250] ZHANG X, TIAN P, GRIGORIOU N. Gain Face, but Lose Happiness? It Depends on How much Money You Have [J]. Asian Journal of Social Psychology, 2011 (14): 112-125.

[251] ZHAO B, OLIVERA F. Error Reporting in Organizations [J]. Academy of Management Review, 2006 (31): 1012-1030.

[252] ZHAO B. Learning from Errors: The Role of Context, Emotion, and Personality [J]. Journal of Organizational Behavior, 2011 (32): 435-463.

[253] ZIMMERMAN R D, SWIDER B W, WOO S E, et al. Who Withdraws? Psychological Individual Differences and Employee Withdrawal Behaviors [J]. Journal of Applied Psychology, 2016 (101): 498-519.

[254] ZWEIG D, WEBSTER J. What are We Measuring? An Examination of the Relationships between the Big-five Personality Traits, Goal Orientation, and Performance Intentions [J]. Personality and Individual Differences, 2004 (36): 1693-1708.

[255] 查成伟, 陈万明, 唐朝永, 等. 智力资本、失败学习与低成本创新间关系的实证研究 [J]. 技术经济, 2015 (2): 35-43.

［256］陈爱吾，熊洁，刘锦. 为何不怕犯错：创新视角下员工差错反感行为研究［J］. 中国人力资源开发，2020（37）：79-93.

［257］陈阳阳，葛晶，彭建娟，等. 创业失败复原过程研究：基于中国情境的多案例探索［J］. 研究与发展管理，2019（31）：40-50，126.

［258］杜鹏程，李敏，倪清，等. 差错反感文化对员工创新行为的影响机制研究［J］. 管理学报，2015（12）：538-545.

［259］杜维，周超. 制造企业服务创新过程中失败学习路径研究［J］. 科技进步与对策，2015（3）：85-89.

［260］高良谋，王磊. 偏私的领导风格是否有效：基于差序式领导的文化适应性分析与理论延展［J］. 经济管理，2013（35）：183-194.

［261］蒿坡，龙立荣. 员工情感与创造力：一个动态研究模型［J］. 管理评论，2015（27）：157-168.

［262］梁裕健. 大学生归因方式研究综述［J］. 文教资料，2015（15）：125-126.

［263］刘海燕，邓淑红，郭德俊. 成就目标的一种新分类：四分法［J］. 心理科学进展，2003（3）：310-314.

［264］刘孟琪. 挫折情境下不同归因风格大学生对情绪词汇的注意偏向研究［D］. 南京：南京师范大学，2018.

［265］史卫燕. 归因理论流派及相关研究综述［J］. 消费导刊，2009（20）：159.

［266］田野，郭瑞. 归因理论在普通高校啦啦操训练中的应用探析［J］. 当代体育科技，2017（27）：26-27.

［267］王宇清，龙立荣，周浩. 消极情绪在程序和互动不公正感与员工偏离行为间的中介作用：传统性的调节机制［J］. 心理学报，2012（44）：1663-1676.

［268］王振源，段永嘉. 国外裁员受害者研究综述与未来展望［J］. 华东经济管理，2014（28）：149-153.

［269］吴隆增，刘军，刘刚. 辱虐管理与员工表现：传统性与信任的作用［J］. 心理学报，2009（6）：510-518.

［270］谢守祥，吕紫璇. "差序格局"下领导—部属关系及其行为取向研究［J］. 领导科学，2019（2）：42-46.

［271］谢雅萍，梁素蓉. 失败学习研究回顾与未来展望［J］. 外国经济与管理，2016（1）：42-53.

［272］杨国枢. 华人本土心理学［M］. 重庆：重庆大学出版社，2008.

[273] 于晓宇，蔡莉. 失败学习行为、战略决策与创业企业创新绩效［J］. 管理科学学报，2013（12）：37-56.

[274] 郑伯埙. 差序格局与华人组织行为［J］. 本土心理学研究，1995（7）：142-219.

[275] 周晖，夏格，邓舒. 差错管理气氛对员工创新行为的影响：基于中庸思维作为调节变量的分析［J］. 商业研究，2017（4）：115-121.

[276] 朱颖俊，白涛. 差错管理文化对组织绩效的影响：以组织创新为中介变量［J］. 科技进步与对策，2011（28）：1-4.

第 3 篇　团队与组织篇——构建"宽容和谐"的氛围

本篇序

　　企业生存与发展的基石是员工，员工在企业或项目推进过程中的地位与作用不言而喻，他们对于失败事件的处理与后续的学习起到主导的作用。第2篇我们从个体的多个角度对失败学习的影响进行了深入具体的探讨。然而，我们需要明白，在今天的职场，没有人可以单打独斗，因为世界是物质的且互相联系，需要团队乃至组织层面的合作来确保工作的正常进行或者实现更高的目标。所以，本篇我们将目光转向了"团队与组织"。

　　我国近年来的诸多重大项目，如嫦娥探月工程、高速铁路建设等，均是由强有力的团队作为基石，在此基础上，成员相互配合才能最终铸成伟业。同样地，企业内部的团队对于失败的态度也会带来截然不同的后续影响。在客观层面，在团队合作的过程中，就算团队成员间实现了完全的通力合作，有时也会因为外部环境的变化无法避免失败的发生，但是一味地将失败归因于客观因素，既不利于员工成长，也不利于团队协作。然而，在主观层面，员工很容易将过往的工作习惯或者信奉的工作经验运用或带入团队合作中去，这就会大概率使得团队落入陷阱，不会取得预期的好结果，甚至会间接或直接导致失败，这也正是开展本研究的主要动因。无数职场血淋淋的案例证明，团队合作比个体行动难得多，想要实现从"各自为战"到"众人拾柴火焰高"的能动转变是十分不易的。首先,这是因为人们善于独立思考且常以自我为中心,就是人们常说的"自私"是一种生物本能,"换位思考""通力合作"等则成为一种后天的优秀品质。员工由于自身能力和视野的限制,通常只会关注自己眼前的职责和预期利益,这就为团队合作增添了阻碍。其次就是员工缺乏对团队合作清醒的认识,最重要的是缺乏必要的思考规则,自我感觉良好,对团队其他成员表现出心理上的不信任和抵触,行动上的不情愿和敷衍,总觉得他人的存在会影响自己分内工作的平稳运行,不理解团队合作的奥妙。尤其是在面临项目失败后,一个和谐的团队氛围对于组织或项目的学习与后续进展具有重要的作用,更有利于团队从失败中寻求原因并进行归纳总结。特别是在面临大型的项目或工作任务时,整个团队在表现出"明知山有虎,偏向虎山行"的雄心壮志的同时,也会滋生一种"患得患失"害怕失败的担忧。这是因为失败带来的负面情绪往往会对团队固有的合作氛围造成冲击,团队通常很难承受重大项目的失败,一旦团队的氛围变得浮躁且互相指责,那么失败学习的效果就会大打折扣。所以,来自多方的配合就成为带动组织从失败中尽快成长,进而走向长期稳定发展的关键环节。

失败会给团队或组织带来多种不利影响,例如失败后项目成员的相互指责,以及团队或组织对于项目失败的看法等,都是日常管理过程中常见的难题,团队中的领导对于项目的推进和后续的决策同样具有重要的影响。每一个经历过团队项目失败的员工都对此深有体会。但是这些问题或组织现象是否会对失败学习产生作用?作用机制又是如何?本篇将带着这些问题进行深入探讨,做出合理的解释并提供实践意义。

团队与组织篇
——构建"宽容和谐"的氛围

第7章 组织环境与失败学习
- 团队指责与失败学习
- 组织失败厌恶文化与失败学习

第8章 领导风格与失败学习
- 积极领导风格与失败学习
- 消极和双面领导风格与失败学习

第 7 章　组织环境与失败学习

7.1　团队指责与失败学习

7.1.1　引言

个体感知的组织氛围会影响个体的情感和行为（Meng，Cheng，and Guo，2016）。在组织中的失败发生时，面对失败，不同的个体会有不同的反应（Wang et al.，2018）。一般来说，项目失败后，项目成员往往会互相指责（Blame）以掩盖自己的错误（Meng，2012）。先前的研究已经说明责备氛围会影响成员之间的沟通（Walker，Davis，and Stevenson，2017），导致更多的反社会行为并阻碍员工从失败中学习（Tjosvold，Yu，and Hui，2004）。然而，在当前的研究中，Tjosvold 等（2004）发现责备氛围和学习行为之间的直接关系尚不清楚。因此本研究认为，对于不同的个体感知到的责备氛围会导致不同的情感反应，由于他们使用的策略不同，导致行为也会不同。换句话说，责备氛围的影响可能因人而异，本研究的目标是探索失败后的团队指责行为如何影响员工个人的学习行为。

目前学界尚不清楚团队责备对从失败中学习影响的潜在机制。情感事件理论认为（Weiss and Cropanzano，1996），诸如项目失败后受到责备之类的工作事件可能导致情感反应（正面或负面），并进一步影响个体的态度和行为。因此，情绪在团队指责和从失败中学习之间可能起着中介作用。当面对失败时，不同的人会产生不同的情感，因此他们随后的行为也可能不同。在各种情绪中，愤怒感（Anger）是由指责和批评引起的一种典型情绪（Keaveney，2008；Pinkley，1990）。项目失败后，遭受团队指责的员工可能会被激起对失败的愤怒感，使得他们更多地参与到人际冲突中，因此他们不能从容地反思和学习失败的经历。因此，本研究认为团队指责会引起员工个体的愤怒感，这进一步阻碍了从失败中学习。

尽管愤怒感会产生不利影响，但是在前文我们已经提及，关于负面情绪的应对策略（应对导向）可以帮助员工减轻负面影响（Gross，2002）。前面章节也已经强调：个体对负面情绪调节的策略可以改变负面情绪的不利影响，有些人利用自己的资源从负面情绪中恢复过来（即恢复导向，通过着重于恢复或着重于情绪的应对策略）；一些人则更多地专注于解决问题（即损失导向，通过以事件为中心或以损失为中心的应对策略）。在项目失败中，关注问题（针对损失的应对行为）可以为个体提供对失败事件的深刻理解，而专注于情绪（针对恢复的应对行为）可以帮助个体缓解负面情绪（Byrne and Shepherd，2015）。考虑到负面事件发生后采取适当应对策略的好处，以损失和恢复为重点的应对策略可能会削弱愤怒感对从失败中学习的负面影响。

总而言之，由于先前的研究并未发现团队指责与失败学习之间存在明确的关系，本章开发并研究了解决此问题的理论模型（见图7-1），其中团队指责会通过员工产生的愤怒情绪阻碍员工失败后的学习行为，而损失导向（以事件为中心的应对策略）或恢复导向（以情绪为中心的应对策略）可能会调节这一关系。本研究对失败学习已有文献做了以下贡献。首先，本研究进一步丰富了关于从失败中学习的前因变量研究：以前的研究很少探讨团队指责对个人行为的影响，本研究从跨层的角度研究揭示了项目失败后团队的指责对个体学习行为的影响。其次，本研究探索了团队指责与员工个体失败学习之间的关系机制，发现了愤怒感在这种关系中的中介作用，为愤怒感在工作场所中的作用提供了新的见解。最后，本研究还捕获了失败后个体情绪应对策略的重要作用。适当的情绪应对策略可以帮助个体减少负面情绪的影响，这对于克服负面情绪的负面影响和激励个体做出积极的行为具有重要意义。

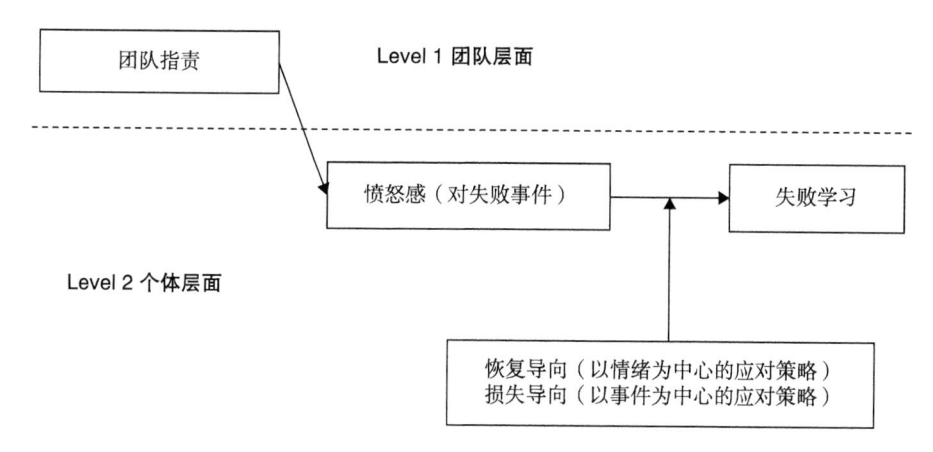

```
┌──────────┐
│  团队指责  │         Level 1 团队层面
└────┬─────┘
     │
- - -│- - - - - - - - - - - - - - - - - - - - - - - -
     ▼
┌──────────────────┐         ┌──────────┐
│ 愤怒感（对失败事件）│────────▶│ 失败学习  │
└──────────────────┘         └──────────┘
         ▲
Level 2  │
个体层面  │
         │
┌────────────────────────────┐
│ 恢复导向（以情绪为中心的应对策略）│
│ 损失导向（以事件为中心的应对策略）│
└────────────────────────────┘
```

图 7-1　"团队指责—失败学习"理论框架

7.1.2　理论背景与研究假设

组织氛围会影响个体的认知、情绪和行为。通过查阅文献，我们发现很少有学者研究消极的组织氛围（如责备氛围）对员工和组织的影响。以往的研究主要集中在积极的组织氛围上（如沟通氛围、创新合作氛围、支持氛围）（Bart and De Ridder，2004；Chen and Huang，2007；Meng，Cheng，and Guo，2016）。此外，关于团队指责如何影响个体学习行为的研究结果也不一致。Vince 等（2016）指出，责备氛围抑制了个体的反思和交流，不利于他们的学习行为。Khatri 等（2007）的研究指出，责备氛围会降低员工对组织活动的参与度。Field（2003）指出，为了避免被团队指责，团队成员倾向于避免承担责任，从而错过学习机会。然而，Forlano 和 Axelrod（1937）的研究结果表明，与表扬相比，责备有时能更好地激发个体的学习动机。Tjosvold 等（2004）的研究还指出，指责与学习行为的关系有待进一步探讨。因此，有必要从理论上厘清团队责备氛围与个体从失败中学习的关系。

组织氛围会通过影响个体的情绪来影响个体的学习行为。根据情绪事件理论，特定事件和对事件的认知会导致个体产生相应的情绪，从而影响他们的行为结果（Weiss and Cropanzano，1996）。通过文献回顾，本研究发现很少有学者探讨消极的组织气氛与愤怒感的关系，但以往的研究表明，个人感知到的消极气氛会对他们产生负面影响。例如，消极的组织氛围会减少成员之间的沟通（Vince and Saleem, 2016; Khatri et al., 2007），增加成员之间的冲突（Qureshi, Rasli, and Zaman, 2014），导致更多的反社会行为（Alike, 2000）。这些不良反应会使人变得易怒。愤怒感作为一种消极情绪，会影响个体的后续行为。在以往的研究中，大多数学者认为愤怒感会阻碍个体的学习行为。以往研究还表明，愤怒感会降低员工的工作满意度，减少员工的建设性行为等。Rami 和 Gould（2016）还指出，愤怒感会引发暴力事件，阻碍人际交流。Garg 等（2017）指出愤怒感会影响个体的信息加工过程，影响他们的决策。因此，本研究认为，在失败之后，团队的指责会让员工对失败产生愤怒感，进而阻止其从失败中学习。

此外，很少有研究使用个体的负面情绪（如愤怒感）作为中介变量来探讨团队指责对个体学习行为的影响。本研究以愤怒感作为中介变量来解释团队指责影响个体从失败中学习的机制，并以个体应对策略作为调节变量，观察个体在采取不同应对方式时，其消极情绪对其学习行为的不同影响策略。

个体的应对策略会影响他们的情绪和行为。Shepherd 等（2011）将个体对负面情绪的应对策略分为三类：事件应对策略（损失导向）、情绪应对策略（恢复导向）和震荡应对策略（震荡导向）。事件应对策略是指处理损失的各个方面，以打破与损失对象的情感联系；情绪应对策略是指抑制损失的感觉和对损失引起的第二压力源的主动性（Shepherd, Patzelt, and Wolfe, 2011）；震荡应对策略是在事件应对策略和情绪应对策略之间来回移动（Shepherd, Patzelt, and Wolfe, 2011）。在此，本研究着重考虑两种关注点不同的应对策略所发挥的不同作用。采用以事件为中心的应对策略的员工，可以从团队责备中获得有用的信息，从而在以后的工作中调整自己的行为。因此，愤怒感的负面影响得到缓解。对于那些采用以情绪为中心的应对策略的员工，他们的情绪资源可以通过分散他们对当前情况的注意力来补充，从而帮助减轻责备后消极情绪的负面影响（Shepherd, Patzelt, and Wolfe, 2011）。下面本研究将探讨个体应对策略在整个过程中的作用，以及不同的应对策略是否会产生不同的效果。

1. 团队指责、愤怒感和失败学习

根据以往的研究，组织氛围会影响个体情绪，积极的组织氛围会让个体感到放松（Meng, Cheng, and Guo, 2016），而消极的组织氛围会带来相反的结果。面对不愉快的情况，人们很容易表现出愤怒感（Keaveney，2008）。

第一，员工可能会对不愉快的情况表示愤怒（Meier and Robinson，2004）。当员工感受到一种强烈的责备氛围时，他们会觉得团队成员互相指责是为了让他们自己有更良好的感觉（Meng，2012）。他们会隐藏自己的错误，努力保护自己在团队中的声誉，并通过关注他人的错误来逃避责任（Tjosvold，Yu，and Hui，2004）。在这种人们逃避责任的氛围中，团队成员之间的互动可能会产生威胁，并且很可能会出现人际关系中的冲突和紧张（Van Dyck et al.，2005），团队中的成员会对这种不受欢迎的团队状态感到愤怒，变得更具攻击性（Zeng and Xia，2019）。

第二，由于所有成员都要对失败的项目负责，因此责怪特定的成员是不公平的（Meier and Robinson，2004）。先前的研究表明，消极情绪是对不公平情况的直接反应。例如，不公平是工作暴力的一个重要预测因素（Le Roy，Bastounis，and Poussard，2012）。对于个体来说，愤怒感是最强烈、最容易引发的负面情绪（Keaveney，2008）。因此，本研究提出，团队的责备会导致个体员工产生愤怒感，这也是员工对负面事件的直接反应（Le Roy，Bastounis，and Poussard，2012）。

第三，当员工感知到强烈的责备氛围时，他们会感到不安全。强烈的责备氛围意味着组织中的成员总是倾向于互相指责，组织中的个体很容易受到他人的批评和负面评价（Tjosvold，Yu，and Hui，2004）。这样使得他们可能担心自我形象和地位会受到负面影响（Meng，Cheng，and Guo，2016）。这种不安全感会使个体承受更大的压力，使他们感到紧张、沮丧甚至愤怒（Xiao，Wu，and Liao，2018）。

然而，愤怒感是项目失败的一部分。先前的研究表明，个体不仅对他们认为导致失败的人表现出愤怒感，而且还会将愤怒感转移到其他目标（Miller et al.，2003）。在团队成员都为自己的错误互相指责的团队中，人们很难将失败的主要原因归结于特定的人。取而代之的是，员工可能会激怒一个更具体的目标——项目失败。因此，团队成员更有可能会对更具体和原始的来源感到愤怒（也就是项目失败），从而对导致项目失败的人怀有敌意，并对失败与自己有关这一事实感到恼火。因此提出以下假设：

假设 7-1a：团队指责与员工的愤怒感正相关。

情绪事件理论认为，特定事件会通过情绪的影响改变人们随后的行为和态度（Meier and Robinson，2004）。根据情绪事件理论，个体对项目失败的愤怒感将进一步影响他们随后的行为（如从失败中学习）。

首先，愤怒感会阻碍信息交流。一方面，愤怒感会降低个体对同事或团队的信任（Blau，2007）。失败后的个体在遭受失败的折磨和团队中的指责行为后会感到恼火，员工可能开始怀疑同事处理项目的能力，减少协作行为（如交流和分享个人观点或知识）。另一方面，愤怒感的个体更容易对他人怀有敌意，这可能会增加群体中的人际冲突。此外，员工可能会拒绝他人的反馈，或无法获得有价值的信息，以帮助他们在未来的项目中进行改进。因此，他们无法整合信息并从失败中吸取教训（Meier and Robinson，2004）。

其次，愤怒感会消耗个体用于学习的资源。愤怒感作为一种消极情绪，会使人感到疲劳，消耗他们的情感资源（Besharat and Shahriar，2010）。愤怒感很容易使个体对外界产生敌意并参与人际冲突（Meier and Robinson，2004），过度关注冲突会占用他们的认知资源。正是由于情绪和认知资源的枯竭，员工很难从失败中学习（Becker and Curhan，2018）。

最后，对项目的愤怒感可能会破坏员工对团队和项目的承诺，也可能阻碍他们从失败中学习（Wang et al.，2018）。低水平的项目承诺会降低个体做出额外努力的动机，例如从失败中学习（Tsai and Young，2010）。因此提出以下假设：

假设 7-1b：愤怒感与失败学习负相关。

综上所述，团队指责会引起团队成员对项目失败的愤怒感，从而降低随后的学习行为（Weiss and Cropanzano，1996）。因此提出以下假设：

假设 7-1c：愤怒感在团队指责和员工从失败中学习之间起中介作用。

2. 损失导向的调节作用

由于失败等压力源会导致负面体验，以事件为中心的应对策略（损失导向）的基本原则之一是通过克服主要压力源（即项目失败）从失败中恢复

(Shepherd, Patzelt, and Wolfe, 2011)。首先，客观地回顾失败可以帮助员工做出更积极的行为。通过探索失败的真正原因，员工能够更深入地理解失败的项目（Corbett, Neck, and Detienne, 2007），因此可以对失败做出更客观的归因（Baron, 2000）。因此，他们可以更理性地看待失败并看到自己的缺点。一旦员工意识到了自己的不足，他们就会专注于解决问题，而不是沉浸在消极情绪中。因此，他们可能会表现出更积极的行为，例如从失败中学习（Lebel, 2017）。同时，客观地看待失败可以减少因愤怒感引起的人际冲突，增加成员之间的信息交流（Corbett, Neck, and Detienne, 2007），这也有助于个体的学习行为。因此，愤怒感的负面影响会减少。其次，对失败的深入思考使个体能够为与失败相关的事件分配更多的资源。具有高水平的恢复导向的员工会控制自己的行为，将资源集中在失败的项目上（Shepherd, Patzelt, and Wolfe, 2011），这可以减轻愤怒感导致的资源枯竭的负面影响。

相比之下，那些不太关注失败本身问题的员工（采取低水平的以事件为中心的策略）更容易误解他们在失败中的角色。他们倾向于将失败归咎于其他成员，而不是为未来的工作承担责任和提升自己（Keltner, Ellsworth, and Edwards, 1993）。因此，失败后，他们不会为项目使用额外的资源并进行学习。因此提出以下假设：

假设7-2：损失导向（以事件为中心的应对策略）可以减轻愤怒感对失败学习的负面影响。

3. 恢复导向的调节作用

以情绪为中心的应对策略（恢复导向）侧重于从失败事件后的消极情绪中恢复过来，将注意力从消极体验转移到其他目标上（Shepherd, Patzelt, and Wolfe, 2011）。高水平的恢复导向的员工受负面情绪的影响较小。实施以情绪为中心的应对策略可以帮助人们摆脱失败后的不愉快，从而最大限度地减少失败后的负面情绪。因此，员工能够从消极情绪中恢复过来，减少对项目和团队成员的敌意（Shepherd, Patzelt, and Wolfe, 2011）。因此，由愤怒感引起的人际冲突会减少，项目成员可以更和平地讨论与失败有关的事情，交流更多的信息，更好地从失败中吸取教训，由此可以减少愤怒感带来的负面影响。此外，实施以情绪为中心的应对策略有助于补充个体的认知资源。高效学习需要认知和情感资源（Dahlin, Chuang, and Roulet, 2018; Hu and Yeo, 2020）。然而，愤怒感会耗尽这些资源（如卷入人际冲突）（Becker and Curhan, 2018; Hagger et al., 2010）。采取高水平的以情绪为中心的应对策略的员工倾向于避免主要压力源（即项目失败），并开始"清理"由项目失败造成的损失（即次级压力源）（Stroebe and Schut, 1999）。因此，他们可以从其他领域获得或恢复能量（如从亲密的朋友或家人处），从而缓冲愤怒感对后续学习行为的不利影响。

相反地，由于难以从失败中退出，较少调节自身负面情绪的个体（即低水平的恢复导向）更有可能沉浸在消极情绪中，这会加剧愤怒感的负面影响。因此提出以下假设：

假设 7-3：恢复导向（以情绪为中心的应对策略）可以减轻愤怒感对失败学习的负面影响。

7.1.3　总结与讨论

本研究针对 Tjosvold 等（2004）提出的理论缺口，在逻辑上为一系列潜在机制建立了一个模型，以解释失败后的团队指责行为如何及何时阻碍项目团队成员从失败中学习。本研究认为愤怒感在团队责备和员工失败学习行为之间起中介作用，而以事件情绪为中心的应对策略（损失导向）或以情绪为中心的应对策略（恢复导向）可以缓和愤怒感对从失败中学习的负面影响。

1. 理论意义

本研究的理论贡献有三个方面。首先，本研究丰富了从失败中学习的前因变量的研究。以往的研究通常集中于一般变量（如领导能力和个性），本研究揭示了项目失败后团队指责对员工个体行为的影响。先前的研究表明，团队氛围会对个体行为产生影响。Meng 等（2006）的研究表明，积极的团队氛围会增加员工的心理安全感，增加员工的自我表达能力，增强员工的创造力。本研究表明，消极的团队氛围（如责备的氛围）会抑制员工之间的信息交流，并抑制他们的学习行为。因此，本研究的发现丰富了团队氛围对员工学习行为影响的研究。

其次，本研究探讨了团队指责与员工从失败中学习的关系。Blau（2006，2007，2008）强调，工作场所的负面事件（如项目团队失败）会导致愤怒感，本研究认为责备的氛围所引发的愤怒感阻碍了员工学习过程（Keltner, Ellsworth, and Edwards, 1993；Wood and Newton, 2003）。因此，本研究提供了一个潜在的心理层面的变量，作为团队指责和员工失败学习行为的关系中介，回应了先前的研究（Tjosvold, Yu, and Hui, 2004）。尽管各种研究都阐述了负面情绪的不利影响，但愤怒感有时被视为一种例外，它可能会导致理想的结果。例如，Lebel（2017）指出，经历过愤怒感可以提高个体的自我效能感，从而导致积极的行为。然而，在现有的研究中，愤怒感（至少是由责备引起的愤怒感）会对个体的后续行为产生负面影响。本研究的发现揭示了将愤怒感的来源考虑在内的必要性。换言之，愤怒感的后果可能会因愤怒感的来源而有所不同，例如，它是由关系冲突（如和同事产生矛盾）引起的还是纯粹由工作事件（如项目失败）引起的。本研究认为客观因素引起的愤怒感可以激励员工解决问题。然而，关系冲突引发的愤怒感可能会导致反社会行为。

此外，以往的研究通常集中在愤怒感驱动下的趋近行为（如攻击性行为）（Lohr, Hamberge, and Bonge, 1988），但本研究发现愤怒感也会导致退缩行为（即从失败中学习的减少）。然而，正如 Zinner 和 Associates（2008）指出的那样，愤怒感可能导致员工在某些情况下的退缩行为，本研究的研究结果与之前的研究结果并不矛盾，并且反映了愤怒感的不同方面的作用。由于个体资源有限（Hobfoll et al., 2018），人际冲突（如指责他人）会耗尽个体的情感和认知资源。因此，他们没有足够的资源工作，这种现象表现为退缩行为（即角色内行为减少或做出角色外行为，如在工作场所学习）。从更直接的角度来看，对项目失败的愤怒感可能会破坏团队成员对团队的承诺。因为在工作中表现反社会行为是不恰当的（Zinner et al., 2008），员工更可能通过不作为（即不从失败中吸取教训）进行报复。因此，本研究的发现为愤怒感在工作场所中的作用提供了新的见解。

最后，本研究也捕捉到个体失败后应对行为的重要作用。以前的研究认为，以事件为中心的应对策略（损失导向）直接有益于失败后的学习，但会导致消极的心理状态；而以情绪为中心的应对策略（恢复导向）有益于心理状态的恢复，但会阻碍学习（Shepherd，Patzelt，and Wolfe，2011）。本研究将负面情绪的应对导向视为边界变量，并提出损失导向和恢复导向都可以缓和愤怒感对从失败中学习的负面影响。事实上，注重恢复的应对策略的好处需要时间来体现，这种策略不能在短期内缓冲失败的负面影响。因此，后续研究若需对此进行实证检验，最好采取非横截面数据进行调研。

2. 实践意义

本研究为管理实践做出了以下贡献。首先，本研究发现，团队的指责所引发的责备氛围会导致诸如愤怒感等负面情绪，从而阻碍员工的学习行为。因此，团队领导者和管理者应该营造一个更具支持性的氛围，对错误或失败给予更多的宽容。例如，管理者可以表现出更多的辅导行为，并指导员工进行事后回顾（Ellis，Mendel，and Nir，2006），这两种方法都有助于员工更有效地从失败中学习。

其次，本研究的结果显示，适当的应对策略可以缓冲愤怒感的负面影响。根据 Shepherd（2003）的建议，员工应该同时利用损失导向和恢复导向的应对策略，也就是在前文我们所提及的震荡导向（交替使用损失导向和恢复导向）。根据 Shepherd（2003）的双过程模型，关注问题（即项目失败的原因）有助于员工获得有用的信息，而以情绪为中心的行为可以减少失败导致的负面情绪。换言之，同时实施两种应对行为，不仅能带来积极的心理状态，也能提高学习效率。因此，管理者可以通过培训来培养员工的自我调节能力，帮助员工在负面事件发生后采取适当的应对策略。

7.2 组织失败厌恶文化与失败学习

7.2.1 失败厌恶理论简述与模型构建

近年来，学界对组织对待失败的态度在失败学习过程中的作用关注较少。事实上，教育心理学和行为经济学的研究已经揭示了个体对失败的总体态度在影响他们失败后的学习行为中的关键作用。例如，Alamri 和 Fawzi（2016）发现，对犯口头错误持积极态度的学生（失败被认为是一种特定类型的错误）通常会表现出更好的语言学习成绩。然而，从组织层面上来看，并未有学者将组织层面对失败的态度作为研究影响失败学习影响因素的前因变量。为了弥补这一理论上的差距，本研究旨在考察组织内的工作背景下对失败的厌恶文化（Failure Aversion Culture）（即对失败持消极态度的组织文化）影响组织内员工学习行为的内在机制。

根据 Zhao 和 Olivera（2006）的理论框架，对于失败的认知和注意过程比行为反应（如学习行为）发生得更早，这说明认知和注意过程在预测失败后的学习活动中具有独特和基本的作用。Frese 和 Keith（2015）的评论还指出，从失败中学习是个体认知和注意力过程及他们接受失败的心态的结果。具体而言，当组织文化将失败视为负面或污名化事件时，组织内的员工往往会对自己进行负面评价（如自我怀疑和自我价值感），并投入注意力/认知来理解遇到的失败，找到避免重复的解决方案（Frese and Keith，2015）。基于这一基本原理，本研究提出，具有高度失败厌恶文化组织内部的员工更有可能在失败后保持更消极的自我评价（即产生更多的自尊丧失）和将更多的注意力资源分配给失败（即更频繁地表现出以事件为中心的应对策略，也就是损失导向）。一方面，虽然自尊的丧失和以事件为中心的应对策略都是由组织对失败的厌恶文化引起的，但自尊的丧失会损害个体的学习动机，因此这会对从失败中学习有负面影响；另一方面，以事件为中心的应对策略可以帮助人们将认知资源分配给失败的事件，这将有助于从失败中学习。

此外，正如 Frese 和 Keith（2015）所指出的那样，个体从失败中学习不仅可能受到他们对失败的特定态度（即厌恶失败）的影响，还可能受到他们对学习的一般态度（即学习目标导向）的影响，也就是说学习目标导向可能会通过削弱或加强失败的影响来影响从失败中学习。具体来说，学习目标导向越强的人，当他们失去自尊时，就越能激发自己的学习动力，因为这些人渴望通过学习来发展自己的能力，他们也相信自己有学习的能力。因此，他们更有可能从失败中找到学习的价值，并通过学习发展他们的自尊需求。这反过来又削弱了失去自尊对从失败中学习的负面影响。此外，拥有更强学习目标导向的人将意外情况视为知识的来源，并喜欢掌控具有挑战性或压力的环境（Vandewalle，1997）。因此，当他们遇到项目失败时，他们会分配更多的注意力资源来应对失败，并经历一系列由失败事件引起的负面情绪，这反过来又加强了以事件为中心的应对策略和从失败中学习之间的积极关系。

综上所述,本研究旨在探讨组织的失败厌恶文化如何通过影响员工个体的认知和注意过程(即自尊丧失和损失导向),进而影响员工从失败中学习的过程,并加入了学习目标导向在认知/注意反应和从失败中学习的调节作用,构建了如图7-2所示的跨层理论模型,从以下三个方面做出贡献。首先,本研究通过提出组织失败厌恶文化来扩展关于从失败中学习的前因的文献。其次,本研究提出了两条认知和注意力途径来联系组织层面的失败厌恶文化和员工个体层面的失败学习行为,这样可以解决失败厌恶的光明面和黑暗面,并揭示组织失败厌恶文化在促进或阻碍员工个体从失败中学习的认知过程。最后,本研究揭示了学习目标导向在认知/注意反应和从失败中学习的调节作用,它可以调节失败后的认知/注意力过程。下面就以上的理论假设进行系统阐释。

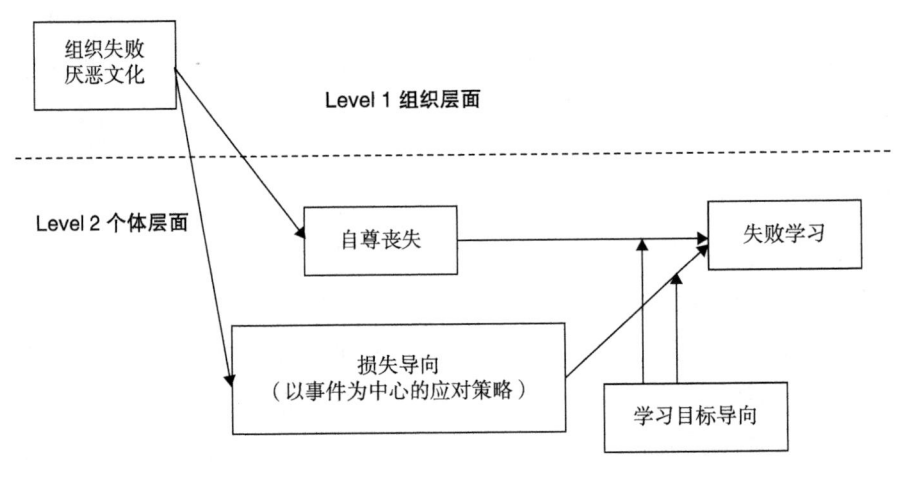

图 7-2 "组织失败厌恶文化—失败学习"理论框架

7.2.2 理论背景与研究假设

1. 自尊丧失的中介作用

如前文所述,个体对失败的态度会影响其失败后的认知反应(如自我评价)。自尊(Self-esteem)表示"个人对自己能力的总体自我评价"(Pierce and Gardner, 2004)。以前的研究表明,个体的个人经历所引发的效能感和能力感，在影响他们的自尊方面起着至关重要的作用（Pierce and Gardner，2004）。一般来说，成功的经历会增加一个人的自尊，而个体更容易在失败后察觉到自尊的丧失。然而，Bura（1997）指出，个体对其表现的解释（如失败或成功）在特定事件后影响自尊方面起着更深层次的作用。例如，那些认为项目失败是工作场所常见事件的人不一定会在失败后失去自尊。

相比之下，在一个对失败厌恶程度较高的组织内的员工，则会倾向于为项目赌上自己的价值，并将遭遇的失败解释为自己无能的标志。因此，他们在失败后可能会经历更多自我价值感的自我怀疑，这反过来又会引发他们自尊心的更大损失。根据Crocker和Wolfe（2001）的研究，个体的自尊是基于他们在特定领域的经验，他们已经把自己的价值押在这些领域上。当他们在自我价值所在的领域遭遇失败时，他们会失去自尊（Jenkins，Wiklund，and Brundin，2014）。因此提出以下假设：

假设7-4：组织厌恶失败文化与员工自尊丧失正相关。

个体的学习动机取决于可用于学习活动的资源水平（Dahlin，Chuang，and Roulet，2018），以及他们对学习价值和实现学习结果的可能性的感知（Zhao，2011）。以自我评价对动机和行为影响的文献为基础（如Boekaerts，1996；Shih，2008），本研究在此假设，自尊的丧失将通过改变认知资源的方向，扭曲个体对失败学习的期望和效价，降低个体从失败中学习的动机。更具体地说，当人们经历自尊的丧失时，他们会将注意力转向他们的个人需求（即保持和增强他们自己的自尊）（Tharenou，1979），以维持期望的自尊状态，而不是参与学习活动。鉴于个体只有有限的资源（Hobfoll，1989；Hobfoll et al.，2018），这些分配认知资源来保持自尊的人，可能没有足够的个人资源来找到有用的信息，并从自己的失败中学习。

此外，自尊的丧失也会通过降低个体对学习的预期和效价来降低个体的学习动机。失去自尊的个体可能会将暂时的失败视为永久的失败。在这种情况下，个体会认为学习具有较低的效价，因为失败似乎是无法解决的。此外，经历自尊丧失的员工会感到自己的价值较低（Jenkins，Wiklund，and Brundin，2014）。因此，他们不会相信自己有能力应对失败，这可能会降低他们对实现学习成果的可能性的看法。有研究人员认为,个人价值(自尊的核心内容)较低的人因此会有较低的期望和效价信念(Feather, 1988)。同时,研究者也指出,个体的期望和效价判断与他们的学习动机正相关(Zhao, 2011)。总的来说,在工作失败后,自尊损失更多的员工更有可能努力保持或增强自尊,而且他们往往认为学习的价值更低,导致从失败中学习的水平更低。因此提出以下假设:

假设7-5:自尊丧失与从失败中学习负相关。

总的来看,对失败厌恶程度较高的组织内的员工,在项目失败后会表现出自尊心的丧失,这又会进一步削弱从失败中学习的动机,自尊丧失在这一关系中起到了中介作用。因此提出以下假设:

假设7-6:自尊丧失在组织失败厌恶文化和员工失败学习的负相关关系中起中介作用。

2. 损失导向的中介作用

前文已经介绍了损失导向(以事件为中心的应对策略)是指个体努力克服和处理损失的各个方面,以打破与损失对象的情感纽带(Shepherd, Patzelt, and Wolfe, 2011)。事实上,应对失败的策略因人而异(Shepherd, 2003)。本研究认为,对失败采取厌恶文化的组织内员工,通常采取损失导向来处理他们遇到的失败,这有几个原因。首先,这类组织内的员工倾向于将失败视为一种耻辱事件(Van Dyck et al., 2005)。为了恢复自己的声誉,他们会通过在失败事件中增加更多的注意力来源,并处理相关信息来解决问题(即采用损失导向),从而努力掌控失败事件的影响并将其最小化。这一论点的间接证据来自厌恶损失(Loss Aversion)文献(厌恶失败可被视为一种厌恶损失),文献表明,个体因厌恶损失而增加了应对损失的注意力来源(Yechiam and Hochman, 2013, 2014)。

其次,失败厌恶文化内的组织员工由于害怕犯错误,可能会经历更多的焦虑、抑郁等负面情绪。为了应对这些负面情绪,他们会将注意力转向打破通向失败的情感纽带,从而改善个体以事件为中心的应对策略,也就是采取损失导向。因此提出以下假设：

假设7-7：组织失败厌恶文化与员工采取损失导向正相关。

如前所述，通过采取损失导向，个体将分配他们更多的注意力资源来应对失败，以及由经历失败事件引起的一系列负面情绪。关注失败事件可以帮助个体通过扫描和处理失败信息来发现项目失败的原因。通过了解失败的原因，个体可以调整他们关于如何处理这些失败及未来应该做什么的信念系统，从而提高他们从失败中学习的能力（Shepherd, Patzelt, and Wolfe, 2011）。为了支持这一论点，Kim 和 Miner（2007）的研究表明，揭示项目失败的原因可以增加个体对未来可能采取的行动和路线的信息探索（一种重要的学习方式）。除了专注于失败本身，当个体处理自己因失败而产生的负面情绪时，也可以增加他们从失败中学习的能力。也就是说，通过处理负面情绪，个体可以打破与失败事件的负面联系，可以使个体分配更多的注意力来源来关注导致失败的事件，以揭示项目失败的原因，而不是陷入这种负面情绪状态。以往的研究表明，负面情绪阻碍个体后续的学习行为（Zhao, 2011; Shepherd, 2003）。因此，处理这种负面情绪可以促进个人的学习行为。因此提出以下假设：

假设7-8：损失导向与失败学习正相关。

总之，作为一种对失败的稳定态度，失败厌恶文化组织内的员工会触发他们的损失导向，这反过来又会增加他们随后的学习行为。因此，损失导向是组织失败厌恶文化和员工从失败中学习之间的中介变量。因此提出以下假设：

假设7-9：损失导向在组织失败厌恶文化和员工失败学习之间的正相关关系中起中介作用。

3. 学习目标导向的调节作用

关于学习目标导向的作用，我们在前面几章已经有所讨论。学习目标导向指的是通过获得新技能、掌控新情况和提高个人能力来发展自我的愿望

(Vandewalle, 1997)。学习目标导向越强的人越倾向于追求新知识,提高自己的能力,掌控新情况。个体的学习目标导向可以通过促进其学习动机来影响其认知和注意反应与学习行为之间的关系。如前文所述,丧失自尊的人可能会将注意力从主要任务或项目转移到自尊需求上,并低估学习的潜在价值,因此这与从失败中学习有负面关系。学习目标导向更强的人认为学习是他们自尊需求的核心内容,因为他们渴望通过学习来发展自己,并相信他们有能力学习。因此,当学习目标导向更强的个体感觉到自尊的丧失时,他们会将更多的认知来源分配到学习活动中,以保持他们想要的自尊地位。因此,学习目标导向可以削弱失去自尊和从失败中学习之间的负相关关系。

此外,学习目标导向水平较高的人更有可能发现从失败中学习的潜在价值,因为他们总是将挑战视为提高知识和能力的机会,而不是需要避免的威胁(Ng and Lucianetti, 2018; Vandewalle, Nerstad, and Dysvik, 2019)。即使学习目标导向更强的个体在失败事件后感到自尊的丧失,他们仍然可以发展以解决方案为导向的自我指导来应对失败,并将学习结果评估为有价值的,从而提高他们从失败中学习的期望和价值。因此提出以下假设:

假设7-10:学习目标导向调节了自尊丧失和从失败中学习之间的关系,使得学习目标导向水平较高的员工这一关系更弱。

如前文所述,以事件为中心的应对策略,可以通过打破失败的负面联系和揭示失败的原因来提高其学习行为。个体的学习目标导向可以通过调节个体的认知资源来影响其以事件为中心的应对策略和从失败中学习之间的关系。学习目标导向更强的个体,倾向于用积极的思维来帮助自己在失败后从负面情绪中振作起来,因为他们总是把意想不到的情况视为知识的来源(Vandewalle, 1997)。因此,他们可以很容易地使用以事件为中心的应对策略来打破失败事件的负面联系,这反过来又增加了从失败中学习的机会。

此外,学习目标导向水平较高的人往往会掌控具有挑战性的情况,因此他们会分配更多的注意力资源来揭示项目失败的原因。如前文所述,以事件为中心的应对策略(损失导向)可以通过打破失败的负面联系和揭示失败的原因来提高学习行为。个体的学习目标导向可以通过调节个体的认知资源来影响其采取损失导向和从失败中学习之间的关系。学习目标导向更强的个体倾向于用积极的思维来帮助自己在失败后从负面情绪中振作起来，因为他们总是把意想不到的情况视为知识的来源（Vandewalle，Nerstad，and Dysvik，2019）。因此，他们可以很容易地使用以事件为中心的应对策略来打破失败事件的负面联系，这反过来又增加了从失败中学习的机会。此外，学习目标导向水平较高的人往往会掌控具有挑战性的情况，因此他们会分配更多揭示项目失败原因的注意力来源（Vandewalle，1997）。当他们使用以事件为中心的应对策略来应对失败时，他们会获得更多的注意力来源来解释项目失败的原因，从而进一步促进他们的学习动机。因此提出以下假设：

假设7-11：学习目标导向调节了损失导向和从失败中学习之间的关系，使得学习目标导向水平较高的员工这一关系更强。

7.2.3 总结与讨论

1. 理论意义

本研究表明，组织文化会显著影响员工的失败学习行为。失败厌恶文化内的组织员工，会通过损失导向的以事件为中心的应对策略，来中介并增强他们从失败中学习的水平，而通过自尊丧失来阻碍从失败中的学习。本研究在三个方面对失败学习的文献做出了贡献。

第一，本研究进一步扩展了关于失败学习的前因的文献，提出并检验了组织失败厌恶文化可以作为一个更基本和最接近的预测因素，从跨层的角度影响员工的行为反应。虽然对失败的态度在影响学习行为方面发挥着重要作用，并且已经在教育心理学和行为经济学等其他领域进行了探索（如Alamri and Fawzi，2016；Yechiam and Hochman，2013），但是组织学者很少关注组织层面对失败的态度在预测其内部员工后续学习行为中的作用。因此，本研究从组织的角度出发，进一步扩充了对个体失败厌恶研究的局限性。

第二，本研究采用了认知的观点来解释组织失败厌恶文化如何影响员工从失败中学习。尽管Frese和Keith（2015）提出失败会引发不同的认知反应，但检验和发展这一假设的证据有限。本研究整合了两种不同的认知和注意过程的文献，通过理论阐述发现，员工对失败的厌恶会通过改变自尊和损失导向的以事件为中心的应对策略来减少或增强后续的学习活动。因此，本研究为组织失败厌恶文化如何通过不同的认知传导机制影响员工个体从失败中学习提供了理论思路。此外，先前的研究表明，个体的厌恶态度通常会导致负面结果。例如，Fullerton 和 Umphrey（2016）发现，厌恶数学的人数学成绩较低。然而，本研究也发现了组织层面的厌恶文化对个体学习行为的积极影响，这鼓励其他学者在未来可以进一步探索组织或个体厌恶态度的光明一面。

第三，本研究考虑了学习目标导向在认知反应——学习行为关系中的作用。尽管学习目标导向在学习领域的重要作用已经得到认可，但很少有研究者关注学习目标导向在工作失败环境中后续学习过程中的作用。原因可能是与失败学习之间的直接作用在以前的研究中没有得到支持（Zhao, 2011）。本研究有助于通过将学习目标导向融入个体认知过程，从而加深对个体从失败中学习的理解。本研究猜测学习目标导向能够缓和负面认知反应（即自尊的丧失）与学习行为之间的负面关系，从而当个体拥有更强的学习目标导向时，这种负面关系变弱。

2. 实践意义

本研究同样具有高度的实践意义。组织厌恶失败的文化是从失败中学习的一个重要的态度上的前因，它可以通过两种不同的认知机制阻碍或促进个体从失败中学习。一种是引发员工个体负面评价循环（即丧失自尊）；另一种是引导个体将更多的认知资源分配给失败事件池来处理它们（即以事件为中心的应对策略，也就是损失导向）。这些发现表明，组织需要合理营造自身对失败的文化氛围，既要肯定失败的好处，也要及时发现失败的不利影响，针对不同的员工需要合理引导其采取正确的态度面对失败，将组织文化的有利方面最大限度地发挥出来。而员工个体可以通过重建自尊或发展一种以失败为中心的应对策略，这可以帮助其从失败中学到更多。为了重建个体自尊，管理者应该为员工提供多种支持来维持他们的自尊。先前的研究表明，支持性环境可以促进个体拥有更多的自尊心（Raboteg-Saric and Sakic, 2014）。此外，管理者还可以为员工提供培训计划，以发展他们的自我调节能力，使他们能够通过采取以事件为中心的应对策略轻松处理负面事件。另外，本研究表明，学习目标导向可以缓和自尊丧失和从失败中学习之间的负面关系。因此，除了关注失败后的个体认知反应，管理者也可以选择或培养员工拥有更强的学习目标导向，以提升其在失败厌恶文化组织内的学习能力。员工自身也需及时加强自身的学习意识，做到"学在工作，用在工作"，用学习的眼光面对失败。

第8章 领导风格与失败学习

8.1 积极领导风格与失败学习

8.1.1 引言

失败学习从根本上来说，还是员工与组织的学习过程，这也符合当前大多数组织建设学习型组织的要求。在学习型组织的建设过程中，发挥主导力量不能只依赖员工，领导如何带领员工、如何发挥员工学习的主动性仍然是摆在各个企业面前的重要难题。一个企业领导者的领导风格是创建学习型组织的关键，所以无论是在实践中还是在理论上，都迫切需要研究什么样的领导风格更能推动企业构建学习型组织，进而在组织遭受项目失败后带领其员工走上学习的道路。

事实上，关于领导风格的研究有很多，在中国文化与西方文化不同的背景下，领导所表现出的特质有很大的差异。针对中国人固有的特征，不少学者提出了针对东方文化所特有的领导特质，例如，"上下有序，谦卑并存"的差序式领导，"权威仁慈，德行恩惠"并存的家长式领导。而西方学者根据西方国家的文化背景提出了更具有普适性意义的多种领导风格，例如，"海纳百川，有容乃大"的包容型领导，"审视自我，广开言路"的谦逊型领导等。关于不同领导风格与失败学习的影响关系，尚未有学者进行过系统的研究，仅有少量学者针对领导风格对组织学习的影响进行过探讨。针对领导风格与组织学习的关系，大多数学者从不同风格对个体行为的影响展开探讨。其中于海波等（2017）针对东西方文化所对应的四种领导风格，探讨了其对组织学习的不同作用，并得出结论认为：服务型领导、变革型领导、家长式领导和交易型领导对于组织学习的影响作用逐渐递减。然而，关于其他领导风格对于组织或个体学习的影响研究，国内仍然处于空白阶段。而国外学者针对领导与学习的关系研究相比国内进展丰富。例如，Vera 等（2004）系统地对变革型领导、交易型领导分别与组织学习的关系进行了理论构建，认为无论是变革型领导还是交易型领导都会激发组织学习，只不过变革型领导常会为构建组织学习对组织提出挑战，而交易型领导更容易强化组织学习。Berson 等（2006）对领导与组织学习之间的关系进行了系统的理论分析，认为领导通过营造良好的学习环境或利用人力资源管理方法来推动组织学习。Senge（2010）认为，组织学习需要教练风格的领导……但是，仍未有学者将不同类型或行为表现的领导风格进行分类研究。因此，在众多的领导风格中，究竟哪些有利于组织与员工个体的学习而哪些具有不利影响，目前并未有系统的研究。本章拟对此问题从理论上构建模型，对学界主流探讨的领导风格进行聚类探究。

当前学界针对领导风格对组织或员工个体的影响的研究纷繁复杂，所以在将领导风格进行分类时，本章依据现有学者对不同领导风格影响的正面性或负面性评价等进行研究。因此，本章选择了日常工作或生活中失败场景下常见的几种领导类型，并进行了初步分类，从理论上阐述其对失败学习可能造成的影响，以此为企业或领导日常的失败管理提供初步的理论依据。这些领导风格包括：对组织学习产生影响的学习型领导，对项目进程中错误采取包容态度的包容型领导，对项目计划保有极度自信的自恋型领导，对团队或员工失败后可能采取严厉措施的辱虐式领导，对企业发展或项目管理具有高度责任心的责任型领导，对员工授以高度自主权利的授权型领导，对员工具有高度关怀精神的家长式领导，对员工思想和行为计划等进行"独裁"的专权型领导。下文将分别从理论上探讨其对员工在失败后学习行为可能产生的多种影响。

8.1.2　积极领导风格与失败学习

关于积极的领导风格，主要体现在领导所做出的行为模式、情感表露等具有积极倾向。根据现有学者对领导特质的研究，本研究将学习型领导、包容型领导、责任型领导、授权型领导作为积极领导风格进行探讨。

1. 学习型领导与失败学习

学习型领导顾名思义，是指领导者为了有效地实现领导目标，引领被领导者通过学习获取知识、传递知识、创新知识、应用知识，进而使被领导者对组织的决策有深刻理解与认同，并通过学习主动地、创造性地开展工作的领导行为。学习型领导是在知识经济时代产生的一种新的领导方式。领导者通过学习汲取营养、成就自我，不断提升自己的"软实力"、竞争力和领导力，实现"学以立德、学以增智、学以强能、学以创业"。学习型领导具有三种典型特征：第一，学习型领导是一种柔性领导。学习型领导不是一种通过强制的力量达到领导目的的粗暴行为，而是一种温和的、柔性的领导过程。在面对项目失败时，学习型领导不会因为未达到预期结果而对员工施以负面态度，反而会激励员工通过自身努力达成快速学习的目的。第二，学习型领导是一种共享的领导模式，共享领导主要表现为尊重、倾听、鼓励他人、分享知识和成果。第三，学习型领导还是一种创新领导，他们以引导、带动人们进行主动学习为出发点，让组织成员接受新知识、新思维，让人们从学习和实践中体会、理解并认同领导思维和领导目标，发现有创新意义的新方式、新方法。通过学习型领导，可以让思维得到发展，也能在宽松的环境中广开言路，提出新意见和新见解。因此这类领导能够静心倾听员工对导致失败的原因的分析与总结，对于后续的学习必定大有裨益。

2. 包容型领导与失败学习

包容型领导的概念首先由国外学者提出，国外学者对其与员工行为的研究颇丰。针对其概念，Nembhard 和 Edmondson 于 2006 年明确提出"领导者包容性"的概念，即"一位领导者或领导者们对其他人的贡献表示出邀请（Invitation）和欣赏（Appreciation）的言论和行为"。在此基础上，众多学者研究了其对员工行为造成的诸多影响，例如 Komives 等（1998）认为可以从三方面实践领导的包容性，如从知识方面，领导需要了解自己和他人，学习新的知识，开发自己角色扮演所需要的能力；态度方面，愿意接纳差异，重视他人的观点；技能方面，带着同理心倾听，掌控人际交往技能及学会有礼貌地沟通。也有学者对此提出了不同的见解，例如 Wasserman 等（2008）认为，工作环境中错综复杂的多样化，会给领导实践带来许多挑战，包容型领导者需要展现灵活性、勇气、勇于试错等良好品质，来促进开放性的沟通和互动，明确地重新定义可接受的行为边界和组织规则，以使这些规则适用于每个人并对每个人有意义；创造探讨差异的沟通机会及很好地平衡过程和任务结果；理解和从容面对差异。不管表现如何，包容型领导所展现出的行为特质都能为组织或个体带来充足的利好，因此在项目失败后，这类领导能够极大程度地包容员工所犯的差错或出现的失误，并且可能会采取创新措施或利他行为，保护员工免受失败事件的不利打击，因此对于失败后员工或组织的学习能够起到明显的促进作用。

3. 责任型领导与失败学习

责任型领导的概念发展经历了三种视角的变迁，即从领导者与不同利益相关者建立可持续的信任关系的"关系视角"，到责任型领导是通过平等对话与民主协商的方式来化解各利益相关者的利益冲突，并与他们建立互利共赢关系的"过程视角"，再到责任型领导的具体行为特征及其承担的社会责任范围、程度的"行为视角"三个阶段。基于上述三个不同理论视角的定义，彭坚等（2018）提出了责任型领导的概念，认为责任型领导属于一种遵循道德规范，与组织内外各利益相关者进行平等对话和民主协商，并在此过程中做到行善与避害，以建立起信任关系的领导行为。因此，责任型领导所表现出的领导特质具有高度的利组织与利员工性。从社会学习的角度出发，基于社会学习理论，Doh 和 Quigley（2014）提出了责任型领导具有的知识分享的特征。一方面，责任型领导为下属提供了有价值的诱因，下属会因为受惠于责任型领导而做出一些回馈行为，这些回馈行为不仅体现在努力完成角色内工作，还包括超越工作要求、对集体有益的角色外行为；另一方面，责任型领导在决策过程中会与下属交换信息与意见，能够成为下属的角色榜样并使下属习得这种"乐于分享和交换意见"的观念，进而促进知识共享。而从社会交换的理论视角来看，责任型领导鼓励下属参与决策，能够使下属产生主人翁意识，提升心理所有权，而心理所有权能激发下属表现出较高的亲组织的行为，如组织公民行为和工作绩效（Doh and Quigley, 2014）。因此，当失败发生后，责任型领导能够主动推动员工的学习，并以身作则，加强与员工的联系与交流，主动与员工探索失败原因，并对后续学习决策加强起到至关重要的影响。因此高水平的责任型领导有利于员工失败后的学习行为。

4. 授权型领导与失败学习

授权型领导由 Pearce 等（2003）率先提出，是一种鼓励下属自我领导的独立领导方式，更加强调赋予下属一定的决策自主权及激发其自主工作的能力，能够营造权力共享、互相信任的组织氛围。其后，又有不同学者对授权型领导的内涵予以解释，但更多是从"情境授权"和"心理授权"两大视角展开讨论。Deci（1971）也指出，个体心理需要的满足是促进其繁荣发展的关键因素。关于授权型领导的积极作用，不少学者已经进行了探讨，大多数学者认为，授权型领导通过向下属传达其工作的意义，通过授予下属适度的工作权限以鼓励下属共同参与决策，并实时向下属传递积极的工作正能量，使下属感知到较多的组织关怀。在失败发生后，授权型领导能够积极鼓励员工参与组织的下一步发展计划决策，给予员工对未来工作充分的参与度，这能够从深层次激发员工总结失败原因的热情与信心。满足其更高层次的需求——精神需求，进而激发员工的工作活力与学习热情，保持较高的学习能力。因此高水平的授权型领导风格同样有利于员工失败学习。

8.1.3 管理与实践建议

领导者在日常管理过程中应该熟知自身特点，找准自身定位，尽量采取积极领导风格的措施管理员工和团队。在了解自身特点后，应扬长避短，将积极领导风格的优点发挥最大化的作用。要知道，一个成功的领导者能够兼具多种积极的品质是十分难能可贵的，具有积极领导风格的领导要继续保持自身的领导风格，在遭遇了项目失败后，需能够保持镇定，将自身的引领作用发挥出来，在员工中树立榜样作用，带领团队尽快走出失败的阴霾。而员工在日常项目推进中也要顺应上级的领导风格，主动跟从领导并给予领导足够的帮助，这样能最大限度地避免失败的发生。若工作中出现了失败的情况，员工也应理性应对，协助领导积极处理失败事故，并从中学习知识和技能，早日走出失败的阴影。

8.2 消极和双面领导风格与失败学习

8.2.1 消极领导风格与失败学习

1. 辱虐式领导与失败学习

我们在8.1节谈到了组织或项目管理中常见的积极领导风格对员工失败学习的影响。然而，失败毕竟属于负面事件，不少领导在员工失败后会采取负面的态度与情感行为来应对。关于负面领导风格，辱虐式领导在众多领导风格中最为常见。辱虐式领导最先由西方学者提出，并定义为"员工感知到的上级表现出的有敌意的言语或者非言语的持续性行为，其中不包括身体接触行为"（Tepper，2000）。在此基础上，Mitchell 和 Ambrose（2007）提出了辱虐式领导的两维度模型：积极侵犯型辱虐和消极侵犯型辱虐。其中，积极侵犯型辱虐指领导采取主动攻击型行为，如在众人面前批评、嘲笑甚至侮辱员工等；消极侵犯型辱虐指领导采取被动防御型行为，如表现出对员工不理不睬等消极行为。已有研究表明，辱虐式领导在工作中展现出的敌对行为，对个体和团队层面的行为和绩效具有负向影响。在失败后，采取辱虐式管理风格的领导者可能会有多种负面的情感及行为表现，如表现出对失败团队或员工的指责、嘲笑及侮辱等有敌意的主动攻击型行为。这不仅会使团队成员获得消极的心理体验，也会使他们对维系上下级之间良好的人际关系失去信心。受此影响的员工对工作或项目本身的兴趣和热情会有所降低，不愿意承担继续从事该项目活动的风险，因此也难以从失败中学习并汲取相关的知识或经验。此外，失败学习往往需要领导者给予支持和肯定的态度，当领导采取被动防御型行为时，团队成员会倾向于认为，即使他们主动学习，向领导汇报新的想法或思路等，领导者也会给予否定的态度，更不会选择倾听和采纳。因此，当团队成员感知到领导者不能为其提供所需支持时，基于消极互惠的原则，他们会产生负向的反馈行为，难以主动学习并提出新的想法和见解，也就是难以从失败中学习。

2. 专权型领导与失败学习

专权型领导是组织中十分常见的领导风格类型。其定义为：领导者个人决定一切，布置下属执行，即靠权力和命令让人服从。这种领导者要求下属绝对服从，并认为决策是自己一个人的事情。因此，专权型领导最大的特点即为"独断专横"。这种领导风格具有十足的特点，例如不考虑下属或同级领导的意见，把自己的想法强加给组织内成员；而员工作为企业的核心，失败后的教训很难让员工继续无条件听从领导指示；主要依靠行政命令，完全依靠政策和规则行事，缺乏变通，并且很少给予员工奖励，这使员工难以做出创新，过于繁杂的企业规则会使员工丧失主动创新的积极性，失败后更是会担心领导做出惩罚而难以主动学习。另外，专权型领导在日常管理中很少主动接近下属，如与下属员工一同参与活动等，并且与员工保持了一定的心理距离，这种疏远感的弊端在失败后会更强，因为日常的疏远会使员工难以主动提出自己的想法，也就难以做出主动学习的行为。

8.2.2 双面领导风格与失败学习

前文已述，积极领导风格对于员工或组织的失败学习大有裨益，而消极的风格必然会阻碍失败学习。但是，当前研究对于不少领导风格的影响并未得到明确的结论，在此本研究提出两种领导风格，分别为自恋型领导和家长式领导。

1. 自恋型领导与失败学习

自恋型领导广泛存在于各类组织或团队当中。事实上，不少学者指出，自恋者更容易脱颖而出成为领导者，因为自恋者往往是自信外向且敢于颠覆现状的人，可以说自恋是领导者身上的必备属性。众多自恋型领导者凭借其超强的能力和坚定的信念改变了世界，例如，乔布斯用极致完美的产品改变了人们体验世界的方式，比尔·盖茨普及个人电脑改变了人类交流的方式。在我国，具有一定"自恋"特质的领导者也数不胜数，例如格力电器董事长董明珠等，在公开场合能够大方阐明观点，并对自己和企业十分自信，甚至亲自出镜为公司产品进行广告宣传。因此，不得不说，自恋型领导具有多种令人钦佩与崇拜的宝贵品质。中国的管理实践也表明，成功的企业家往往具备自恋特质。这些企业家能够主动带领自己的企业不断创新，在日益复杂的经营环境中坚定地为员工指明方向，在员工遭遇困难时给予帮助和支持。这些特质看似对于员工都有极大的好处与价值，但是正如第 4 章中所探讨的关于员工自恋特质与失败学习的关系一样,近些年来不少学者针对自恋对个体带来的负面影响也进行了探讨,如高傲自大、目中无人等。因此,相似地,本研究认为自恋型领导对于下属员工的失败学习影响可能也是正反两面都存在的。类似前文,本研究继续采用 Back 等(2013)所提出的 NARC 模型对此问题进行阐述。前文已述,NARC 模型认为自恋可以分为两种类型,分别为崇拜型自恋和竞争型自恋。崇拜型自恋更多地强调通过自身能力的彰显等获取独一无二的魅力与迷人度,以此来增加自身的社会支持。因此崇拜型自恋的领导由于自身所特有的自信的品格,为了让自己的地位在员工心目中更高,进而采取一些有利于员工或组织的行为方式,例如在面临失败时主动帮助员工解决问题,彰显自身的领导能力,赢得员工的信任与支持。而竞争型自恋的领导通常具有自我防御的动机,他们难以接受失败的事实,在日常工作中采取贬损他人、否定他人,以及用具有攻击性与侵略性的行为对待他人,他们的出现通常会产生社会矛盾。在面临失败事件后,具有攻击性的他们很可能不会主动为员工排忧解难,反而可能变本加厉地谴责员工,因为这阻碍了他们目标的达成与实现。因此,自恋型的领导具有两面性,对于员工失败学习的影响同样具有双面性。

2. 家长式领导与失败学习

家长式领导的文化根基是以"家"为核心的中华文化,所以,有学者认为,家长式领导首先存在于我国企业中。但是,最先对家长式领导方式进行研究并提出"家长式领导"概念的是西方学者。家长式领导的概念也经历了多次变迁。当前学界普遍采用的概念为郑伯埙等(2010)所提出的。他们认为家长式领导的典型特点是恩威并施,以德服人。将家长式领导划分为仁慈领导、德行领导和威权领导三个维度。仁慈领导是指领导者遵循以人为本,给予员工个性化的关怀和照顾;德行领导是指领导者德行高尚,以公平公正为处事原则,重视员工的利益;威权领导是指领导者注重树立自己的权威,要求员工绝对服从,是一种倾向于独断专行的领导方式。不少学者对于家长式领导的影响也进行了研究,但是结论不一。由于三个维度具有不同的特征,所以在分析时需要分别看待。在仁慈与德行的维度上,失败后的家长式领导更有可能主动为员工提供类似于"父母"一样的关怀与照顾,维护员工的已损利益;而威权领导更有可能过度维护自身利益,在失败后有可能变本加厉,让员工丧失主动性，完全听自己的号令，这明显不利于员工的失败学习。因此，采取家长式领导对于员工的失败学习可能有利有弊。

8.2.3 管理与实践意义

综上所述，不同的领导风格会对组织失败学习产生不同的影响，所以在实践中，管理者应当尽量避免不当的领导风格对失败学习的负面影响。但是规避不良后果的前提是领导风格是可以改变的，古语有云：江山易改，本性难移。毕竟领导风格是个人性格特质在领导层面的转化与延伸，是无法进行改变的或只能暂时收敛与克制，这也就使得规避不当的领导风格对失败学习的负面影响似乎成为一个伪命题。但真的是这样吗？虽然领导风格无法从根本上进行转变，但是以上的研究可以作为领导者促成失败学习的理论依据，在项目遭受失败以后，及时调整自身领导风格，虽然只是暂时性的，但这种临时性的变通也为促进团队失败学习指明了道路。

当领导者熟知不同的领导风格是如何影响团队失败学习的具体过程以后，尤其是具有不利于失败学习的领导风格（如负面领导风格）的领导者就可以有针对性地关注团队成员的心理变化，暂时性克制自身领导风格的显现，模仿积极领导风格领导者对待下属的态度与方法，从而使得团队尽量从失败中学习。双面领导风格由于具有两面性，也使得其对于员工失败学习的影响同样具有两面性，这类领导者则需要具体问题具体分析，根据不同的影响机制，及时调整自身对待员工的态度和方法，促成失败学习。当然，以上实践意义的前提是领导者要知道自身是什么类型的领导风格，才能做到"对症下药"，尽快促成失败学习。

对于员工而言，要了解领导者的领导风格，尽量避免具有负面领导风格的领导者对自身的负面影响。在团队遭受项目失败时，及时调整心态，领悟失败学习的重要性，尽量不被领导风格所左右，尽快从失败中学习，为自己的职业积累经验，从而更好地面对以后的工作。

本篇参考文献

[1] ALAMRI B, FAWZI H H. Students' Preferences and Attitude Toward Oral Error Correction Techniques at Yanbu University College, Saudi Arabia [J]. English Language Teaching, 2016 (9): 59-66.

[2] ALICKE M D. Culpable Control and the Psychology of Blame [J]. Psychological Bulletin, 2000 (126): 556-574.

[3] BARON R A. Counterfactual Thinking and Venture Formation: The Potential Effects of Thinking about "What Might Have been" [J]. Journal of Business Venturing, 2000 (15): 79-91.

[4] BART V, RIDDER J D. Knowledge Sharing in Context: The Influence of Organizational Commitment, Communication Climate and CMC Use on Knowledge Sharing [J]. Journal of Knowledge Management, 2004 (8): 117-130.

[5] BECKER W J, CURHAN J R. The Dark Side of Subjective Value in Sequential Negotiations: The Mediating Role of Pride and Anger [J]. Journal of Applied Psychology, 2018 (103): 74-87.

[6] BERRY C M, CARPENTER N C, BARRATT C L. Do Other-reports of Counterproductive Work Behavior Provide an Incremental Contribution over Self-reports? A Meta-analytic Comparison [J]. Journal of Applied Psychology, 2012 (97): 613-636.

[7] BERSON Y, NEMANICH L A, WALDMAN D A, et al. Leadership and Organizational Learning: A Multiple Levels Perspective [J]. The Leadership Quarterly, 2006 (17): 577-594.

[8] BESHARAT M A, SHAHRIAR S. Perfectionism, Anger, and Anger Rumination [J]. International Journal of Psychology, 2010 (45): 427-434.

[9] BLAU G. A Process Model for Understanding Victim Responses to Worksite/Function Closure [J]. Human Resource Management Review, 2006 (16): 12-28.

[10] BLAU G. Exploring Antecedents of Individual Grieving Stages during an Anticipated Worksite Closure [J]. Journal of Occupational and Organizational Psychology, 2008 (81): 529-550.

[11] BLAU G. Partially Testing a Process Model for Understanding Victim Responses to an An-

ticipated Worksite Closure [J]. Journal of Vocational Behavior, 2007 (71): 401-428.

[12] BOEKAERTS M. Self-Regulated Learning at the Junction of Cognition and Motivation [J]. European Psychologist, 1996 (1): 100-112.

[13] BOHNS V K, FLYNN F J. Guilt by Design: Structuring Organizations to Elicit Guilt as an Affective Reaction to Failure [J]. Organization Science, 2013 (24): 1157-1173.

[14] BRISLIN R W. Back-translation for Cross-cultural Research [J]. Journal of Cross-cultural Psychology, 1970 (1): 185-216.

[15] BYRNE O, SHEPHERD D A. Different Strokes for Different Folks: Entrepreneurial Narratives of Emotion, Cognition, and Making Sense of Business Failure [J]. Entrepreneurship Theory and Practice, 2015 (39): 375-405.

[16] CHEN C, HUANG J. How Organizational Climate and Structure Affect Knowledge Management—the Social Interaction Perspective [J]. International Journal of Information Management, 2007 (27): 104-118.

[17] CORBETT A C, NECK H M, DETIENNE D R. How Corporate Entrepreneurs Learn from Fledgling Innovation Initiatives: Cognition and the Development of a Termination Script [J]. Entrepreneurship Theory and Practice, 2007 (31): 829-852.

[18] CÔTÉ S, MORGAN L M. A Longitudinal Analysis of the Association between Emotion Regulation, Job Satisfaction, and Intentions to Quit [J]. Journal of Organizational Behavior, 2002 (23): 947-962.

[19] DAHLIN K B, CHUANG Y, ROULET T J. Opportunity, Motivation, and Ability to Learn from Failures and Errors: Review, Synthesis, and Ways to Move Forward [J]. Academy of Management Annals, 2018 (12): 252-277.

[20] DECI E L. The Effects of Externally Mediated Rewards on Intrinsic Motivation [J]. Journal of Personality and Social Psychology, 1971 (1): 105-115.

[21] DO J P, QUIGLEY N R. Responsible Leadership and Stakeholder Management: Influence Pathways and Organizational Outcomes [J]. Academy of Management Perspectives, 2014 (28): 255-274.

[22] EDWARDS J R, LAMBERT L S. Methods for Integrating Moderation and Mediation: A General Analytical Framework Using Moderated Path Analysis [J]. Psychological Methods, 2007 (12): 1-22.

［23］ELLIS S, MENDEL R, NIR M. Learning from Successful and Failed Experience ［J］. Journal of Applied Psychology, 2006 (91): 669-680.

［24］FEATHER N T. Values, Valences, and Course Enrollment: Testing the Role of Personal Values within an Expectancy Valence Framework ［J］. Journal of Educational Psychology, 1988 (80): 381-391.

［25］FIELD L. The Challenge of 'Empowered Learning' ［J］. Asia Pacific Journal of Human Resources, 2013 (36): 72-85.

［26］FORLANO G, AXELROD H C. The Effect of Repeated Praise or Blame on the Performance of Introverts and Extroverts ［J］. Journal of Educational Psychology, 1937 (28): 92-100.

［27］FRESE M, KEITH N. Action Errors, Error Management, and Learning in Organizations ［J］. Annual Review of Psychology, 2015 (66): 661-687.

［28］FULLERTON J A, UMPHREY D. Statistics Anxiety and Math Aversion Among Advertising Students ［J］. Journal of Advertising Education, 2016 (20): 135-143.

［29］GÄLLSTEDT M. Working Conditions in Projects: Perceptions of Stress and Motivation among Project Team Members and Project Managers ［J］. International Journal of Project Management, 2003 (21): 449-455.

［30］GARG N, INMAN J, MITTAL V, et al. Emotion Effects on Choice Deferral: The Moderating Role of Outcome and Process Accountability ［J］. European Journal of Marketing, 2017 (51): 1631-1649.

［31］GLOMB T M. Workplace Anger and Aggression ［J］. Journal of Occupational Health Psychology, 2002 (7): 20-36.

［32］GROSS J J. Antecedent-and Response-Focused Emotion Regulation ［J］. Journal of Personality and Social Psychology, 1998 (74): 224-237.

［33］GROSS J J. Emotion Regulation: Affective, Cognitive, and Social Consequences ［J］. Psychophysiology, 2002 (39): 281-291.

［34］HAGGER M S, WOOD C, STIFF C, et al. Ego Depletion and the Strength Model of Self-control: A Meta-analysis ［J］. Psychological Bulletin, 2010 (136): 495-525.

［35］HARMON-JONES C, BASTIAN B, HARMON-JONES E. Detecting Transient Emotional Responses with Improved Self-report Measures and Instructions ［J］. Emotion, 2016 (16): 1086-1096.

[36] HIRAK R, PENG A C, CARMELI A, et al. Linking Leader Inclusiveness to Work Unit Performance: The Importance of Psychological Safety and Learning from Failures [J]. Leadership Quarterly, 2012 (23): 107-117.

[37] HOBFOLL S E, HALBESLEBEN J, NEVEU J P, et al. Conservation of Resources in the Organizational Context: The Reality of Resources and Their Consequences [J]. Annual Review of Organizational Psychology and Organizational Behavior, 2018 (5): 103-128.

[38] HOBFOLL S E. Conservation of Resources: A New Attempt at Conceptualizing Stress [J]. American Psychologist, 1989 (44): 513-524.

[39] HOOBLER J M, BRASS D J. Abusive Supervision and Family Undermining as Displaced Aggression [J]. Journal of Applied Psychology, 2006 (91): 1125-1133.

[40] HU X, YEO G B. Emotional Exhaustion and Reduced Self-efficacy: The Mediating Role of Deep and Surface Learning Strategies [J]. Motivation and Emotion, 2020 (44): 785-795.

[41] HUANG J T. Be Proactive as Empowered? The Role of Trust in One's Supervisor in Psychological Empowerment, Feedback Seeking, and Job Performance [J]. Journal of Applied Social Psychology, 2012 (42): 103-127.

[42] JENKINS A S, WIKLUND J, BRUNDIN E. Individual Responses to Firm Failure: Appraisals, Grief, and the Influence of Prior Failure Experience [J]. Journal of Business Venturing, 2014 (29): 17-33.

[43] JIMÉNEZ-JIMÉNEZ D, SANZ-VALLE R. Innovation, Organizational Learning, and Performance [J]. Journal of Business Research, 2011 (64): 408-417.

[44] JOSEFY M A, HARRISON J S, SIRMON D G, et al. Living and Dying: Synthesizing the Literature on Firm Survival and Failure across Stages of Development [J]. Academy of Management Annals, 2017 (11): 770-799.

[45] KEAVENEY S M. The Blame Game: An Attribution Theory Approach to Marketer-Engineer Conflict in High-Technology Companies [J]. Industrial Marketing Management, 2008 (37): 653-663.

[46] KELTNER D, ELLSWORTH P C, EDWARDS K. Beyond Simple Pessimism: Effects of Sadness and Anger on Social Perception [J]. Journal of Personality and Social Psychology, 1993 (64): 740-752.

[47] KHATRI N, HALBESLEBEN J, PETROSKI G F, et al. Relationship between Management Philosophy and Clinical Outcomes [J]. Health Care Management Review, 2007 (32): 128-139.

[48] KIM J Y, MINER A S. Vicarious Learning from the Failures and Near-Failures of Others: Evidence from the U. S. Commercial Banking Industry [J]. Academy of Management Journal, 2007 (50): 687-714.

[49] KOMIVES S. Instructor's Guide: Exploring Leadership: For College Students who Want to Make a Difference [M]. San Francisco: Jossey-Bass Publishers, 1998.

[50] LEBEL R D. Moving beyond Fight and Flight: A Contingent Model of How the Emotional Regulation of Anger and Fear Sparks Proactivity [J]. The Academy of Management Review, 2017 (42): 190-206.

[51] LOHR J M, HAMBERGE L K, BONGE D. The Relationship of Factorially Validated Measures of Anger-Proneness and Irrational Beliefs [J]. Motivation and Emotion, 1988 (12): 171-183.

[52] MEIER B P, ROBINSON M D. Does Quick to Blame Mean Quick to Anger? The Role of Agreeableness in Dissociating Blame and Anger [J]. Personality and Social Psychology Bulletin, 2016 (30): 856-867.

[53] MENG H, CHENG Z C, GUO T C. Positive Team Atmosphere Mediates the Impact of Authentic Leadership on Subordinate Creativity [J]. Social Behavior & Personality: An International Journal, 2016 (44): 355-368.

[54] MENG X. The Effect of Relationship Management on Project Performance in Construction [J]. International Journal of Project Management, 2012 (30): 188-198.

[55] METCALFE J. Learning from Errors [J]. Annual Review of Psychology, 2017 (68): 465-489.

[56] MILLER N, PEDERSEN W C, EARLEYWINE M, et al. A Theoretical Model of Triggered Displaced Aggression [J]. Personality and Social Psychology Review, 2003 (7): 75-97.

[57] MITCHELL M S, AMBROSE M L. Abusive Supervision and Workplace Deviance and the Moderating Effects of Negative Reciprocity Beliefs [J]. Journal of Applied Psychology, 2007 (92): 1159-1168.

[58] NEMBHARD I M, EDMONDSON A C. Making It Safe: The Effects of Leader Inclu-

siveness and Professional Status on Psychological Safety and Improvement Efforts in Health Care Teams [J]. Journal of Organizational Behavior, 2006 (27): 941-966.

[59] NG T W H, LUCIANETTI L. Are Embedded Employees Active or Passive? The Roles of Learning Goal Orientation and Preferences for Wide Task Boundaries and Job Mobility in the Embeddedness-Voice Link [J]. Human Resource Management, 2018 (57): 1251-1269.

[60] PEARCE C, SIMS H F, COX J, et al. Transactors, Transformers and Beyond: A Multi-method Development of a Theoretical Typology of Leadership [J]. Journal of Management Development, 2003 (4): 273-307.

[61] PHAN P H, PERIDIS T. Knowledge Creation in Strategic Alliances: Another Look at Organizational Learning [J]. Asia Pacific Journal of Management, 2000 (17): 201-222.

[62] PIERCE J L, GARDNER D G. Self-esteem within the Work and Organizational Context: A Review of the Organization-based Self-esteem Literature [J]. Journal of Management, 2004 (30): 591-622.

[63] PINKLEY R L. Dimensions of Conflict Frame: Disputant Interpretations of Conflict [J]. Journal of Applied Psychology, 1990 (75): 117-126.

[64] PODSAKOFF P M, MACKENZIE S B, LEE J Y, et al. Common Method Biases in Behavioral Research: A Critical Review of the Literature and Recommended Remedies [J]. Journal of Applied Psychology, 2003 (88): 879-903.

[65] QURESHI M I, RASLI A M, ZAMAN K. A New Trilogy to Understand the Relationship among Organizational Climate, Workplace Bullying and Employee Health [J]. Arab Economic and Business Journal, 2014 (9): 133-146.

[66] RABOTEG-SARIC Z, SAKIC M. Relations of Parenting Styles and Friendship Quality to Self-esteem, Life Satisfaction and Happiness in Adolescents [J]. Applied Research in Quality of Life, 2014 (9): 749-765.

[67] RAMI U, GOULD C. From a "Culture of Blame" to an Encouraged "Learning from Failure Culture" [J]. Business Perspectives and Research, 2016 (4): 161-168.

[68] REZVANI A, KHOSRAVI P, ASHKANASY N M. Examining the Interdependencies among Emotional Intelligence, Trust, and Performance in Infrastructure Projects: A Multilevel Study [J]. International Journal of Project Management, 2018 (38):

1034-1046.

[69] ROY J L, BASTOUNIS M, POUSSARD J M. Interactional Justice and Counterproductive Work Behaviors: The Mediating Role of Negative Emotions [J]. Social Behavior and Personality, 2012 (4): 1341-1356.

[70] RUSK N, TAMIR M, ROTHBAUM F. Performance and Learning Goals for Emotion Regulation [J]. Motivation and Emotion, 2011 (35): 444-460.

[71] SHEPHERD D A, PATZELT H, WOLFE M. Moving forward from Project Failure: Negative Emotions, Affective Commitment, and Learning from the Experience [J]. Academy of Management Journal, 2011 (54): 1229-1259.

[72] SHEPHERD D A. Learning from Business Failure: Propositions of Grief Recovery for the Self-employed [J]. The Academy of Management Review, 2003 (28): 318-328.

[73] SHIH H P. Using a Cognition-Motivation-Control View to Assess the Adoption Intention for Web-Based Learning [J]. Computers and Education, 2008 (50): 327-337.

[74] SPREITZER G, SUTCLIFFE K, DUTTON J, et al. A Socially Embedded Model of Thriving at Work [J]. Organization Science, 2005 (16): 537-549.

[75] STEPHENS J P, CARMELI A. The Positive Effect of Expressing Negative Emotions on Knowledge Creation Capability and Performance of Project Teams [J]. International Journal of Project Management, 2016 (34): 862-873.

[76] STROEBE M S, SCHUT H A W. The Dual Process Model of Coping with Bereavement: Rationale and Description [J]. Death Studies, 1999 (23): 197-224.

[77] TEPPER B J. Consequences of Abusive Supervision [J]. Academy of Management Journal, 2000 (43): 178-190.

[78] TJOSVOLD D W, YU Z, HUI C. Team Learning from Mistakes: The Contribution of Cooperative Goals and Problem-solving [J]. Journal of Management Studies, 2004 (41): 1223-1245.

[79] TSAI M, YOUNG M J. Anger, Fear, and Escalation of Commitment [J]. Cognition and Emotion, 2010 (24): 962-973.

[80] VAN DYCK C, FRESE M, BAER M, et al. Organizational Error Management Culture and its Impact on Performance: A Two-Study Replication [J]. Journal of Applied Psychology, 2005 (90): 1228-1240.

[81] VANDEWALLE D, NERSTAD C G L, DYSVIK A. Goal Orientation: A Review of

the Miles Traveled and the Miles to Go [J]. Annual Review of Organizational Psychology and Organizational Behavior, 2019 (6): 115-144.

[82] VANDEWALLE D. Development and Validation of a Work Domain Goal Orientation Instrument [J]. Educational and Psychological Measurement, 1997 (57): 995-1015.

[83] VANDEWALLE D. Goal Orientation [J]. Organizational Dynamics, 2001 (30): 162-171.

[84] VERA D, CROSSAN M. Strategic Leadership and Organizational Learning [J]. The Academy of Management Review, 2004 (29): 222-240.

[85] VINCE R, SALEEM T. The Impact of Caution and Blame on Organizational Learning [J]. Management Learning, 2016 (35): 133-154.

[86] WALKER D, DAVIS P R, STEVENSON A. Coping with Uncertainty and Ambiguity Through Team Collaboration in Infrastructure Projects [J]. International Journal of Project Management, 2017 (35): 180-190.

[87] WANG W, WANG B, YANG K, et al. When Project Commitment Leads to Learning from Failure: The Roles of Perceived Shame and Personal Control [J]. Frontiers in Psychology, 2018 (9): 1-12.

[88] WEISS H M, CROPANZANO R. Affective Events Theory: A Theoretical Discussion of the Structure, Causes and Consequences of Affective Experiences at Work [J]. Research in Organizational Behavior, 1996 (18): 1-74.

[89] WOOD J, NEWTON A K. The Role of Personality and Blame Attribution in Prisoners' Experiences of Anger [J]. Personality and Individual Differences, 2003 (34): 1453-1465.

[90] XIAO Z, WU D, LIAO Z. Job Insecurity and Workplace Deviance: The Moderating Role of Locus of Control [J]. Social Behavior and Personality, 2018 (46): 1673-1686.

[91] YE Q, WANG D, LI X. Inclusive Leadership and Employees' Learning from Errors: A Moderated Mediation Model [J]. Australian Journal of Management, 2019 (44): 462-481.

[92] YECHIAM E, HOCHMAN G. Loss Attention in a Dual-Task Setting [J]. Psychological Science, 2014 (25): 494-502.

[93] YECHIAM E, HOCHMAN G. Loss-aversion or Loss-Attention: The Impact of Losses on Cognitive Performance [J]. Cognitive Psychology, 2013 (66): 212-231.

[94] ZENG Y, XIA L. A Longitudinal Exploration of the Relationship between Interpersonal Openness and Anger Rumination [J]. Social Behavior and Personality, 2019 (47): 1-9.

[95] ZHANG Z, ZYPHUR M J, PREACHER K J. Testing Multilevel Mediation Using Hierarchical Linear Models [J]. Organizational Research Methods, 2009 (12): 695-719.

[96] ZHAO B, OLIVERA F. Error Reporting in Organizations [J]. Academy of Management Review, 2006 (31): 1012-1030.

[97] ZHAO B. Learning from Errors: The Role of Context, Emotion, and Personality [J]. Journal of Organizational Behavior, 2011 (32): 435-463.

[98] ZINNER L R, BRODISH A B, DEVIN P G, et al. Anger and Asymmetrical Frontal Cortical Activity: Evidence for an Anger-withdrawal Relationship [J]. Cognition and Emotion, 2008 (22): 1081-1093.

[99] 刘丹, 张兴良. 学习型领导的内涵、特征及实践 [J]. 学习月刊, 2013 (20): 9-10.

[100] 彭坚, 杨红玲. 责任型领导：概念变迁、理论视角及本土启示 [J]. 心理科学, 2018 (41): 1464-1469.

[101] 于海波, 程龙, 安然. 不同领导风格对组织学习的影响机制. [J]. 河南大学学报（社会科学版), 2017 (57): 123-130.

第4篇 拓 展 篇——失败学习研究理论与方法新探

本篇序

　　本篇将视角从传统的假设演绎的方法中转移出来,关注到近年来失败学习领域兴起的新的研究方法。近20年来,学界关于失败学习的研究大多是基于问卷数据为基础的定量实证研究,研究范式较为单一。随着管理学领域新的研究方法的不断出现,越来越多的学者关注到了基于案例、访谈等为样本基础的定性研究范式。本篇第9章正是在作者进行大量访谈的基础上,基于扎根理论所进行的关于失败反应对失败学习影响的整合研究,提供了现有定性研究领域失败学习研究话题的样式。此外,近年来学科交叉方法逐渐被越来越多的学者融入管理学研究中,心理学中常用的神经认知方法已经成为趋势。在第10章,我们从神经认知视角出发,采用心理学领域常用的实验调查方法等,结合理论分析构建了一个理论与研究操作框架,为后续学者开展相关研究提供了新的思路。

拓展篇
——失败学习研究理论与方法新探
  第9章　失败反应与失败学习
　　　　——基于扎根理论的案例研究
  第10章　事件特征与失败学习
　　　　——基于神经认知视角的研究构想

第9章 失败反应与失败学习
——基于扎根理论的案例研究

9.1 研究背景

我们仍然将视角关注在员工个体失败学习的影响因素上。从个体层面来说，个体在经历失败后会产生一系列后续反应（谢雅萍、梁素蓉，2016），这些反应之间是否会相互影响？它们之间的互动又会对个体的失败学习行为带来何种影响？目前，已有部分学者采用定量研究的方法进行了探讨，然而受研究方法的限制，定量模型中仅能反映某一个失败反应的影响，多个反应之间的关系、多个反应的影响还有待挖掘。因此，本章拟基于案例进行定性研究，对个体失败反应与失败学习的关系问题做更多的探索。

本研究拟采用扎根理论的方法，深入剖析个体失败后的反应，通过构建失败反应影响失败学习的作用机制模型，探讨个体失败的反应对后续失败学习的重要影响。本研究对已有研究和组织及个体的失败管理做出了以下贡献：①通过构建个体失败反应对失败学习影响的作用机制模型，对已有的相关研究进行了框架重建与综合分析；②以个体失败反应为主题，从案例分析的视角进行探究，对该领域研究提供了案例研究补充；③揭示了项目失败后的个体普遍反应，对组织和员工的失败管理实践提供了新的角度和依据。

9.2 文献综述

9.2.1 失败学习研究脉络

从"失败"的概念界定说起,学者对不同视角下的"失败"有着不同的定义,如财务评价的视角、组织生命周期的视角、失败与失误相互交叉作用的视角等。然而,关于失败的定义与财务状况上的"时间点"或"时间段"、企业联系中的契约关系和创业失败的结果观等视角是可以联系起来的(黎赔肆、李富,2014;倪宁、杨玉红、蒋勤峰,2009;赵文红等,2014;Shepherd and Cardon,2009)。但是,视角的单一性和有限性使得这些定义并没有得到学界的广泛应用。目前,学者主要倾向于使用期望观,即将失败定义为"偏离或未达成预期目标的阶段性情景或事实"(Politis and Gabrielsson,2009)。针对失败后的学习行为,大量学者已经从理论或实证上验证了失败与学习相关,但是并不是所有的失败均可以促进组织学习。Lounamaa 和 March(1987)提出了"智能失败"(Intelligent Failure)的概念,是指能够促进学习的失败,具体来说,失败的结果要足够引起注意,失败的程度要小到能够避免负面反应(倪宁、杨玉红、蒋勤峰,2009)。学习本身是一个动态的过程,从失败中学习的行为也是一个动态过程,而不能仅仅关注最终的结果。所谓的失败学习,是一个对于组织或团队所经历的失败事件进行集体反思,进而调整行为方式,以期降低该组织或团队再次遭遇类似失败事件的概率的过程,最终的目的是提高组织或团队的绩效(王文周、仇勇,2015)。

针对失败学习的内容,学者在不同的视角下有着不同的理解,但主要包含以下三个层面:个体、团队和组织,三个层面的失败学习各有侧重点。从个体层面来看,Shepherd 等(2011)通过研究表明,个体在应对失败学习时的行为就是典型的主动学习,是主观产生的意义建构过程;从团队层面来看,失败学习更多的是着眼于学习后带来的利他性,是为了协调团队成员进而进行整体推动;从组织层面来看,失败学习更多的是强调其对组织发展的积极影响,通过组织学习,能够更好地协调和推动各个主体的学习能力,为组织可持续发展提供动力。对于具体内容,谢雅萍和梁素蓉将其划分为三个方面,分别是情境导向的内容，机会识别与分析处理的内容，对自我、商业和企业管理的认知内容（Cannon and Edmondson，2005）。

关于失败学习的影响和作用，大部分学者认为给组织本身或组织中的团队与个人带来的是积极的正向影响，如改进绩效与促进创新（Haunschild and Sullivan，2002），提高适应力与问题处理效率（Cannon and Edmondson，2005），避免类似失败或减少失败挫折发生率（Haunschild and Sullivan，2002）等。然而，失败学习之后也可能带来消极效应，如缺乏失败信息的完整性会导致个人学习错误的知识。

9.2.2 失败后续反应机制

先前研究已经证明，项目失败能让个体从情绪和认知等多个层面产生反应，但是各项研究较为独立，缺乏对失败反应机制的综合框架研究。首先，不少研究已经表明，项目失败之后，个体会产生多种负面情绪反应并对后续学习过程造成影响。例如，Shepherd（2003）研究指出，失败为个体带来悲痛等负面情绪，这会影响个体对失败信息的收集与处理，并干扰后续的学习能力。相似地，Cope（2011）的研究指出，人们因为失败所带来的痛苦后果和相关的消极情绪，而不能立即有效地分析失败或主动避免下次失败的发生。大多数研究结果都指向失败带来的负面情绪不利于后续的学习行为。但是近年来学界对此提出了不同的观点，例如 Wang 等（2019）指出积极悲痛（Positive Grieving）（一种悲痛情绪的积极方面）在错误学习导向和学习行为的正向过程中起到中介作用。可见，失败后的情绪反应对失败学习过程具有两面性影响，但先前研究均为大样本定量实证研究，缺乏从案例角度切入进行的探讨。

其次，个体在失败后通常会对失败产生认知反应，根据失败的"意义建构"过程，Shepherd 等（2013）提出，归因是失败学习"扫描、解释和学习"过程的核心。此外，有学者指出，失败归因影响个体的三个方面，包括认知、情绪与行为，同时认为"研究失败归因有助于理解失败反应对于后续创业活动的影响，尤其是对失败学习的影响"（王华锋、高静、王晓婷，2017）。也有不少研究证实了失败归因与失败学习有着相关关系，失败归因被视为影响失败学习行为发生的因素（王文周、仇勇，2015）。而针对个体究竟产生何种归因方式，一些质化研究对此提出了相反的观点。从自我服务偏见的角度出发，有研究认为，大部分创业失败人群将失败归为外因（Campbell and Sedikides，1999），但有些学者从文化的差异性提出了将失败归为内因的普遍性（Carters and Wilton，2006）。针对归因方式带来的影响，Yamakawa等（2015）认为与外部归因相比的内部归因更有利于失败学习。因为外部归因者不认为失败是自己的过错，因此其几乎没有动机去改变自己的行为，甚至于可能无法从失败的经验中吸取宝贵教训。因此可见，现有研究仍然对归因的影响持有不同意见，并缺乏对内在机制的探析，本研究将从质性的角度出发，结合案例分析，深入探究不同归因方式对失败学习影响的内在机制。

此外，有研究表明，遭受项目失败的个体会采取各种应对失败事件及其后果的方式或策略。基于个体动机，Dweck等（1988）把个体失败后的反应分成两种模式。第一种模式是掌控导向的反应，即失败后的个体会产生积极的自我认知和积极情绪，甚至对任务更加坚持（Byrne and Shepherd，2015）。第二种模式是无助反应，即失败后的个体产生消极的自我认知和消极情绪，同时倾向于逃避挑战，并放弃坚持（Byrne and Shepherd，2015）。从应对失败后负面情绪的角度看，基于 Folkman 的压力理论，之前的研究主要集中在两种主要的应对策略，即问题导向的应对与情绪导向的应对，以问题为中心的应对策略是管理或改变导致悲痛情绪的问题，而以情绪为中心的应对策略则是处理和调节因问题而产生的悲痛情绪（Byrne and Shepherd，2015）。Shepherd 基于 Stroebe 和 Schut 的悲痛恢复的双重过程，提出创业企业应对失败的方式（Stroebe and Schut，1999），包括损失导向（以问题解决为导向）、恢复导向（以情绪恢复为导向）与震荡导向（两者的交替使用），并通过实证研究表明，时间可以减少因项目失败而产生的负面情绪，但其效果还取决于所采取的应对导向。于晓宇等在一个有关归因与失败学习的研究中发现，归因向失败学习的转化取决于使用何种应对导向（于晓宇等，2018）。综上，我们可以看出，应对导向在情绪和归因两方面均有重要的影响。通过把三者结合，我们可以从更深层次了解情绪、归因和应对三者在失败学习过程中的关联关系。

9.3 研究设计

9.3.1 研究方法

本研究采用扎根理论的方法进行研究。扎根理论是一种质性研究的经典方法，其本质是从资料中发现理论，即对原始资料进行深入分析和浓缩归纳，找到所研究问题的核心概念范畴，通过挖掘主要范畴之间的关系，完成理论建构。扎根理论在本研究中的适用性和优越性体现在：①失败学习的研究处于起步阶段，尤其是失败反应对失败学习的影响机制还需更多探索，这类新问题的研究适合使用扎根理论；②失败学习是一个动态的过程，使用扎根理论能够追踪动态现象的内在特征及其逻辑联系；③扎根理论的使命在于"经由质化方法来建立理论"，与本研究的目的契合，即建立失败反应影响失败学习的理论模型。

9.3.2 案例选择

本研究的案例资料来源于对 200 个失败事件访谈调研中当事人的自述文档，根据以下标准，从中筛选出 39 篇案例作为本研究的研究资料。①本研究的访谈对象均为我国中小企业的创新或研发团队成员；②本研究采用期望观来界定失败，即偏离预期和期望的结果，因此着重选择项目过程中未完成或是结果不及预期的失败案例；③本研究更关注个体层面的失败反应，因此选择访谈中当事人对自己经历表述较多的案例，剔除了对自身经历提及较少的案例；④为避免重复，高度相似的案例仅选择一个作为代表。选出的案例背景信息见表 9-1。

表 9-1 案例背景信息

对象	职位信息	行业	项目简介
陈某	市场部门职员	商用车	开拓新区域市场
唐某	经理	连锁餐饮	开发点餐系统

续表

对象	职位信息	行业	项目简介
张某	项目专员	公务员培训	设计校园宣传方案
周某	统计员兼会计	贸易物流	开拓海外市场
李某	商务职员	3D打印机	更新产品外观
高某	运营部门主管	电商	开发客户端
刘某	经理	汽车	研发新能源技术
李某	咨询顾问	管理咨询	洽谈新项目
王某	项目负责人	生物医药	研发新药物
韩某	市场专员	烟草	新品牌建设
周某	区域负责人	润滑油	开拓新区域市场
王某	市场开发组职员	航运	开拓新业务
谢某	执行项目经理	互联网支付	新客户联系
赵某	项目交付经理	平面设计	新项目承接
周某	编辑	机关媒体	新刊物编辑
赵某	实际执行总负责人	游戏	开发新英雄皮肤
谷某	经理	户外运动经营	开拓新区域市场
巩某	业务职员	留学中介服务	定制个性化服务
王某	项目经理	在线教育	招聘新教师
宋某	开发人员	IT	推广新应用
王某	销售团队负责人	健康产业	对接新客户
来某	拓展专员	养老	推广新产品
张某	产品总监	私募基金	开发新客户
王某	总负责人	热能设备	设备换代
陈某	项目负责人	广告传媒	新项目承接
金某	总经理助理	工业控制系统信息安全	研发新技术
李某	人事专员	劳务中介	开发新客户
梁某	质量经理	制造业	研发新设备
刘某	区域经理	共享汽车	开拓新区域
齐某	采购经理	零售业	对接新客户
史某	经理	保洁公司	挖掘新客户
王某	招商专员	商业管理	引入新品牌

续表

对象	职位信息	行业	项目简介
王某	研发专员	电梯业	产品更新
谢某	推广专员	文化娱乐	新片推广
杨某	产品经理	连锁饮品	节日策划
翟某	总经理	幼儿外教培训	开发新项目
张某	产品经理	家电	研发新产品
郑某	项目负责人	广告公司	对接新项目
龙某	客户经理	奢侈品保养	挖掘新客户

9.3.3 数据收集与分析程序

在筛选出 39 个代表性案例的基础上，本研究成立编码组对资料进行处理和分析。根据本研究的设计，小组成员初步整理了案例资料，并尝试进行试编码，对试编码过程中遇到的问题进行讨论和分析，在明确要求、达成一致后，小组成员分别对案例逐一编码，形成案例数据库。

9.4 "失败反应—失败学习"模型构建

9.4.1 开放式编码

开放式编码（Open Coding）是通过对原始访谈资料所记录的任何可以编码的句子或片段给予概念化标签，实现将资料概念化的过程。本研究小组成员在反复阅读和整理现有资料之后，把资料导入 NVivo 11 质性分析软件中进行开放式编码。在 NVivo 11 软件的操作过程中，对所有的资料进行逐词、逐句、逐行的分析和归纳，再对词句进行命名，并将它们作为自由节点。通过"贴标签"的方式，剔除不符合要求的原始语句，得到含义单一、观点明确的描述总共 624 条。经过编码分析，把内容繁多、信息量较大的资料进行概念化，提炼为 145 个概念。再经过进一步编码，将概念凝练为 47 个初始范畴。在不断比较、审查校对并综合分析后，本研究给出了每个初始范畴的内涵。部分开放式编码过程见表 9-2，初始范畴的基本释义见表 9-3。

表9-2　部分开放式编码过程

原始案例资料	开放式编码	
	概念化	范畴化
"经过这次的活动接待，我发现我在新的团队中虽然日常工作成绩出色，但是也并非无所不能，在遇到麻烦问题的时候，也不是都能从容处理，也不能预见到本应该预见到的问题，在人际关系方面更是存在着很大的进步空间，自己的领导力还是有所欠缺。"	认识到自身不足	自我认知
"在产品推广的那半年里，我们是失去了最后的胜利，但却对自己、对公司有了更深一步的了解。"	更加了解自己	
"我们能做的就是调整好心态，积极投入今后的工作当中。"	保持良好的心态	积极的自我对话
"DHQ项目团队成员在项目失败后，欧组长与舒副组长及项目团队的内部成员进行了积极讨论，针对项目失败的原因进行了全面分析，找出了项目团队内部沟通不畅及项目技术方面的问题等，并进行了全面总结。"	失败分析	失败回顾
"痛定思痛，我组织项目团队对项目进行了总结反思，商量补救措施。"	反思	
"他们认为此项目对他们来说非常有挫败感，特别是以往做的项目全部都成功的员工，情绪非常消极，认为这个环境已经没有办法让他们更有斗志，或者产生更大价值；而且，他们认为从失败的项目中也得不到个人提升的经验。"	缺乏信心	悲观
"我想这个新著可能做不下去。"	绝望	

表9-3　初始范畴的基本释义

序号	初始范畴	内涵释义
1	自我认知	个体在经历失败后，认识到自身的不足之处，从而更加了解自己
2	自我成长	个体在经历失败后，心智更加成熟

续表

序号	初始范畴	内涵释义
3	工作经验积累	个体将遭遇的失败或挫折作为工作中可以借鉴的经验
4	对组织的认知度	个体在经历失败后更加了解团队、组织
5	工作能力提升	个体从失败中学会如何提高自己的工作能力
6	社交能力提升	个体从失败中学会在组织中如何为人处世、如何协调人际关系
7	正确认识失败	失败后的个体意识到失败或挫折的重要性,并学会了如何看待问题和挫败
8	应对挫折失败能力提升	个体从失败中学会面对失败的方式、遭遇失败的心态调整方式,以及如何处理工作中的问题和挫败
9	能力不足	个体将失败归于自身能力的问题,如缺乏经验、能力有限、不称职等
10	投入不够	个体将失败归于自己投入不够
11	任务设置	个体将失败归于项目中任务的问题,如任务过重、规划过于理想化、项目不受重视等
12	突发事件	个体将失败归于项目过程中的各种突发事件,如供应链断裂、竞争对手出现等
13	市场环境	个体将失败归于市场环境的变化
14	运营管理制度	个体将失败归于组织的运营管理制度问题,如运营模式失误、管理层频繁变动、缺乏激励等
15	领导的问题	个体将失败归于领导,如领导不愿放权、领导精力支撑不足、领导缺乏力度等问题
16	团队成员的问题	个体将失败归于团队成员,如沟通障碍、责任不明确等问题
17	积极的自我对话	面对失败所带来的消极情绪,个体鼓舞自己,给自己加油打气
18	情绪控制	个体能够以理性态度面对失败所带来的消极情绪
19	寻求情绪性支持	失败后,个体向身边的人寻求情绪上的支持,如安慰、鼓励等
20	正面解读	失败后的个体从正面解释自己所遭遇的失败,以积极的态度看待失败
21	失败回顾	失败后,个体进行反思,并分析失败的原因
22	问题解决	失败后,个体尽力解决问题,对错误进行修正
23	增加努力	失败后,个体仍不轻易放弃,坚持到底
24	失败恐惧挑战	当失败发生时,个体采取行动战胜失败带来的恐惧感

续表

序号	初始范畴	内涵释义
25	自我怀疑	失败后的个体开始怀疑自己的能力,甚至否定自己
26	自我反省	失败后,个体进行自我反思,甚至从各方面重新评价自己
27	自我施压	失败后,个体给自己施加压力
28	主动投降	当失败发生时,个体选择放弃
29	逃避工作	失败后的个体不能投入工作,出现厌倦工作的状况
30	妥协	个体纵容失败带来的后果,未有实际反应
31	躲避面对失败	当失败发生时,个体不敢面对事实,无法接受失败
32	掩盖失败	个体隐瞒失败
33	自我辩护	个体为失败找借口,甚至将责任推给其他人
34	困惑	当失败发生时,个体感到疑惑,产生迷茫的感觉
35	不满情绪	当失败发生时,个体感到不满、生气
36	郁闷	当失败发生时,个体感到不解,产生压抑感
37	遗憾	当失败发生时,个体感到可惜、惋惜
38	忧虑	当失败发生时,个体感到忧心忡忡,变得坐立不安
39	自责	失败后,个体觉得惭愧
40	低落	当失败发生时,个体情绪低落,心情起伏不定,有沮丧和难过的感觉
41	挫败感	失败后,个体受到打击,感到挫败
42	不甘心	当失败发生时,个体心有不甘
43	自我否定	失败后的个体失去自信,全盘否定自己
44	悲观	失败后的个体变得缺乏信心,甚至于绝望
45	恐惧	失败后的个体变得担惊受怕
46	悔恨	失败后,个体感到后悔
47	失败否认	个体否认已发生的失败,甚至把失败当作从未发生过

9.4.2 主轴式编码

借助主轴式编码(Axial Coding),我们对得到的47个初始范畴进行深度分析,并识别初始范畴之间的逻辑关系。首先,将初始范畴进一步归纳为副范畴,例如,将"自我认知""自我成长"等归纳为"自我学习",最终产生

15 个副范畴，分别是"自我学习""失败认知改变""工作学习""沮丧""焦虑""内疚""羞愧""生气""自身能力""努力程度""任务难度""时机运气""情绪应对导向""问题应对导向""失败回避导向"。通过分析，可以发现几个副范畴之间仍存在着内在联系，于是我们再次进行提炼并归类，形成四个主范畴，见表9-4。

表 9-4 主轴编码形成的主范畴和对应的副范畴

初始范畴	副范畴	主范畴
自我认知	自我学习	失败学习
自我成长		
正确认识失败	失败认知改变	
应对挫折失败能力提升		
工作能力提升	工作学习	
社交能力提升		
对组织的认知度		
工作经验积累		
低落	沮丧	情绪体验
悲观		
郁闷		
忧虑	焦虑	
遗憾		
恐惧		
困惑		
自责	内疚	
自我否定	羞愧	
挫败感		
悔恨		
不甘心	生气	
不满情绪		

续表

初始范畴	副范畴	主范畴
能力不足	自身能力	归因方式
投入不够	努力程度	
任务设置	任务难度	
运营管理制度		
领导的问题		
团队成员的问题		
市场环境	时机运气	
突发事件		
积极的自我对话	情绪应对导向	应对导向
寻求情绪性支持		
情绪控制		
正面解读		
自我怀疑		
自我反省		
自我施压		
失败回顾	问题应对导向	
问题解决		
增加努力		
失败恐惧挑战		
躲避面对失败	失败回避导向	
主动投降		
逃避工作		
妥协		
掩盖失败		
自我辩护		
失败否认		

9.4.3 选择式编码

所谓选择式编码（Selective Coding），指的是选择核心范畴，将其系统地与主范畴建立联系，进而对它们之间的内在关系进行验证。核心范畴（Core Category）是借助核心式编码，从概念、范畴、支持范畴及主范畴中高度提炼而来，并运用"故事线"（Story Line）来阐释原始资料，以构建相关模型。本研究通过检验和分析失败学习、情绪体验、归因方式和应对导向四个主范畴，进一步挖掘出"失败反应影响失败学习的机制"这一核心范畴。于是，我们以该核心范畴来统领所有的概念范畴，并以此为基础构建本研究的理论框架。

核心范畴"失败反应影响失败学习的机制"的故事线为：遭遇项目失败之后个体产生一系列心理、认知与行为上的反应，即一些为应对失败事件的结果而出现的情绪体验、归因导向与应对策略。这些反应密切相关，并影响个体的失败学习行为。本研究呈现出失败反应形成的关系结构（见表9-5）及失败学习形成的关系结构（见表9-6）。

表9-5　失败反应形成的关系结构

关系结构	关系结构的内涵	案例中的代表性语句
项目失败——情绪体验	经历项目失败的个体产生情绪体验并通常是消极的	"经历的这次项目失败，虽然是团队的体现，可作为团队一员，挫折的滋味真实深刻，它让我经历深深的挫败感……有了茫然和痛苦的感受。"
项目失败——归因方式	经历项目失败的个体产生所谓认知反应的归因	"TB项目的延期，我个人首先要负主要责任，这是因为我的工作没有做到位，欠缺项目管理的经验。"
项目失败——应对导向	经历项目失败的个体产生所谓行为反应的应对导向	"DHQ项目团队成员在项目失败后，欧组长与舒副组长及项目团队的内部成员进行了积极讨论，针对项目失败的原因进行了全面分析，找出了项目团队内部沟通不畅及项目技术方面的问题等，并进行了全面总结。"

表 9-6　失败学习形成的关系结构

关系结构	关系结构的内涵	案例中的代表性语句
情绪体验——失败学习	情绪体验影响失败学习	"此项目让我很有挫败感，我的情绪非常消极，也许这个环境已经没有办法让我更有斗志，或者产生更大价值，而且我从失败的项目中也得不到个人经验的提升。"
归因方式——失败学习	个体对失败的归因方式影响失败学习	"我并没有全面考虑问题，我只想到了自己。经理分配的任务完成了，我就等着下一个任务，却从来不去考虑整个团队进行到了哪一步，是不是有漏洞……这件事的教训让人印象深刻，同时吃一堑长一智，也让我学到了很多。我对团队的认识更加清晰，对于团队管理又有了新的认识。在未来的工作当中，我一定更加注重团队的协作。我学到最大的一点就是，对于项目进度的管理一定要控制好。"
应对导向——失败学习	个体采取的应对导向影响失败学习	"我自己及时反思到了自身的错误，后期与总裁进行沟通，将全部精力用于筹建公司的事情上，并根据筹建工作的需要，对筹建团队人员进行了调整，弥补了前期犯下的错误……这次筹建公司受挫，使我了解到，作为一名公司综合性管理者，专业能力还是有必要深入提升的；同时，管理思维、沟通能力也不是中层管理者所能匹配的，还需要进一步的提升。"
归因方式——情绪体验——失败学习	情绪体验在归因方式与失败学习的关系中起中介作用	"这个消息对于我来说也一样意外，简直是晴天霹雳，我十分自责，自责我当初给老师做的设备配套方案不够严谨，想得不够周全；自责我当初只想尽早拿下订单，心存侥幸心理；自责没有做好发生风险意外的准备；自责我的单纯，我把一切都想得过于简单了……想到这里，我的心里感觉一阵剧

续表

关系结构	关系结构的内涵	案例中的代表性语句
归因方式——情绪体验——失败学习	情绪体验在归因方式与失败学习的关系中起中介作用	痛,各种后悔自责全都萦绕心头……通过这次失败的经历,我从中总结了经验和教训。第一,考虑事物的全面性。第二,从细节入手抓好落实工作。第三,建立多方位且畅通的沟通渠道,提升沟通技巧。第四,多用微笑来调节人际关系。第五,学会巧妙地处理棘手问题。"
情绪体验——失败学习 ↑ 应对导向	应对导向在情绪体验与失败学习的关系中起调节作用	"个人情绪稍显焦虑,心里感到迷茫,不了解项目决策上的事情,不知道下一步工作计划该如何执行……于是,个人反思首先从项目失败原因开始思考,我不断思考项目环节中的相关问题,分析从失败中找到不足,总结经验教训,心理和思想上还是积极的……这也让我意识到工作中遇到困难是正常的,不能因此颓废,需要冷静面对,借助他人的能力和资源,积极寻找原因和解决方案,学会用勇敢的精神状态面对项目工作的失败。"
归因方式——失败学习 ↑ 应对导向	应对导向在归因方式与失败学习的关系中起调节作用	"我与团队中的人对于失败采取的是反省的态度,当项目遇到某一问题时,大家都会在晨会上进行交流,想解决办法,对于出现的各种问题大家都能积极面对……慢慢地,大家也就意识到了,其实这个事情能不能成功还是取决于我们自己。这次项目让我的心智更加成熟,遇事更加稳重了,在人际关系方面也与同事有了更多的交流,关系更加密切了。"

9.4.4 模型构建

基于以上典型关系结构，我们确定了"失败反应影响失败学习的路径"这一核心范畴。以此为基础，本研究构建和发展出一个全新的"失败反应—失败学习"理论构架，我们称之为"失败反应影响失败学习的机制模型"，如图 9-1 所示。

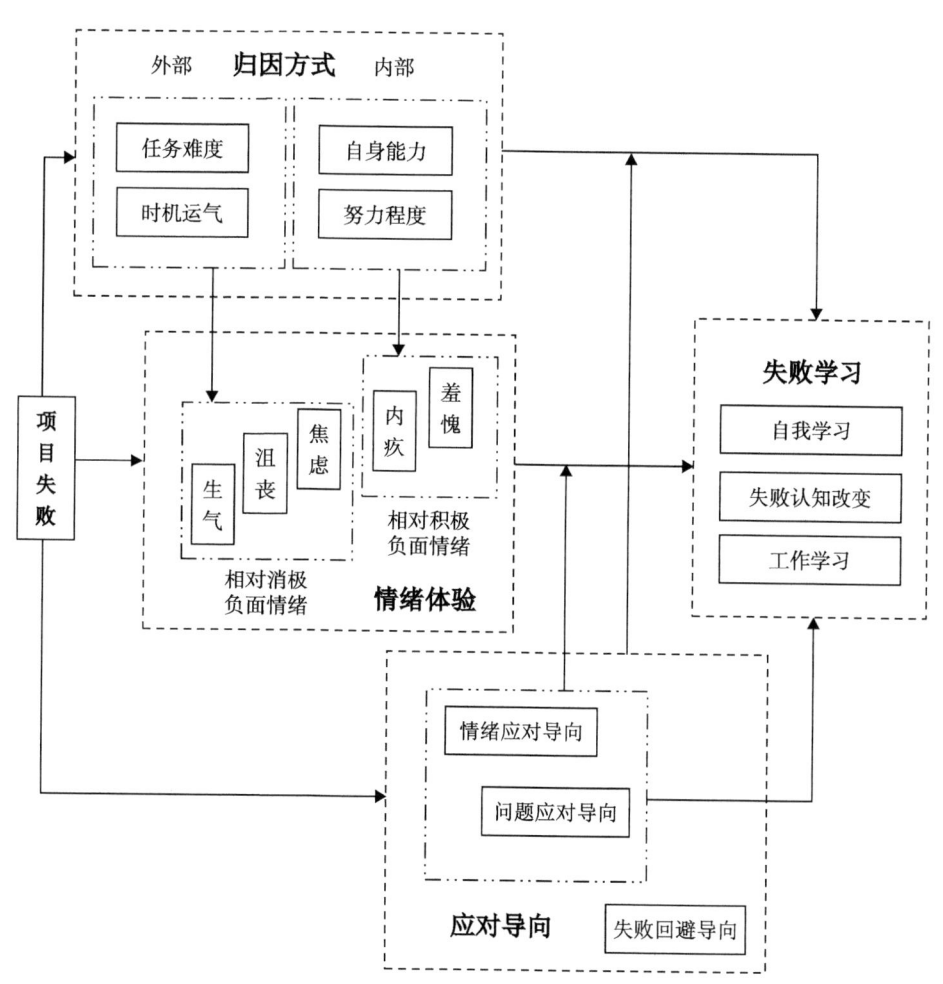

图 9-1 失败反应影响失败学习的机制模型

9.4.5 理论饱和度检验

编码结束之后，需要进行理论饱和度检验，即检验所得到的理论模型是否达到饱和程度，以保证研究的信度。当模型在理论上显示饱和时，再加入样本，就不能发展出更多新的概念和范畴，于是不能再产生新的理论，意味着可以停止样本收集。本研究对 200 个典型失败案例访谈调研中当事人自述文档进行随机抽取，并事先预留 10 份案例文档进行相同的扎根理论分析，以确定是否需要停止采样。饱和度检验结果显示，并没有发现新的概念和范畴，本研究所得到的概念和范畴足以阐释理论模型。因此，确定本研究所构建的失败反应影响失败学习的机制模型在理论上达到饱和。

9.5 "失败反应—失败学习"模型阐述

根据图 9-1 所示的失败反应影响失败学习的机制模型，在个体经历项目失败后，会产生心理上、认知上、行为上的各种反应，分别可以概括为情绪体验、归因方式和应对导向。这三类反应会分别对后续失败学习行为产生影响，这回应了并从案例分析角度验证了先前学者对个体失败学习前因变量的影响研究。应对导向作为一种行为模式，在情绪体验对失败学习的影响作用中起到了调节作用，这在一定程度上从定性角度验证并延伸了 Shepherd（2003）所提出的"悲痛恢复路径"在负面情绪和失败学习关系中的重要作用。除此之外，本研究发现应对导向同样可以在归因方式和失败学习中起到调节作用，这对先前理论提出了新的观点和看法。下面我们将对各个影响路径进行详细描述并总结结论。

9.5.1 失败反应的产生

前文已述，个体在经历项目失败后，会从多个方面对事件产生反应，主要集中在情绪、认知和行为反应上。我们通过案例分析发现，几乎每个案例的主人公在面对失败时，都会产生上述三种反应模式，这验证了先前的研究结论。项目失败是不可避免的，对几乎所有个体来说，失败都是痛苦的经历，会带来许多负面情绪体验。在初始案例中，所有失败事件的当事人都表达了自己在经历失败后的情绪状态，如"此项目让我非常有挫败感，情绪非常消极""简直是晴天霹雳，心里感觉一阵剧痛"。而在认知层面，个体在经历消极情绪的同时，通常会回溯失败事件，寻找导致项目失败的原因，即做出归因。部分个体倾向于将失败归于自身，如"针对项目失败的原因进行了全面分析，找出了项目团队内部沟通不畅，以及项目技术方面的问题"；部分个体倾向于将失败归于外部，如"市场的变化太快了，我们被打得措手不及"。在各种不同的情绪体验和归因导向下，个体对失败的应对导向也会有不同。部分个体倾向于直面失败，根据其关注重点的不同，可以分为情绪应对导向（如"确定那个项目失败后，我过了一个月消极怠工的生活，后来心理、生理都出现了很大的问题，我突然觉得不能再这样继续下去了，于是开始尝试和朋友、家人聊一聊，也说服自己走出来"）和问题应对导向（如"我与团队中的人对于失败采取的是反省的态度，当项目遇到某一问题时，大家都会在晨会上进行交流，想解决办法"）。部分个体则在情绪和处理策略上都刻意回避失败本身，也就是采取失败回避导向，如"心里感到迷茫，不了解项目决策上的事情，不知道下一步工作计划该如何执行"。

9.5.2 失败反应对失败学习的影响路径

本研究在对案例进行概念化、范畴化分析的过程中，随着情绪体验、归因方式、应对导向三个维度的失败反应的明确，其与失败学习的关系结构也逐渐显现出来。结合上文的分析，可以发现失败反应通过六条路径对失败学习产生影响。情绪体验直接影响失败学习；归因方式直接影响失败学习；应对导向直接影响失败学习；同时，归因方式通过情绪体验的中介作用影响失败学习；此外，应对导向在情绪体验、归因方式对失败学习的影响中起调节作用。下文分别阐述。

1. 情绪体验对失败学习的直接作用

Blau（2007）将失败后个体产生的悲痛情绪分为积极的和消极的两类，但范围较局限。本研究发现其他由失败产生的负面情绪也有相对积极、相对消极之分。基于对案例的分析和对变量概念的理解，本研究将副范畴中的沮丧、生气、焦虑归纳为"相对消极负面情绪"，将内疚、羞愧这两种存在积极层面的情绪归纳为"相对积极负面情绪"。

研究发现，相对消极负面情绪会干扰个体的失败学习能力，如"此项目让我很有挫败感，情绪非常消极……我从失败的项目中也得不到个人经验的提升"。这也验证了先前学者的研究结论：人们因为失败所带来的痛苦后果和相关的消极情绪，不能立即有效地分析失败或主动避免失败（丁桂凤等，2019）。此外，Shepherd（2003）也认为失败后的个体产生的以悲痛为代表的消极情绪将影响个体进行信息收集和处理的过程，这会降低个体失败学习的质量。

相对来说，我们的研究表明以内疚、羞愧为代表的积极负面情绪则可能有利于个体从失败中学习。正如积极悲痛带来的影响一样（Blau，2006），个体在内疚和羞愧情绪的影响下，倾向于接纳失败的事实并探索有希望的机会，不再害怕逃避失败；此外，内疚和羞愧会促使个体进行自我评价，为了避免让他人失望，产生弥补过错的动机，自我效能感随之提高。这一点在案例中也得到了验证，例如有当事人认为，"原本设计的方案夭折了，我非常自责，但是冷静下来后，我觉得我必须再坚持一段时间，失败不能摧毁一切，我需要把细节再完善一些，不能让同伴们的心血都白费了。"但已有研究关于内疚和羞愧对个体带来的影响究竟是正向还是负向，仍众说纷纭（丁桂凤等，2019；樊召锋、俞国良，2008；崔曦蕊、诸梦妍、尚文晶，2014），未来研究有待进一步明确"相对积极负面情绪"对失败学习行为的具体作用方式。

2. 归因方式对失败学习的直接作用

根据 Heider（1958）的观点，一个行为的结果取决于两组条件，包括人的因素与环境的因素，并将归因分为受到个人控制影响的内部归因，以及受到外在环境因素影响的外部归因。据此，我们将本研究中的"自身能力""努力程度"两个副范畴归为内部归因，而将"任务难度""时机运气"归为外部归因。内部归因会使得个体更可能回溯先前项目推进中所犯的各种错误，并思考如何改正这些错误，以避免下次出现类似的问题（Roese and Olson，1997）。他们可能采取反事实思维（即设想身处先前情境过程，如何改善问题所在）（Cardon and McGrath，1999），这会使个体在下次项目实施中获益。而采取外部归因的个体通常将失败原因归结为自身不可控的因素，这些因素会促使他们退出项目活动，从而减少对新机会的识别（Byrne and Shepherd，2015），但这些正是学习的重要环节（于晓宇等，2018）。本研究的一些案例资料能够支撑上述观点，如在某一案例中，赵某在项目推广不顺利时，将原因归结为竞争对手产品发布更早，抢占了先机，因此几乎没有对失败事件进行反思，一味抱怨竞争对手，最终也未能从项目失败中学习到经验，离开了经营多年的行业。而在另一个案例中，陈某将一个重要客户合作项目的失败主要归结于自己的疏漏，对合作方的过失态度理性、克制，因此带领项目组梳理了工作标准，直接促进了工作绩效的提升。但是我们发现，能够明确表述归因对失败学习的直接作用的案例过少，这也提示我们需要构建一个更为具体的机制框架来解释其中间影响过程。

3. 应对导向对失败学习的直接作用

本研究发展出"情绪应对导向""问题应对导向""失败回避导向"三个应对导向的副范畴，根据态度的不同，本研究将这三个应对导向做了进一步划分。其中，情绪应对导向和问题应对导向倾向于面对并主动解决失败，而失败回避导向倾向于否认和无视失败。

Byrne 和 Shepherd（2015）认为，个体面对失败时专注于情绪（一种以恢复为中心的应对行为）可以帮助个体缓解消极情绪，而关注问题所在（一种以损失为中心的应对行为）可以为个体提供对失败事件的深刻理解，这与本研究的情绪应对导向、问题应对导向两个副范畴相对应。个体如果采取情绪应对导向，会主动进行自我情绪调节，在情绪恢复的同时扫描失败事件的信息，并对失败进行解释，进而促进失败学习行为。当采取问题应对导向时，在尝试参与外部事件处理的过程中反思失败事件，通过联系周围同事或家人等寻求并得到帮助，从而有助于从失败中学习。本研究使用的案例中，部分当事人在经历失败后表现出情绪应对导向，例如和家人谈心、说服自己没什么大不了；部分采取问题导向策略，例如复盘项目、完善项目或者开拓新的项目等。这些行为都促进了个体对失败事件的反思，以及从失败中汲取经验。

相反地，如果个体在经历项目失败后，采取无视或者回避的态度则会导致项目和努力选择的扭曲，这不利于后续失败学习行为的发生。回溯案例可以发现，部分当事人在项目失败后说："不想面对了""我觉得真的没有出路了，也不想寻找出路，什么也不管不问地过了一段时间""觉得非常烦躁，来自客户的不满和上司的压力让我想要放弃了"……这些个体在经历失败后，通常既没有个人认知的进步和成长，也没有工作能力、社交能力的提升，相对于采取问题应对导向和情绪应对导向的个体而言，失败学习明显不足。

4. 情绪体验在归因方式对失败学习影响中的中介作用

认知评价理论认为，情绪是个体与客观环境相互作用的产物，即个体通过自身特有的评价模式对外界事件的刺激进行解释，解释的结果以态度的形式表现出来就形成了情绪。激活归因情绪理论持相同的观点，认为情绪产生的决定性因素不是生理唤醒，而是认知对于生理唤醒的解释（Milbourn，1999）。本研究提炼出的归因方式这一范畴，便是个体自身评价模式的一个组成部分，会在很大程度上影响其对客观刺激的解读，进而产生不同的情绪，这也解释了"归因—失败学习"的内在机制。通过对案例的分析我们可以发现，外部归因的个体容易产生生气、愤怒的情绪，如"他们（合作方）会务组是由公司公关部门和行政部门组成的，不能专业地看待问题，有很多事情不能够考虑到酒店的情况，这个事情一直让我们这边挺生气的，沟通起来特别费劲""客户方大部分部门都不重视，提交效率特别低，我们中间好几次催都无果而终，不然项目也不至于延期那么久，想起来就生气，我们这边完全没有办法"；内部归因的个体则更容易产生羞愧、内疚等情绪，如"不得不承认，OAO项目逐步跑偏的主要原因是团队在短期利益面前放弃了原则和底线，从团队领导到一线执行，都在为了达到短期销售业绩的增长，选择了纵容错误的存在和延续，后来每次想到这里，我们都很后悔，很自责""实际上在项目迫于时间压力仓促启动时，我们并未形成一个清晰明确的目标，以至于在此后每个城市的行走中，我们都未能按时、按期形成完整的项目成果。如果我们能够理性地将××城项目推迟，等到条件具备后再开始实施，那将会对品牌带来更好的正面效应，但是反应过来的时候已经来不及了，挺难过的"。如上文所述，在不同的归因方式下，经历失败事件的个体对事件做出了不同的解释，由此产生不同的情绪，进而对失败学习产生影响。回溯和分析案例可以得出的结论是：外部归因的个体通常产生生气、焦虑、沮丧等消极负面情绪，不利于失败学习；内部归因的个体通常产生羞愧、内疚等情绪，进而有利于失败学习。

5. 应对导向在情绪体验对失败学习影响中的调节作用

采取情绪应对导向的个体可以通过自我调节来缓解负面情绪的影响，使得情绪向相对积极的方向转化，积极负面情绪对失败学习的正向影响得到增强；采取问题应对导向的个体，可以通过转移注意力到其他事件、重新组织自己的生活等方式，使个体从对失败的思考中分散注意力，使得个体投入情绪处理的时间和精力明显减少，消极负面情绪对失败学习的负向影响被削弱。因此，我们可以得出结论，情绪应对导向和问题应对导向调节了情绪体验对失败学习的影响，使得积极负面情绪的正向影响增强，消极负面情绪的负向影响减弱。在本研究的多个案例中都能发现这一机制，例如在某一案例中，周某在项目推进不顺利时，产生了焦虑、悲痛的情绪，认为"我记得当时给我的感觉是，非常可惜这样一份出类拔萃的策划稿，而且如果稿件没有按时提交，按照××××公司在行业内的示范效应和影响力，对我们的负面影响实在太大了，每个人都感到忧心忡忡""非常委屈，这种悲情一直笼罩在整个团队的项目进展当中，非常不利于团队的通力合作""可是再怎么委屈也没有用，工作已经布置下来了，过了一两天大家也冷静下来了，觉得与其干着急，不如咬牙做吧"，这些体现了个体和团队通过调节情绪扭转对挫折的看法；在焦虑、压力和悲痛的情绪中，团队选择到另一个城市封闭写稿，"在封闭写稿中，也是在大家的集中讨论中，我们渐渐领悟到，在机关刊物这样的媒体里工作，最重要的并不是凸显自己的个性，而是需要更好地把握一个度，学会如何去凸显整个组织的作用和决策力"，这体现出个体和团队在问题导向的应对中逐渐分散对负面情绪的注意力，进而更加理智地看待失败事件，并从中学习了经验。

从理论上看，由于失败回避对失败学习的完全负面性作用，必然会使得失败回避在情绪体验对失败学习的作用中产生不利影响，但是本研究在案例中并未发现足够支持这一观点的证据。也就是说，本研究中，失败回避在情绪体验对失败学习的影响中是否存在调节作用并不明显，未来可对此问题从定性或定量的角度进一步探讨。

6. 应对导向在归因方式对失败学习影响中的调节作用

情绪应对导向和问题应对导向在归因方式对失败学习的影响中有调节作用，使得内部归因的正向影响增强，外部归因的负向影响减弱。这是因为在个体采取情绪应对导向进行负面情绪处理时，相对消极的负面情绪得到宣泄，或者随着时间流逝向相对积极的方向转化，在此作用下，个体对失败结果的接受程度会提高，并通过合理的归因加速失败学习（彭学兵、徐锡勉、刘玥伶，2019）；而当采取问题应对导向时，个体或将注意力转移到其他事件，或聚焦失败事件本身，可能重新发现商机并制定决策，重新唤起目标感、责任感，从而强化了失败学习的状态，有利于个体回到失败产生的根源问题上，发现导致失败的客观原因，从失败中学习的效率得到提高。

回溯本研究使用的 39 个案例，可以发现，有 28 个当事人经历失败后的应对导向调节了归因方式对失败学习的影响，这足以支持我们的理论。受篇幅限制，这里举一个例子简要说明。某一案例的当事人翟某与两位朋友合资创业失败后，认为原因在于合作伙伴关系不佳（外部归因）、国家政策限制（外部归因）、创新能力不足（内部归因），且认为外部问题更严重。翟某首次创业经历重创，情绪低迷，在同学和家人的鼓励和开导下，逐渐接纳和调整自己的情绪（情绪应对导向），后经朋友介绍，重新加入了一个类似领域的创业公司，充分吸取先前项目的经验开拓业务（问题应对导向）。在后一个项目的推进中，翟某尝试接受第一个项目失败的现实，并认识到自己对创业失败的认识是片面的：由于团队内的不愉快，放大了合作伙伴关系的影响，而且国家政策也仅仅是严格和规范，并无不合理之处。在此情况下，翟某状态逐渐恢复，个人信心增强，创新创业热情再次燃起，第一个项目失败的经验成为二次创业的宝贵财富。

9.6 研究结果及意义讨论

9.6.1 结论与讨论

本研究运用扎根理论的分析方法，以 39 个创新创业项目失败案例为样本，对个体在项目失败后的反应及其对后续失败学习行为的作用机制进行了剖析。研究发现，失败反应对失败学习的影响是个体在失败后产生的情绪、认知和应对等多种反应的共同作用，具体结论如下。

失败后个体的不同反应分别对后续学习行为有重要影响，本研究从个体失败后的情绪反应、归因模式和应对导向三个角度进行了探讨。从情绪反应的角度看，我们的研究支持并进一步发展了已有的相关研究。例如，Shepherd 等（2011）强调了失败产生的悲痛的负面情绪对失败学习的负面影响。然而，我们发现，并不是所有的负面情绪必然会带来负面的结果，这与 Shepherd 等（2011）的研究有所区别。根据负面情绪表现出的特质因素，我们将负面情绪进一步分类为消极负面情绪（如悲痛、生气和焦虑等）和积极负面情绪（如内疚和羞愧等），两种不同类别的情绪对后续行为会产生相反的效果。类似的观点也在 Wang 等（2018）的研究中有所体现，该研究根据既有文献，将悲痛划分为积极悲痛和消极悲痛，并指出了积极悲痛对于失败学习的积极意义。因此，我们为后续研究提供了理论上的新视角，后续学者可以依据这一逻辑进一步区分情绪体验的利弊，并进行定量或定性的深入研究。而从个体遭遇失败后的应对策略来看，我们的研究进一步延伸并发展了既有理论成果。悲痛恢复理论认为，个体可以采取损失导向（一种事件应对策略）或恢复导向（一种情绪应对策略）以应对失败带来的悲痛感，并对后续的行为模式有重要的影响。Shepherd 等（2011）研究了应对导向对失败学习的重要影响，但是其假设并未得到数据的完全支持。本研究从定性角度进一步探究了在中国情境下，应对导向对失败学习的重要作用。我们所归纳出的"问题应对导向"和"情绪应对导向"分别对应了上述的"损失导向"和"恢复导向"。并且，推而广之，我们将悲痛恢复理论的适用范围扩大到对失败事件的应对上，不再局限于应对失败带来的悲痛情绪，并加入了"失败回避导向"以进一步充实相关理论。研究结果表明，问题应对导向和情绪应对导向均能促进失败学习，而失败回避导向没有促进作用，后续实证研究可以对此变量进行深入研究。此外，从归因的角度看，遭遇失败后的个体通常会回溯失败的原因，也就是产生归因倾向（于晓宇等，2018）。本研究发现，与外部归因（将失败归因于任务难度或时机运气）相比，将失败归因于自身能力或努力程度的内部归因更有利于刺激个体采取学习行为。事实上，先前不少学者聚焦于归因与失败学习的关系并得出了相应的结论（彭学兵、徐锡勉、刘玥伶，2019），我们的发现与先前学者的研究结论保持了一致，并采用案例研究的质性方法对此进行了进一步的证明与解释。

同时，本研究认为三种失败反应之间具有可能的内在联系，而个体层面反应机制的交互影响在先前研究中还鲜有成果。我们通过扎根理论的分析得出了其相互作用机制。根据情绪归因理论，遭遇失败后员工不同的归因方式会带来不同的负面情绪，而不同的负面情绪对失败学习又会产生不同的影响。

这进一步将原有关于归因与情绪的理论进行了整合，构建了"归因—情绪"这一新的研究思路。而不同的应对导向可以在"归因—情绪"的作用路径上起到调节作用。一方面，负面情绪体验将影响失败学习过程，而其影响的程度受到应对导向的调节，个体可以采取情绪应对导向或问题应对导向或者结合二者来缓解负面情绪带来的不利影响。这也间接证明了情绪恢复在失败学习过程中的重要作用，对 Shepherd"需采取措施以防止负面情绪对失败学习带来不良影响"的观点做出了进一步的理论验证。同时，我们进一步推广了应对导向的适用环境，将应对导向与归因方式相联系，认为不同的归因方式可以通过采取应对导向来调节对失败学习的作用程度，采取情绪应对导向可以帮助倾向于内部归因的个体增强其失败学习能力，而采取问题应对导向可以帮助倾向于外部归因的个体更关注失败本身，进而减弱外部归因对失败学习的不利影响。

总之，本研究将先前关于个体层面的失败反应及影响失败学习的因素进行了整合，通过延伸已有理论的适用环境，对案例素材进行归纳与提炼，并得出了相应的结论。事实上，先前关于个体层面失败学习影响因素的研究，多停留在大样本问卷和数据分析的量化实证方法上，很少有学者从质性研究的角度进行探索性研究；并且这些研究大多视角相对单一，分别研究不同因素对失败学习及后续行为的影响（王文周、仇勇，2015），却少有研究探索个体层面的失败反应之间的互动关系。基于悲痛恢复、情绪归因等理论，本研究所构建出的概念模型不仅对先前实证研究进行了质性验证，更是进一步拓展了部分概念与理论的适用环境，为后续学者展开进一步研究提供了新的思路。

9.6.2 实践意义

本研究为我国中小企业在创新与研发中的失败管理提供了理论依据。首先，我们需要清楚，失败不可避免，但在失败后采取有益措施来积极应对，能够有效克服失败带来的不利影响。其次，失败给员工带来的反应纷繁复杂，不只有消极的影响，员工和管理者都需要控制负面作用的不良影响，而将相对积极的作用采取合理措施扩大化。具体来说，对于失败后产生消极的负面情绪并归因于外部的员工，可以积极采取情绪管理策略，从情绪和问题两方面进行聚焦，主动消除负面情绪的不利影响，并主动调整看待失败的角度和思路，避免陷入"怨天尤人"的恶性循环中。而对于产生相对积极负面情绪并归因于自身的个体，则可以采取情绪应对导向和问题应对导向策略，使其"自省"更到位，促进其意识到失败的真正原因所在。总之，员工自身和管理者都需要做好失败管理，灵活地将悲痛转化为动力，以便在下次机遇与挑战中收获成功。

9.6.3 局限性与未来研究展望

在研究分析过程中，我们发现本研究尚存在不足之处，主要体现在以下几个方面：一是本研究采用扎根理论研究方法对案例进行编码分析，编码过程在一定程度上还存在着研究者个人的主观性，并且在编码的过程中可能会遗漏某些概念或范畴。二是扎根理论是具有情景性的研究方法，仅能得到定性的结论，后续研究可以结合定量的研究方法建立质性与量化相结合的系统化理论。三是本研究只探究了项目失败之后个体的部分反应，而其他对失败学习产生影响的反应，诸如自我效能感、动机、反事实思考等均未涉及，可能是受样本所限，后续研究可以加强对其他相关失败反应的研究。

第 10 章 事件特征与失败学习

——基于神经认知视角的研究构想

10.1 引言

正因为失败的独特价值,影响失败学习的前因变量备受关注。虽然过去的研究试图从多个角度探究影响失败学习的因素,如组织层面的社会资本、关系质量和知识交流氛围(Carmeli et al., 2009; Carmeli and Gittell, 2009; Shepherd, Patzelt, and Wolfe, 2011),团队层面的领导风格(Hirak et al., 2012),以及个体层面的归因模式、失败经验和内在动机等(Bolinger and Brown, 2015; Yamakawa, Peng, and Deeds, 2015)。但 Dahlin 等(2017)指出,现有研究存在着将各类失败事件等量齐观的倾向,即已有研究缺乏对"失败事件"自身特征的关注。事实上,事件系统理论的提出者 Morgeson 等(2015)强调,事件强度、时间及空间因素都会对个体事后的情绪、态度和行为产生重要影响(刘东、刘军,2017)。如果从事件系统理论视角出发,我们将发现诸多亟待解决的疑问:事件特征如何影响失败学习的效果?这一过程的中介机制是什么?情境因素在这一过程中扮演着何种角色?这些问题值得更多的学者进行更新的探索。基于上述背景,我们构建了一个研究构想:本研究将以传统问卷调查和行为实验为基础,结合最新的脑功能成像技术与电生理技术,探究如下三个问题:①事件特征(事件强度、时间和空间因素)对个体失败学习效果的影响;②事件特征作用于个体失败学习的生理及心理机制;③事件后反思干预在上述过程中的调节作用。

10.2 理论综述与假设提出

10.2.1 理论综述

1. 失败学习过程的中介机制及边界条件

随着失败学习领域研究的不断深入，影响失败学习的"黑箱"及其边界条件也成为研究热点。总体而言，现有研究普遍以个体的心理因素为中介机制，将组织环境和个体人格特质作为边界条件。

为了打开失败学习的"黑箱"，过往研究检验了情绪、心理安全感、幸福感及学习动机等变量的作用。其中，情绪作为个体层面最为重要的中介机制，吸引了大量学者的关注（Bohns and Flynn，2013；Shepherd and Cardon，2009；Wang et al.，2018；Zhao，2011）。Shepherd 和 Cardon（2009）认为，项目失败后的负面情绪会阻碍失败学习。Zhao（2011）也指出，负面情绪将会降低个体的学习动机，因此将不利于个体的失败学习。但 Bohns 和 Flynn（2013）强调，并不是所有的负面情绪都会带来消极影响。他们提出的理论猜想指出，失败后的内疚情绪会激发个体责任感，进而促使其采取积极的应对行为以减少失败的损失（如进行失败学习）。但羞愧情绪则会伤害个体的自尊，不利于后续的学习行为。Wang 等（2018）通过实证数据检验了该理论猜想，但他们发现，东方文化是一种"耻感"文化，羞愧情绪可以强化失败学习的过程，得到了与过去理论猜想截然相反的实证结果。由此可见，学界关于个体情绪，尤其是事件后的负面情绪在失败学习过程中的作用仍未达成共识，负面情绪在失败学习中的价值仍有待学者进行深入探索。

现有的探讨失败学习过程中边界调节的文献较为有限，并且大多关注个体的人格特质。例如，具有较高自我同情特质（Self-Compassion）（Sheherd and Cardon，2009）和情绪稳定性（Zhao，2011）的个体，往往可以较好地调节自身情绪，因此可以减少事件失败后的消极状态。Wang 等（2018）则发现，个体的归因模式可以调节项目承诺与失败学习的关系，当个体倾向于认为失败原因可控时，其学习动机则会降低。但由于个体的人格特质相对稳定，管理者通过改变员工个人特质，进而提升其失败学习的可能性较低。因此，亟须学者探索具有较高实践性的干预措施，以填补理论空白，并为实践提供管理工具。

2. 认知神经科学在组织行为研究中的运用

社会认知神经科学领域的学者，已经利用认知神经科学技术，对诸多社会科学相关命题进行了深入探讨。但在组织行为学领域，基于神经科学技术开展研究仍处于起步阶段（Senior, Lee, and Butler, 2011；Waldman et al., 2017）。近年来，基于脑电（EEG）和功能性核磁共振成像技术（Functional Magnetic Resonance Imaging, fMRI），学者已尝试从神经科学视角解释组织中领导风格（Waldman et al., 2017）、领导者话术（Molenberghs et al., 2017）、决策绩效（Decision-making performance）（Laureiro-Martínez et al., 2015）和组织公平（Dulebohn et al., 2016；Dulebohn et al., 2009）等问题。

虽然目前主要采用的 EEG 和 fMRI 在测量精度上具有较大优势，但将 EEG 和 fMRI 运用于组织行为研究时，存在着生态效度低的问题（Ayaz et al., 2013）。这两类技术均要求被试尽可能保持身体静止，并需要在一个狭小的空间内完成所有行为实验。因此，在这种实验环境下得到的结果，能否反映被试在"真实世界"中的行为表现，常常受到质疑。为了提高实验的生态效度，学者们呼吁将新的技术引入组织行为研究中（Ariely and Berns, 2010；Waldman et al., 2017）。正如上文所述，功能性近红外光谱技术（fNIRS）因其较高的生态效度，能够较为真实地模拟现实情境中的行为过程，已成为社会认知神经科学研究的主流技术。

fNIRS 假设大脑皮层的血氧状态与其神经元活动之间存在联系，以脑组织血红蛋白浓度为指标，反映局部脑区域的动态变化，间接观测大脑的神经活动（Tong, Lindsey, and Frederick, 2011）。光在组织的散射传播过程中，光子因被吸收而会出现光衰减现象，而 fNIRS 正是利用光的这一特性测量大脑的神经活动。fNIRS 的基本观测单元是放置在被试头皮上的一对光极，每个观测单元包括一个发光极和接收极。发光极发出近红外光，经过大脑组织衰减后被接收极接收。相比于可见光（波长约为 390~780 nm），近红外光（波长约为 780~2500 nm）具有低吸收率和低衰减率的特征，能够穿透 8cm 的生物组织，是可见光效率的 8 倍，这也正是 fNIRS 技术选择近红外光的原因（Jobsis, 1977）。

事实上，最近在社会认知神经科学领域中的研究已经显示出了 fNIRS 的独特优势。例如，Jiang 等（2015）基于该技术，解释了无领导小组讨论中领导涌现的神经机制；Holper 和 Murphy（2014）在一项纸牌游戏中，利用 fNIRS 记录了个体风险价值判断过程中的神经机制；Cheng 等（2015）研究了伙伴性别对团队合作中脑间同步性影响的问题。由此可见，fNIRS 具有高生态效度，能够最为精准地捕捉人类在现实社会生活行为的神经，将是帮助学者将组织行为与神经科学相结合的关键技术。

但不可否认的是，fNIRS 也存在着其固有的局限性。光信号穿过头发等介质后才能到达外皮层，数据中所包含的噪声也较大。因此，相对于 fMRI，fNIRS 在空间分辨率上较低（即较难精确检测事件激活的脑区）。为了克服单一测量技术的不足，学者们建议在未来的研究中将 fNIRS 与其他技术（如 fMRI）结合使用（叶佩霞等，2017；Waldman et al.，2017），实现各技术的优势互补。

10.2.2 假设提出

1. 事件特征对失败学习影响的心理机制（研究一）

研究一的理论模型如图 10-1 所示。

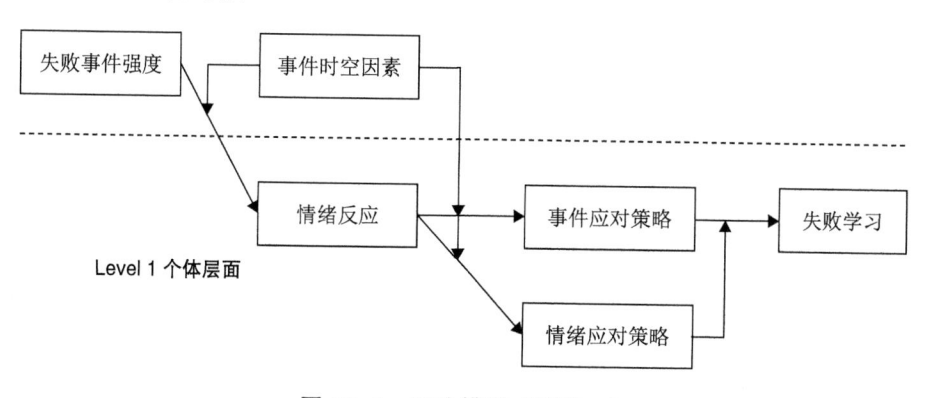

图 10-1 理论模型（研究一）

人类生活由各类"事件"组成，但是并非所有的事件都能引起个体有意识的关注（Nigam and Ocasio，2010）。过去的研究表明，事件的自身特征与参与者的反应密切关联（Morgeson，2005）。事件系统理论指出，事件可以起源于任一层级，在整个组织中流动扩散、影响个体行为，并提出了评估事件特征的三大维度：事件强度、事件时间和事件空间（Morgeson，Mitchell，and Liu，2015）。其中，事件强度包括新颖性、颠覆性和关键性等因素，事件时间包括事件时机和时长等因素，事件空间包括事件起源、扩散范围、实体和事件距离等因素。

项目失败是组织中一类典型的负面事件。根据事件系统理论，我们可以将新颖性、颠覆性及关键性作为评价项目失败这一事件强度的指标（Morgeson，Mitchell，and Liu，2015）。新颖性体现了事件区别于现在及以往行为、特征和事件的程度，新颖的事件往往能让个体投入更多的认知资源以处理该事件。颠覆性强调的是事件对个体常规活动的扰乱，这会改变正在进行的项目并要求项目成员进行必要的适应和调整，如成员之间的冲突、项目期限的变化等，处理这些问题需要耗费大量精力。例如，天气原因使得航班停飞，这一事件影响到的人和事较多，解决起来也很麻烦。关键性反映的是这一事件对个体的重要性程度，以及对组织目标实现的影响程度（Morgeson and DeRue，2006），事件越是关键，人们越会认为此事件值得关注，因此他们越可能投入大量的资源和精力去完成这一事件。

当失败事件的强度越大时（即有别于过往经历、影响常规活动、对个体以及组织具有重要意义），个体可能会表现出越多的消极情绪。一方面，罕见的失败事件会扰乱组织的既定目标。过往研究表明，当常规行为被打乱时，个体将会表现出焦虑、愤怒等一些负面情绪（Watson，Clark，and Tellegen，1988）。需要个体投入更多的认知资源去处理相关的信息，这会增加其额外的心理压力（Stigliani and Ravasi，2012）。另一方面，关键事件往往耗费了个体及组织大量的资源，一旦失败将会带来巨大的损失，同时也会阻碍组织成员目标的达成，进而导致成员沮丧、悲痛乃至愤怒（Morgeson，Mitchell，and Liu，2015）。因此提出以下假设：

假设10-1：失败事件强度与个体失败后负面情绪正相关。

根据事件系统理论，事件的时空因素包括事件在空间上的影响范围及事件的持续时间。事件最初发生在某一层级上，但随着时间的推移，其会在不同层级之间流动，事件的影响范围随之扩大。事件的影响范围越大，需要关注和协调的内容越多（Morgeson，Mitchell，and Liu，2015），事件失败后波及的人群范围也越大。因此，个体不仅受到自己负面情绪的影响，还要接受和处理其他相关人员的负面情绪。这种持续广泛的负面情绪，会让个体难以走出失败的阴影，从而引发更多的负面情绪。

此外，还有研究发现，相较于持续时间较短的事件，持续时间较长的事件对个人、组织的影响更大（Morgeson and DeRue，2006）。失败后，事件的持续时间越长，个人越难以忘却这一事件，越无法摆脱这一事件的影响，因此他们需要付出更大的努力、更多的资源来应对这一事件以及失败所带来的后果（Shipp and Jansen，2011）。因此，项目成员的负面情绪难以在短时间内消解并会不断累积，从而加大了失败事件的强度对消极情绪的影响。

相反，对于影响范围小、持续时间短的事件，即使这一事件的强度很高，由于其波及的范围小、存续时间短，因而对相关人员的影响也相对较小，人们很容易从失败中恢复过来，消极情绪也会较快得到缓解。因此提出以下假设：

假设10-2：事件时空因素调节了失败事件强度与个体失败后负面情绪间的正相关关系，即当事件影响范围越广、事件持续时间越长时，其正相关关系越强。

前文已述恢复导向（情绪应对策略）和损失导向（事件应对策略）的相关来源。情绪应对策略和事件应对策略都是个体在消极事件后所表现出的一系列自我调节行为，两类行为并不是非此即彼的互斥关系，经历消极事件后的个体会同时表现出这两类行为，以帮助自身走出"阴影"（Shepherd，Patzelt，and Wolfe，2011）。根据情感事件理论（Weiss and Cropanzano，1996），项目失败作为一项特定的情绪事件，会引发一系列的负面情绪，进而对个体的态度和行为产生影响（Weiss and Cropanzano，1996）。这些由失败引起的负面情绪会使人们高估负面结果的可能性，并低估后续项目获得积极成果的可能性（Shepherd and Cardon，2009）。为了克服消极情绪的不良影响，人们会有意识地转移注意力，例如关注组织中的次级压力源、与工作无关人员交流沟通等，从而帮助自己从失败的负面情绪中得到恢复（Zhao，2011）。

虽然情绪应对策略能够通过回避的方式暂时调节个体的情绪，但是失败事件是消极事件产生的根源。为了妥善处理失败事件为组织带来的不利影响，同时避免重蹈覆辙，他们还会积极地投入信息搜寻中，与他人讨论并深刻反思项目失败的原因（Shepherd，Patzelt，and Wolfe，2011）。因此提出以下假设：

假设10-3a：个体失败后负面情绪与事件应对策略正相关。

假设10-3b：个体失败后负面情绪与情绪应对策略正相关。

失败事件的时空因素还会调节上述负面情绪与随后应对行为策略的关系。一方面，事件的影响范围越广、持续时间越长，事件对个体的影响就会越大（Morgeson，Mitchell，and Liu，2015），这使得他们更为关注该事件，以期找出失败的原因。因此，他们会表现出更多的事件应对策略，即投入更多的认知资源到处理失败事件相关的信息中（Shepherd，Patzelt，and Wolfe，2011）。另一方面，随着事件影响范围的增大和持续时间的增长，个体负面情绪的消退也随之受阻（Brans and Verduyn，2014）。此外，个体为了调节自身过高的压力，也会表现出更多情绪调节行为，如情绪应对策略。相反，对于影响范围较小、持续时间较短的失败事件，个体对事件的关注度和调节负面情绪的迫切性都会降低，事件应对策略和情绪应对策略也随之减少。因此提出以下假设：

假设10-4：事件时空因素调节了负面情绪与事件应对策略和情绪应对策略的正相关关系，即当事件影响范围越广、事件持续时间越长时，其正相关关系越强。

在前面章节，我们已经提出了事件应对策略（损失导向）和情绪应对策略（恢复导向）对个体失败学习行为的促进作用。在此，我们提出了新的观点：情绪应对策略可以有效地调节个体在失败后的消极情绪，进而提升事件应对策略的学习效率（Stroebe and Schut，1999）。首先，情绪应对策略可以帮助个体重拾对未来的希望，个体的自我效能也将随之提高。因此，当他们审视失败经历时，将更有信心且更为乐观地看待得失，更易于发现失败经历中潜在的价值，取得更好的学习效果。此外，情绪应对策略强调暂时回避主要消极事件，将注意力转移到次要压力源（Shepherd，2003）。在这一过程中，他们往往有更多的机会去面对新的事物，而这些新事物中包含了大量重要信息（包括其自身缺陷、目标与现实之间差距的原因等）（Shepherd, Patzelt, and Wolfe，2011），因此，他们能够从融合多元信息的视角看待过去的失败，进而取得更好的学习效果。

而对于缺乏情绪应对策略的个体，他们在失败后的消极情绪则较少地受到调节。因此，他们往往对自身的能力及对组织未来的发展表现出较低的信心水平。缺乏情绪应对策略的个体即使将大量精力投入失败事件的处理，其学习动机和处理信息的效率也相对较低。因此提出以下假设：

假设10-5：情绪应对策略正向调节了事件应对策略与失败学习的正相关关系，即情绪应对策略更多时，其正相关关系越强。

2. 事件特征对情绪影响的生理机制（研究二）

虽然大量的研究已经关注到了失败事件所引发的负面情绪，但事实上，个体在失败后将呈现出多情绪混合的复杂心理状态，包括羞愧感、内疚感、愤怒感、失落及抗拒情绪等（Blau，2007；Jenkins, Wiklund, and Brundin，2014）。Bohns和Flynn（2013）指出，在不同情境下，个体所呈现的负面情绪组合可能存在差异。但遗憾的是，传统的自陈式报告在探讨混合型情绪时存在较大的局限性，被试较难准确汇报自己所呈现出的心理状态。

从社会认知神经科学的角度出发，因为不同情绪受控于不同脑区，个体在失败事件后所呈现的情绪组合可以通过脑区激活情况进行反映。例如，Michl等（2014）基于fMRI发现：当个体体验到羞愧感时，前额叶的额内侧回和额下回将会被激活；而当个体体验到内疚感时，杏仁核和脑岛将会被激活。除了能够通过对应脑区激活与否来辨识情绪成分，还可以通过激活的体素数量判断各情绪的强弱。体素是fMRI的成像单元，当特定脑区所激活的体素越多，说明大脑该区域越活跃，也表明该脑区所负责的情绪越活跃。

根据过往研究，大脑中与情绪相关的脑区主要有杏仁核、眶额皮质、颞叶、脑岛等区域（Gazzaniga, Ivry, and Mangun，2013）。本研究在研究一中论述了事件特征对个体心理状态（基于自陈报告）的影响。而在研究二中，我们更注重该机制的神经机制，认为事件强度将与上述脑区激活程度正相关，而事件时空因素则会调节该效应。因此提出以下假设：

假设 10-6：事件强度越强，负责情绪脑区的激活程度越高（被激活体素越多）。

假设 10-7：事件时空因素将调节事件强度和脑区激活程度间的正相关关系，即当事件影响范围越广、事件持续时间越长时，其正相关关系越强。

3. 事后反思的干预作用（研究三）

研究三的理论模型如图 10-2 所示。

图 10-2 理论模型（研究三）

事后反思是一个组织学习的过程，能够让团队成员系统地分析个体行为并评估各个部分对绩效表现的贡献（Ellis and Davidi, 2005）。失败事件发生后，对失败事件的反思能够帮助个体全面审视所发生的事件，分析及阐释失败的原因，这能促使个体更好地认识失败事件中所蕴含的价值（Ellis and Davidi, 2005; Ellis, Mendel, and Nir, 2006）。Kornell 等（2015）认为，事件后的反思干预能够加深个体的记忆，进而强化个体的学习效果。此外，反思中的沟通交流也能够缓解个体的负面情绪（Ellis and Davidi, 2005），即事后反思还可以帮助团队成员免于沉浸于失败后的负面情绪。因此，他们能保持更好的情绪状态，进而更好地利用失败事件中的信息资源。

从社会认知神经科学视角出发，为完成既定的目标，人类的行为需要受到持续的自我监控。当行为结果与预期目标产生偏差时，人类大脑中的监控机制将被激活。其中，前扣带回（Anterior Cingulate Cortex, ACC）被认为在处理失败（错误）事件的过程中扮演着关键角色（Lütcke and Frahm, 2008; Metcalfe, 2017; Wittfoth, Küstermann, and Fahle, 2008）。Holroyd 和 Coles

（2002，2008）提出了强化学习理论，用于解释人类在失败事件后反应的生理机制。该理论认为，当行为结果比预期差时，中脑多巴胺系统会减少多巴胺分泌，而当行为结果比预期好时，中脑多巴胺系统则会增加多巴胺分泌。对于 ACC，多巴胺是一种激素奖励，即达成预期时获得更多的多巴胺，而偏离预期时获得的多巴胺也会减少。因此，ACC 可以根据多巴胺信号水平强化个体的学习行为，以优化其行为表现。而反思干预能够帮助个体更为深刻地认识到行为结果与预期的偏差，进一步激活大脑的监控机制，通过减少多巴胺的分泌"督促"ACC 进一步工作，调整个体行为以达到目标。从脑控成像的结果来看，则可能表现为 ACC 区域的激活。因此提出以下假设：

假设 10-8：事后反思能够帮助个体更好地认识到失败事件中的信息价值，进而带来更好的学习效果。

假设 10-9：事后反思能够激活个体的前扣带回区域，强化其学习行为。

10.3 研究设计与方案选择

10.3.1 研究方法和技术路线

本研究工作以五种形式进行：①文献研究；②企业访谈；③专家咨询；④基于实验设计的实证研究；⑤基于追踪设计的问卷调查实证研究。

在理论模型构建阶段，我们将整理和总结国内外核心期刊中与本研究各变量相关的文献，理清研究现状和研究方向。此外，我们会在企业访谈和专家咨询的基础上形成初步的研究问题和理论框架，而后我们将通过会议报告，以论文的形式进一步完善理论框架。

在实证研究阶段，在现有实验条件和企业调研实际情况的基础上，本研究将进行实验方案和问卷调查方案的设计，在设计完毕后，首先进行预实验和问卷预调查，针对现实情况中出现的问题修整实验操作和问卷，优化研究方案。正式实验阶段开始后，将会招募被试，集中开展实验和追踪问卷调查，并运用 SPSS、Mplus、MATLAB 等软件分析数据，进行假设检验并探究模型的理论与实践意义，提出未来研究方向。具体技术路线如图 10-3 所示。

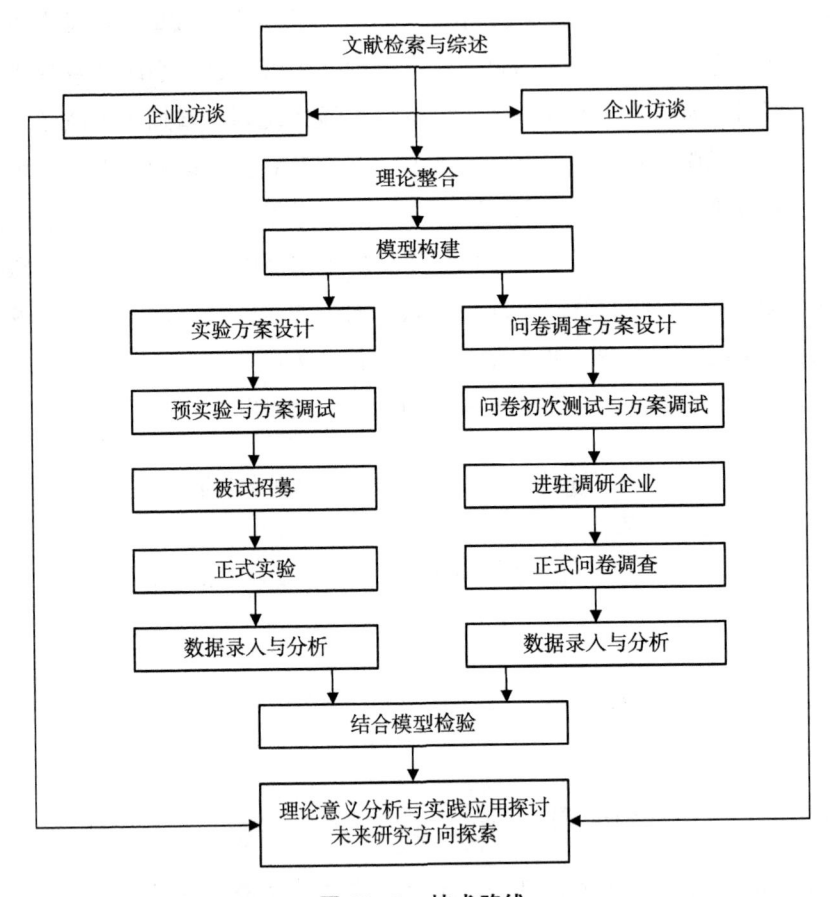

```
                    ┌──────────────────┐
          ┌────────→│  文献检索与综述  │←────────┐
          │         └────────┬─────────┘         │
    ┌─────┴────┐             │             ┌─────┴────┐
    │ 企业访谈 │←────────────┼────────────→│ 企业访谈 │
    └─────┬────┘             ↓             └─────┬────┘
          │         ┌──────────────────┐         │
          │         │    理论整合      │         │
          │         └────────┬─────────┘         │
          │                  ↓                   │
          │         ┌──────────────────┐         │
          │         │    模型构建      │         │
          │         └────────┬─────────┘         │
          │          ┌───────┴───────┐           │
          │          ↓               ↓           │
          │  ┌──────────────┐ ┌──────────────┐   │
          │  │ 实验方案设计 │ │问卷调查方案设计│  │
          │  └──────┬───────┘ └──────┬───────┘   │
          │         ↓                ↓           │
          │  ┌──────────────┐ ┌──────────────────┐
          │  │预实验与方案调试│ │问卷初次测试与方案调试│
          │  └──────┬───────┘ └──────┬───────┘   │
          │         ↓                ↓           │
          │  ┌──────────────┐ ┌──────────────┐   │
          │  │  被试招募    │ │ 进驻调研企业 │   │
          │  └──────┬───────┘ └──────┬───────┘   │
          │         ↓                ↓           │
          │  ┌──────────────┐ ┌──────────────┐   │
          │  │  正式实验    │ │ 正式问卷调查 │   │
          │  └──────┬───────┘ └──────┬───────┘   │
          │         ↓                ↓           │
          │  ┌──────────────┐ ┌──────────────┐   │
          │  │ 数据录入与分析│ │ 数据录入与分析│  │
          │  └──────┬───────┘ └──────┬───────┘   │
          │         └───────┬────────┘           │
          │                 ↓                    │
          │       ┌──────────────────┐           │
          │       │  结合模型检验    │           │
          │       └────────┬─────────┘           │
          │                ↓                     │
          │    ┌──────────────────────────┐      │
          └───→│理论意义分析与实践应用探讨│←─────┘
               │  未来研究方向探索        │
               └──────────────────────────┘
```

图 10-3　技术路线

10.3.2　研究具体方案和可行性分析

1. 研究一具体方案

研究一为田野研究，整体探讨事件特征影响失败学习的作用机制和边界条件。该研究基于问卷展开，通过企业调研收集多源、多层次、多时间点的研究数据（见表10-1）。

表 10-1　变量及问卷发放时间

调查对象	第一次（T1）	第二次 （T2 = T1+3 个月）	第三次 （T3 = T2+3 个月）
焦点员工	基本信息		
	感知到的事件特质 （强度及时空因素）		
	情绪状态	情绪状态	同 T2
	事件应对策略	事件应对策略	
	情绪应对策略	情绪应对策略	
直接上司	失败学习行为 背景信息	失败学习行为	同 T2

2. 研究二具体方案

研究二探讨事件特征对个体影响的生理机制，本研究基于 fMRI，重点关注不同事件特征刺激下，大脑杏仁核、眶额皮质、颞叶、脑岛等区域的激活程度。

如图 10-4 所示，本实验采用组块式实验设计（Block Design），整个实验共包括 5 个组块（5 轮游戏），在每一个组块内，包括 8 项实验任务。在每一项实验任务中，被试需要阅读一段关于项目失败情况的描述材料，每一份材料均包含对事件强度及其时空因素的描述。根据事件特征组合：强度（高 vs 低）×时间（长 vs 短）×范围（大 vs 小），本研究将设计 8 类事件描述材料。在一个组块中（单轮游戏中），如图 10-5 所示，将随机呈现 8 类不同的阅读材料，整个实验中，被试需要阅读 40 份（5×8）项目失败描述材料。

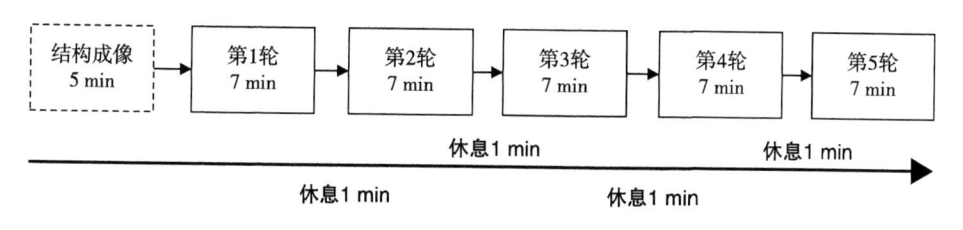

图 10-4　fMRI 扫描流程

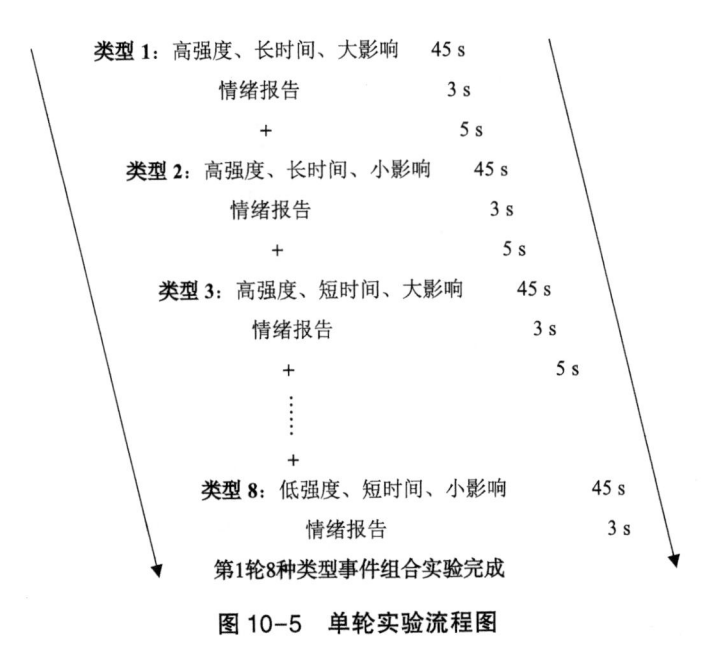

```
类型 1：高强度、长时间、大影响    45 s
         情绪报告              3 s
           +                  5 s
类型 2：高强度、长时间、小影响    45 s
         情绪报告              3 s
           +                  5 s
类型 3：高强度、短时间、大影响    45 s
         情绪报告              3 s
           +                  5 s
           ⋮
           +
类型 8：低强度、短时间、小影响    45 s
         情绪报告              3 s

      第1轮8种类型事件组合实验完成
```

图 10-5　单轮实验流程图

注：+表示两类事件刺激间的休息期。

实验流程

第 1 步：预测试阶段。

在正式实验开始前，主试将告知被试本次实验中的注意要点及任务流程。被试将需要完成 4 段材料阅读，确保在游戏开始前已经明确实验要求。在完成 4 段材料阅读任务后，被试需要在设备内保持放松 5 min，主试将在此时收集被试静息态下的脑结构成像信息，仪器为 SiemensTRIO 3.0 T 磁共振仪。

第 2 步：正式扫描阶段。

完成脑结构成像数据采集后，被试将开始正式实验。如上文所述，被试将阅读描述材料，对当前的情绪状态进行打分（5 点量表，从 "1 = 微弱消极情绪" 到 "5 = 强烈消极情绪"），休息 5 s。在一个组块中，被试需要重复 8 次任务。整个过程的数据将被全程记录。

3. 研究三具体方案

研究三探索事后反思的干预作用。为观测事后反思干预对被试信息价值感知的促进作用，本研究采用主观自陈问卷与 fNIRS 脑功能成像数据为指标（见图 10-6）。

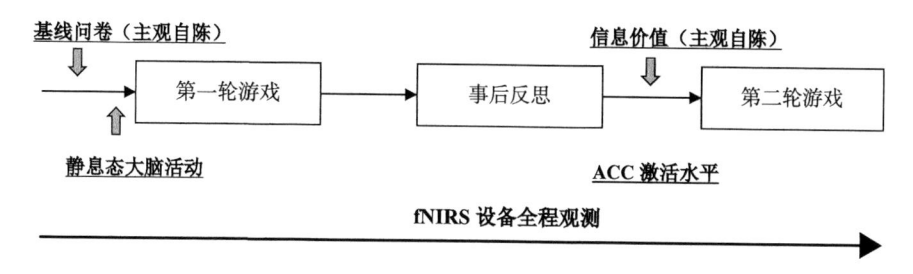

```
基线问卷（主观自陈）              信息价值（主观自陈）
      ↓                              ↓
   ┌────────┐      ┌────────┐      ┌────────┐
   │第一轮游戏│ ───→ │事后反思│ ───→ │第二轮游戏│
   └────────┘      └────────┘      └────────┘
      ↑
   静息态大脑活动                  ACC 激活水平
              fNIRS 设备全程观测
   ──────────────────────────────────────────→
```

图 10-6　研究三实验流程图

实验任务："啤酒战争"游戏

要求被试利用电脑参与一款名为"啤酒战争"的游戏，该游戏模拟了一个由 10 个城市组成的市场，各啤酒生产商需要争夺有限的客户资源。游戏能够模拟竞争对手和各种市场力量，如工资和生产成本。

在游戏过程中，电脑向玩家提供每个城市的需求和当地工资水平等信息，可用于估算某个城市啤酒的生产成本、产品质量、产品价格、竞争对手产品质量数据和销售量等。玩家可以在游戏过程中采取各种行动：建造一座啤酒厂、扩大酿造能力、建造一个储存盈余的仓库、将啤酒运送到邻近的城市、将资金转移到其他城市、改变价格、获得新的品牌。玩家的目标是打败其他竞争对手，垄断啤酒市场。但由于实验时间的限制，这个实验的成功被定义为占有至少 4% 的市场份额。该市场份额的标准基于过去的经验值设定，希望让大部分被试经历失败。在 4% 的目标下，被试达成目标的概率较低，但又不会因为目标过高而在游戏之初便失去信心（Ellis, Mendel, and Nir, 2006）。

实验流程

第 1 步：基线数据收集。

在正式实验开始前，被试需要填写测前问卷，帮助我们获取被试基本个人信息。完成测前问卷后，主试帮助被试佩戴 fNIRS 检测设备。随后，要求被试保持放松状态 10 min，开启 fNIRS 设备以记录被试静息态大脑活动状况。

第 2 步：第一轮游戏（唤起失败体验）。

每个被试独自玩游戏，主试是一位不了解实验假设的科研助理。到达实验室后，由主试向被试宣读以下说明：

您将参加一个经济游戏模拟，您是一个在10个城市的啤酒市场开展竞争的玩家。游戏的规则在使用说明书中有详细说明，您可以学习10 min。如果您存在任何疑惑，可以向我们提出问题。如果您需要，我们将给您提供计算器、铅笔和纸。在解释结束之后，您将有15 min的时间玩游戏，在这段时间内您将被要求获得尽可能高的市场占有率。我们将"胜利"或"成功"的结果定义为占据至少4%的市场。"损失"或"失败"定义为市场占有率不足4%。如果您赢得比赛，您将获得50元人民币的现金奖励。在游戏中，您会被要求进行"大声思考"，即与主试分享您的想法及您所采取行动的原因，祝您好运。

在游戏进行的15 min 内，主试需记录被试所有行为、所分享的行为原因及被试的行为结果（获得的市场份额百分比）。在比赛结束时，被试如果成功，主试向被试表示祝贺（"很好！您已经成功了！"），并提供50元人民币奖励；在失败的情况下，主试则对被试进行安慰（"对不起，您没有成功，所以我不能给您承诺的奖品。"），并不提供奖品。

第一阶段完成后，被试都被告知将有机会改善他们的表现。第一轮游戏中失败的被试如果在第二轮中达到市场占有率4%的标准，就可以得到50元人民币；第一轮游戏中成功的被试如果进一步提升了他们的市场占有率，那么将获得额外的奖励（一套新的文具）。最后，参与者被要求写下使他们成功或失败的所有原因。

第3步：事后反思操纵。

当被试进行"啤酒战争"游戏时，主试需要对被试的行为进行记录。为了获取被试的思维范式，被试需要"大声思考"，即在整个游戏中表达自己的想法和感受。因此，主试的笔记包括对被试行为的详细跟踪、每个行为的市场份额结果及被试在整个游戏中表达的想法。监测参与者的想法和行为是为被试在游戏后进行事后反思提供依据。

（1）成功因素反思组。被试仅需指出或解释支持他们成功的想法或行为，主试需要强化被试提出的相关观点。例如，被试解释了其市场份额的增加："在这个时候，我决定建立一个新的啤酒厂，帮助我应付竞争对手。"主试回应："是的，建立新的啤酒厂使您的市场份额从0.9%上升到1.7%。您可以描述一下在决定建造啤酒厂之前的想法吗？"只要被试不断提出与此决定有关的因素，这个对话就会继续。如果被试认为已经完成解释，但主试注意到被试错过了游戏中的某些重要行为和想法时，主试将会指出，并且继续完成讨论。

（2）失败因素反思组。被试仅需要指出或解释支持他们失败的想法或行为，具体流程与"成功因素反思"操作一致。

（3）综合因素反思组。被试需要综合考虑他们游戏进行过程中的得失，具体流程与"成功因素反思"操作一致。

（4）控制组。被试不需要回顾游戏中的得失，他们在休息 15 min 后开始第二轮游戏。

第 4 步：反思后问卷。

反思干预后，被试需要填写一份问卷，测量其反思干预后感知到的信息价值。对于控制组，在 15 min 休息后也需填写该问卷。

第 5 步：第二轮游戏。

第二阶段结束后，被试开始第二轮游戏，具体流程与第一阶段游戏一致。第二轮游戏的结果将与被试在第一轮游戏中的表现进行对比，其增量作为反应失败学习的指标。

10.3.3 被试招募

1. 研究一（田野研究）

本研究将在企业人力资源部门的配合下，随机选择 100 个项目团队展开追踪调研。

2. 研究二和研究三（实验室研究）

因为项目失败事件具有较强的实践性，普通高校在校生并不适合作为被试。因此，两项实验拟各招募 50 名具有工作经历的被试，招募渠道如下。

一方面，学校 MBA 项目具有稳定生源，研究团队将与 MBA 中心合作，为参与实验的学员提供额外学分。MBA 中心行政人员将以邮件的形式将实验目的、实验内容及被试费信息发送至学员邮箱，学员可自愿报名参加实验。

另一方面，我们也将通过新媒体平台发布被试招募信息。我们将通过职业社交论坛、微博、公众号等平台发布实验相关信息，具有报名意向的人员可通过在线问卷留下个人联系方式，团队成员进一步联系被试确认其是否适合参与实验并确认实验时间。

10.4 研究意义

10.4.1 理论意义

本研究拟攻克的理论盲点主要有四个。

第一，失败事件自身特征对失败学习的作用尚不明确。Dahlin 等（2017）指出，过去研究中缺乏对不同类型失败事件的区分，忽视了事件特征这一关键因素。例如，过往研究并没有区分火箭发射失败这类重大事件（Madsen and Desai, 2010）与普通项目失败（Shepherd, Patzelt, and Wolfe, 2011）的差异性。因此，他们呼吁学者在未来的研究中对失败事件的特征展开系统的实证检验。事实上，Morgeson 等（2015）在事件系统理论中也强调了事件特征在组织行为研究中的重要地位。他们认为，事件强度及事件的时空因素都会对个体失败后的反应及其作用过程产生影响。因此，本研究将以事件系统理论为基础，通过基于问卷的田野调查和基于生理指标的实验室研究，综合考察事件特征对失败学习的重要影响。

第二，失败事件特征对失败学习影响的心理机制尚不明晰。失败学习过程中的心理机制一直是研究者关注的重点（Shepherd, 2003; Shepherd and Cardon, 2009; Zhao, 2011）。例如，Carmeli 和 Gittell（2009）发现，心理安全感在组织高质量关系和失败学习间起中介作用；Shepherd 和 Cardon（2009）发现，失败会导致个体产生负面情绪，进而减少其失败学习行为。但是，仍鲜有研究关注失败事件特征作用于失败学习的心理影响机制。事实上，Dahlin 等（2017）指出，人们在不同失败事件下的心理机制可能存在巨大差异。事件系统理论也强调了事件特征对个体心理状态的潜在影响。因此，本研究不仅关注失败事件特征对失败学习的直接影响，还将情绪变量纳入理论模型，进一步揭开失败事件特征与失败学习间的"黑箱"。

第三，失败学习过程中的生理机制有待探究。借助神经科学技术理解组织行为是当下管理学研究的重要趋势（Waldman, Ward, and Becker, 2017）。在失败学习领域，部分学者已经开始运用脑电技术（Electroencephalography, EEG）以探索失败学习中个体行为的生理机制（Metcalfe et al., 2012; Metcalfe et al., 2015）。但 Metcalfe（2017）在综述中指出，由于测量技术限制，EEG 实验中难以开展小组合作等社会交互活动。因此，这类研究中的行为实验仅能唤起个体层面的失败（即因自身操作不当引发的错误），与组织情境下具有较强社会性的失败事件存在一定差异，因此其生态效度也常常受到质疑。为克服过往研究存在的局限性，本研究拟结合功能性近红外光谱成像技术和功能性核磁共振成像技术探索失败学习过程中的生理机制。相比于 EEG，fNIRS 凭借其较高的生态效度逐渐成为社会认知神经科学的热点技术（叶佩霞等，2017）。该技术对实验过程中的肢体动作更加宽容，适用于社会性较高的行为研究，例如，fNIRS 可以捕捉无领导小组讨论中的个体的脑功能活动（Jiang et al., 2015）。而 fMRI 虽然对实验环境要求较高，但却是目前观测人类大脑活动最为精准的方法，能够弥补 fNIRS 在精确性上的不足。结合 fNIRS 和 fMRI 这两种技术进行研究，将更易探索个体在社会性失败事件中的神经机制。

第四，失败学习过程中的干预机制有待探究。虽然已有较多学者关注失败学习的前因，但有关失败学习过程中调节变量的研究仍相对有限。总体而言，过往研究中的调节变量集中于难以改变的个人特质和客观因素。例如，Zhao（2011）发现，员工的情绪稳定性可以削弱消极情绪对失败学习的负面影响；Yamakawa 等（2015）发现，归因和内在动机对失败后学习的影响会受到失败次数的调节。针对这种现象，Frese 和 Keith（2015）在综述中指出，未来研究应更多探讨具有实践意义的边界条件，以帮助管理者更好地在事后展开失败（差错）管理。因此，本研究将探索失败学习中的干预机制，进一步拓展失败学习过程中边界条件研究的范围。

10.4.2 实践意义

本研究不仅在理论方面做出重要贡献，同时具有较强的实践意义。首先，对于个体而言，失败事件是重要的学习资源，有效的失败学习有利于员工的长期职业发展。本研究可以帮助个体制定提高失败学习效率的可行方案。一方面，员工需要重视各类失败事件。当面临重大失败时（高事件强度、较为持久的影响时长及较大的影响范围），个体会表现出较多的失败学习行为，而面对较为常见的"小"失败时，个体容易采取轻视的态度。事实上，千里之堤溃于蚁穴，微小失误的积累常常会引发更为重大的失败。因此，员工需要有意识地将更多的认知资源投入常见的"小"失败事件，避免引发重大事故。另一方面，个体在失败后会表现出不同程度的负面情绪，因此需要采取一定的自我调节方式以保持良好的身心状态。例如，员工可以通过采取情绪应对策略以缓解因失败而产生的负面情绪，帮助其更好地处理相关信息（Shepherd, Patzelt, and Wolfe, 2011）。

其次，本研究可以为组织在失败后如何"转危为机"提供启示。失败事件在当下的商业竞争中出现得越来越频繁，但不同类型失败所带来的影响千差万别（Dahlin, Chuang, and Roulet, 2018）。因此，识别失败事件特征是失败学习中的必要环节。由于缺乏对失败事件的系统区分，将各类失败等量齐观地取向，不仅难以帮助管理者把握失败中的有效信息，甚至有可能带来南辕北辙的负面效应。本研究系统地探讨了失败事件特征对于失败学习的影响机制及其边界条件，有助于引导管理者在实践中正视失败，针对不同类型的失败采取相应的应对措施，进而组织全员基于失败经验展开学习。

最后，本研究将为管理者提供提升失败学习效率的管理工具。过往研究虽然对失败学习中的调节变量进行了一系列探索（谢雅萍、梁素蓉，2016），但研究成果大多聚焦于难以干预的客观因素，如个体情绪稳定性（Zhao, 2011）及失败应对倾向（Shepherd, Patzelt, and Wolfe, 2011）等。本研究则关注到了事后反思干预（Ellis, Mendel, and Nir, 2006）的重要性，事后反思干预能够帮助被试更好地理解事件中信息蕴含的价值，管理者可以通过在失败后开展集体复盘等反思活动提高失败学习的效率。此外，组织也可以通过培训项目提升员工自我反思能力及情绪调节能力，引导员工通过自我调节提升失败学习效率。

本篇参考文献

[1] ARENAS A, TABERNERO C, BRIONES E. Effects of Goal Orientation, Error Orientation and Self-efficacy on Performance in an Uncertain Situation [J]. Social Behavior and Personality an International Journal, 2006 (34): 569-586.

[2] ARGOTE L. Organizational Learning: Creating, Retaining and Transferring Knowledge [M]. New York: Springer, 2012.

[3] ARIELY D, BERNS G S. Neuromarketing: The Hope and Hype of Neuroimaging in Business [J]. Nature Reviews Neuroscience, 2010 (11): 284-292.

[4] AYAZ H, ONARAL B, IZZETOGLU K, et al. Continuous Monitoring of Brain Dynamics with Functional near Infrared Spectroscopy as a Tool for Neuroergonomic Research: Empirical Examples and a Technological Development [J]. Frontiers in Human Neuroscience, 2013 (7): 1-13.

[5] BAGOZZI R P, VERBEKE W, DIETVORST R C, et al. Theory of Mind and Empathic Explanations of Machiavellianism: A Neuroscience Perspective [J]. Journal of Management, 2013 (39): 1760-1798.

[6] BLAU G. A Process Model for Understanding Victim Responses to Worksite/Function Closure [J]. Human Resource Management Review, 2006 (16): 12-28.

[7] BLAU G. Partially Testing a Process Model for Understanding Victim Responses to an Anticipated Worksite Closure [J]. Journal of Vocational Behavior, 2007 (71): 401-428.

[8] BOHNS V K, FLYNN F J. Guilt by Design: Structuring Organizations to Elicit Guilt as an Affective Reaction to Failure [J]. Organization Science, 2013 (24): 1157-1173.

[9] BRANS K, VERDUYN P. Intensity and Duration of Negative Emotions: Comparing the Role of Appraisals and Regulation Strategies [J]. Plos One, 9, e92410.

[10] BYRNE O, SHEPHERD D A. Different Strokes for Different Folks: Entrepreneurial Narratives of Emotion, Cognition, and Making Sense of Business Failure [J]. Entrepreneurship Theory and Practice, 2015 (39): 375-405.

[11] CAMPBELL W K, SEDIKIDES C. Self-threat Magnifies the Self-serving Bias: A Meta-analytic Integration [J]. Review of General Psychology, 1999 (3): 23-43.

[12] CARMELI A, TISHLER A, EDMONDSON A C. CEO Relational Leadership and Strategic Decision Quality in Top Management Teams: The Role of Team Trust and Learning from Failure [J]. Strategic Organization, 2012 (10): 31-54.

[13] CARTER S, WILTON W. Don't Blame the Entrepreneur, Blame Government: The Centrality of the Government in Enterprise Development; Lessons from Enterprise Failure in Zimbabwe [J]. Journal of Enterprising Culture, 2016 (14): 65-84.

[14] CHENG X, LI X, HU Y. Synchronous Brain Activity During Cooperative Exchange Depends on Gender of Partner: A fNIRS-Based Hyperscanning Study [J]. Human Brain Mapping, 2015 (36): 2039-2048.

[15] COPE J. Entrepreneurial Learning from Failure: An Interpretative Phenomenological Analysis [J]. Journal of Business Venturing, 2011 (26): 604-623.

[16] DAHLIN K B, CHUANG Y T, ROULET T J. Opportunity, Motivation, and Ability to Learn from Failures and Errors: Review, Synthesis, and Ways to Move Forward [J]. Academy of Management Annals, 2018 (12): 252-277.

[17] DULEBOHN J H, CONLON D E, SARINOPOULOS I, et al. The Biological Bases of Unfairness: Neuroimaging Evidence for the Distinctiveness of Procedural and Distributive Justice [J]. Organizational Behavior and Human Decision Processes, 2009 (110): 140-151.

[18] DULEBOHN J H, DAVISON R B, LEE S A, et al. Gender Differences in Justice Evaluations: Evidence from fMRI [J]. Journal of Applied Psychology, 2016 (101): 151-170.

[19] DWECK C S, LEGGETT E L. A Social-Cognitive Approach to Motivation and Personality [J]. Psychological Review, 1998 (95): 256-273.

[20] EDMONDSON C A C. Failing to Learn and Learning to Fail (Intelligently): How Great Organizations Put Failure to Work to Innovate and Improve [J]. Long Range Planning, 2005 (38): 299-319.

[21] ELLIS S, DAVIDI I. After-Event Reviews: Drawing Lessons from Successful and Failed Experience [J]. Journal of Applied Psychology, 2005 (90): 857-871.

[22] ELLIS S, MENDEL R, NIR M. Learning from Successful and Failed Experience: The Moderating Role of Kind of After-event Review [J]. Journal of Applied Psychology, 2006 (91): 669-680.

[23] FRESE M, KEITH N. Action Errors, Error Management, and Learning in Organizations [J]. Annual Review of Psychology, 2015 (66): 661-687.

[24] GLASER B, STRAUSS A L. The Discovery of Grounded Theory: Strategy for Qualitative Research [J]. Nursing Research, 1968 (17): 377-380.

[25] HAUNSCHILD P R, SULLIVAN B N. Learning from Complexity: Effects of Prior Accidents and Incidents Oil Airlines' Learning [J]. Administrative Science Quarterly, 2002 (47): 609-643.

[26] HEIDER F. The Psychology of Interpersonal Relations [M]. New York: Wiley, 1958.

[27] HOLPER L, MURPHY R O. Hemodynamic and Affective Correlates Assessed during Performance on the Columbia Card Task (CCT) [J]. Brain Imaging and Behavior, 2014 (8): 517-530.

[28] HOLROYD C B, COLES M G H. Dorsal Anterior Cingulate Cortex Integrates Reinforcement History to Guide Voluntary Behavior [J]. Cortex, 2008 (44): 548-559.

[29] HOLROYD C B, COLES M G H. The Neural Basis of Human Error Processing: Reinforcement Learning, Dopamine, and the Error-related Negativity [J]. Psychological Review, 2002 (109): 679-709.

[30] HORA M, KLASSEN R D. Learning from Others' Misfortune: Factors Influencing Knowledge Acquisition to Reduce Operational Risk [J]. Journal of Operations Management, 2013 (31): 52-61.

[31] JENKINS A S, WIKLUND J, BRUNDIN E. Individual Responses to Firm Failure: Appraisals, Grief, and the Influence of Prior Failure Experience [J]. Journal of Business Venturing, 2014 (29): 17-33.

[32] JIANG J, CHEN C, DAI B, et al. Leader Emergence through Interpersonal Neural Synchronization [J]. Proceedings of the National Academy of Sciences of the United States of America, 2015 (112): 4274-4279.

[33] JOBSIS F. Noninvasive, Infrared Monitoring of Cerebral and Myocardial Oxygen Sufficiency and Circulatory Parameters [J]. Science, 1977 (198): 1264-1267.

[34] KORNELL N, KLEIN P J, RAWSON K A. Retrieval Attempts Enhance Learning, but Retrieval Success (Versus Failure) does not Matter [J]. Journal of Experimental Psychology: Learning, Memory, and Cognition, 2015 (41): 283-294.

[35] LAUREIRO-MARTÍNEZ D, BRUSONI S, CANESSA N, et al. Understanding the

Exploration-exploitation Dilemma: An fMRI Study of Attention Control and Decision-making Performance [J]. Strategic Management Journal, 2015 (36): 319-338.

[36] LEI Z, NAVEH E, NOVIKOV Z. Errors in Organizations: An Integrative Review via Level of Analysis, Temporal Dynamism, and Priority Lense [J]. Journal of Management, 2016 (42): 1315-1343.

[37] LOUNAMAA P H, MARCH J G. Adaptive Coordination of a Learning Team [J]. Management Science, 1987 (33): 107-123.

[38] LÜTCKE H, FRAHM J. Lateralized Anterior Cingulate Function during Error Processing and Conflict Monitoring as Revealed by High-resolution fMRI [J]. Cerebral Cortex, 2008 (18): 508-515.

[39] MADSEN P M, DESAI V. Failing to Learn? The Effects of Failure and Success on Organizational Learning in the Global Orbital Launch Vehicle Industry [J]. Academy of Management Journal, 2010 (53): 451-476.

[40] METCALFE J, BUTTERFIELD B, HABECK C, et al. Neural Correlates of People's Hypercorrection of Their False Beliefs [J]. Journal of Cognitive Neuroscience, 2012 (24): 1571-1583.

[41] METCALFE J, CASAL-ROSCUM L, RADIN A, et al. On Teaching Old Dogs New Tricks [J]. Psychological Science, 2015 (26): 1833-1842.

[42] METCALFE J. Learning from Errors [J]. Annual Review of Psychology, 2017 (68): 465-489.

[43] MICHL P, MEINDL T, MEISTER F, et al. Neurobiological Underpinnings of Shame and Guilt: A Pilot fMRI Study [J]. Social Cognitive and Affective Neuroscience, 2014 (9): 150-157.

[44] MOLENBERGHS P, PROCHILO G, STEFFENS N K, et al. The Neuroscience of Inspirational Leadership: The Importance of Collective-Oriented Language and Shared Group Membership [J]. Journal of Management, 2017 (43): 2168-2194.

[45] MORGESON F P, DERUE D S. Event Criticality, Urgency, and Duration: Understanding how Events Disrupt Teams and Influence Team Leader Intervention [J]. The Leadership Quarterly, 2006 (17): 271-287.

[46] MORGESON F P, MITCHELL T R, LIU D. Event System Theory: An Event-Oriented Approach to the Organizational Sciences [J]. Academy of Management Review,

2015 (40): 515-537.

[47] MORGESON F P. The External Leadership of Self-managing Teams: Intervening in the Context of Novel and Disruptive Events [J]. Journal of Applied Psychology, 2005 (90): 497-508.

[48] NIGAM A, OCASIO W. Event Attention, Environmental Sensemaking, and Change in Institutional Logics: An Inductive Analysis of the Effects of Public Attention to Clinton's Health Care Reform Initiative [J]. Organization Science, 2010 (21): 823-841.

[49] POLITIS D, GABRIELSSON J. Entrepreneurs' Attitudes Towards Failure: An Experiential Learning Approach [J]. Social Science Electronic Publishing, 2009 (15): 364-383.

[50] ROESE N J, OLSON J M. Counterfactual Thinking: The Intersection of Affect and Function [J]. Advances in Experimental Social Psychology, 1997 (29): 1-59.

[51] SENIOR C, LEE N, BUTLER M. Organizational Cognitive Neuroscience [J]. Organization Science, 2011 (22): 804-815.

[52] SHEPHERD D A, CARDON M S. Negative Emotional Reactions to Project Failure and the Self-Compassion to Learn from the Experience [J]. Journal of Management Studies, 2009 (46): 923-949.

[53] SHEPHERD D A, PATZELT H, WOLFE M. Moving Forward from Project Failure: Negative Emotions, Affective Commitment, and Learning from the Experience [J]. Academy of Management Journal, 2011 (54): 1229-1259.

[54] SHEPHERD D A. Learning from Business Failure: Propositions of Grief Recovery for the Self-employed [J]. Academy of Management Review, 2003 (28): 318-328.

[55] SHIPP A, JANSEN K. Reinterpreting Time in Fit Theory: Crafting and Recrafting Narratives of Fit in Medias Res [J]. Academy of Management Review, 2011 (36): 76-101.

[56] SPREITZER G, SUTCLIFFE K, DUTTON J, et al. A Socially Embedded Model of Thriving at Work [J]. Organization Science, 2005 (16): 537-549.

[57] STIGLIANI I, RAVASI D. Organizing Thoughts and Connecting Brains: Material Practices and the Transition from Individual to Group-Level Prospective Sensemaking [J]. Academy of Management Journal, 2012 (55): 1232-1259.

[58] STROEBE M S, SCHUT H A W. The Dual Process Model of Coping with Bereavement: Overview and Update [J]. Death Studies, 1999 (23): 197-224.

[59] TONG Y, LINDSEY K P, FREDERICK B. Partitioning of Physiological Noise Signals in the Brain with Concurrent Near-Infrared Spectroscopy and fMRI [J]. Journal of Cerebral Blood Flow and Metabolism, 2011 (31): 2352-2362.

[60] UCBASARAN D, SHEPHERD D A, LOCKETT A, et al. Life after Business Failure: The Process and Consequences of Business Failure for Entrepreneurs [J]. Journal of Management, 2013 (39): 163-202.

[61] WALDMAN D A, WANG D, HANNAH S T, et al. A Neurological and Ideological Perspective of Ethical Leadership [J]. Academy of Management Journal, 2017 (60): 1285-1306.

[62] WALDMAN D A, WARD M K, BECKER W J. Neuroscience in Organizational Behavior [J]. Annual Review of Organizational Psychology and Organizational Behavior, 2017 (4): 425-444.

[63] WANG W, WANG B, YANG K, et al. When Project Commitment Leads to Learning from Failure: The Roles of Perceived Shame and Personal Control [J]. Frontiers in Psychology, 2018 (9): 1-14.

[64] WATSON D, CLARK L A, TELLEGEN A. Development and Validation of Brief Measures of Positive and Negative Affect: The Panas Scales [J]. Journal of Personality and Social Psychology, 1988 (54): 1063-1070.

[65] WEISS H M, CROPANZANO R. Affective Events Theory: A Theoretical Discussion of the Structure, Causes and Consequences of Affective Experiences at Work [J]. Research in Organizational Behavior, 1996 (18): 1-74.

[66] WITTFOTH M, KÜSTERMANN E, FAHLE M. The Influence of Response Conflict on Error Processing: Evidence from Event-related fMRI [J]. Brain Research, 2008 (1194): 118-129.

[67] YAMAKAWA Y, PENG M W, DEEDS D L. Revitalizing and Learning from for Future Entrepreneurial Growth [J]. Frontiers of Entrepreneurship Research, 2011 (26): 604-623.

[68] YAMAKAWA Y, PENG M W, DEEDS D L. Rising from the Ashes: Cognitive Determinants of Venture Growth after Entrepreneurial Failure [J]. Entrepreneurship Theory

and Practice, 2015 (39): 209-236.

[69] ZHAO B. Learning from Errors: The Role of Context, Emotion, and Personality [J]. Journal of Organizational Behavior, 2011 (32): 435-463.

[70] 崔曦蕊, 诸梦妍, 尚文晶. 内疚情绪的心理学研究进展 [J]. 承德医学院学报, 2014 (31): 349-352.

[71] 丁桂凤, 李伟丽, 孙瑾, 等. 小微企业创业失败成本对创业失败学习的影响: 内疚的中介作用 [J]. 研究与发展管理, 2019 (31): 16-26.

[72] 樊召锋, 俞国良. 自尊、归因方式与内疚和羞愧的关系研究 [J]. 心理学探新, 2008 (28): 57-61.

[73] 刘东, 刘军. 事件系统理论原理及其在管理科研与实践中的应用分析 [J]. 管理学季刊, 2017 (12): 64-80.

[74] 倪宁, 杨玉红, 蒋勤峰. 创业失败学习研究的若干基本问题 [J]. 现代管理科学, 2009 (5): 114-116.

[75] 彭学兵, 徐锡勉, 刘玥伶. 创业失败归因与失败学习的关系研究 [J]. 特区经济, 2019 (1): 158-160.

[76] 王华锋, 高静, 王晓婷. 创业者的失败经历、失败反应与失败学习: 基于浙、鄂两省的实证研究 [J]. 管理评论, 2017 (29): 96-105.

[77] 王文周, 仇勇. 国内外失败学习研究现状评介与展望 [J]. 经济研究参考, 2015 (60): 45-52.

[78] 谢雅萍, 梁素蓉. 失败学习研究回顾与未来展望 [J]. 外国经济与管理, 2016 (38): 42-53.

[79] 欣悦. 首次创业失败归因、负面情绪应对导向与创业失败学习 [D]. 上海: 上海大学, 2013.

[80] 叶佩霞, 朱睿达, 唐红红, 等. 近红外光学成像在社会认知神经科学中的应用 [J]. 心理科学进展, 2017 (25): 731-741.

[81] 于晓宇, 李厚锐, 杨隽萍. 创业失败归因、创业失败学习与随后创业意向 [J]. 管理学报, 2013 (10): 1179-1184.

[82] 于晓宇, 李小玲, 陶向明, 等. 失败归因、恢复导向与失败学习 [J]. 管理学报, 2018 (15): 988-997.